Zum zweiten Mal ein Jahresüberblick zur deutschen Literatur: Wie schon im Band »Deutsche Literatur 1981« finden sich auch in der Fortsetzung dieses Periodikums die wichtigsten Daten und Titel eines literarischen Jahres, ergänzt durch Nachdrucke von repräsentativen Zeitungs- und Zeitschriftenartikeln sowie durch eine informative Einleitung des Herausgebers: »Zur deutschen Literatur 1982«.

Im »Sender Freies Berlin« hieß es anläßlich des ersten Bandes: »Dies ist, ausdrücklich sei es gesagt, nicht bloß ein Brevier für die Branche, nicht bloß ein Handbuch für Buchhändler und für Bibliothekare, für Redakteure und Rezensenten, sondern auch und vor allen Dingen ein Buch zum Blättern, ein informativer Ratgeber für alle, die nicht nur im Urlaub Zeit zur Lektüre haben... Volker Hage und Adolf Fink haben sich die (durchaus nicht geringe) Mühe gemacht, zusätzlich zu den meist sehr penibel recherchierten Daten auch solche Notizen, Berichte und Porträts nachzudrucken, aus denen sich, über den Anlaß hinaus, ein Panorama der Literatur unserer Tage erschließen läßt.« Zu fragen bleibe nur, »warum bislang niemand sonst auf die Idee gekommen ist, uns auf solch umfassende Weise über die zeitgenössische Literatur auf dem laufenden zu halten«.

Deutsche Literatur 1982

Ein Jahresüberblick

Herausgegeben von Volker Hage
in Zusammenarbeit mit Adolf Fink

Philipp Reclam jun. Stuttgart

Universal-Bibliothek Nr. 7915 [3]
Alle Rechte vorbehalten. © 1983 Philipp Reclam jun., Stuttgart
Satz: Wilhelm Röck, Weinsberg
Printed in Germany 1983
ISBN 3-15-007915-2
ISSN 0722-8503

Inhalt

Einleitung 7

Chronik 28

Neue Bücher 115

Überblick und Debatte 225

Register der Autoren und Rezensenten 269

Einleitung

Zur deutschen Literatur 1982

> »Sie beschweren sich zu sehr mit Eintagsfliegen. Die Mehrzahl dieser modernen Bücher sind nur flackernde Spiegelungen des Heute. Das erlischt sehr rasch. Sie sollten mehr alte Bücher lesen. Klassiker. Goethe. Das Alte kehrt seinen innersten Wert nach außen – die Dauerhaftigkeit. Das Nur-Neue ist die Vergänglichkeit selbst. Die ist heute schön, um morgen lächerlich zu erscheinen. Das ist der Weg der Literatur.«
>
> Kafka im Gespräch mit Janouch[1]

Ein paar Worte vorweg

»Lohnt es sich diesmal? Ist was dabei?« Freunde fragen, skeptisch, ungläubig. Was soll ich sagen – so direkt angesprochen. Über Filme läßt sich leichter reden. Da funktioniert die Mundpropaganda noch. Bei Literatur nicht, kaum. Ein bißchen schlechtes Gewissen: Man müßte, man sollte etwas lesen. Aber was? Eine Deutschlehrerin, immerhin, kauft sich gelegentlich einen Roman aufgrund einer positiven Besprechung. Lieber leiht sie sich ein Exemplar aus, vorerst einmal – Bücher sind teuer, und man weiß ja nicht ... Ein Jurist liest viel, er steckt die meisten Germanisten in die Tasche. Seine Kenntnisse hören indes bei Thomas Mann auf. Daß eines Tages alle Tagebücher erschienen sein werden, ist sein größter Verdruß. Die Freunde trauen der Gegenwartsliteratur nicht, sie vertrauen nicht den Kritikern und den Lektoren. Vielleicht kein Grund zur Klage, man kann auch über anderes reden.

»Es gibt bestimmt auf dieser Welt Wichtigeres zu tun, als über Literatur zu schwatzen«, sagte Peter Bichsel im Januar 1982 zu

---

1 Gustav Janouch, »Gespräche mit Kafka«, Frankfurt a. M. 1981, S. 55.

Beginn seiner Frankfurter Poetik-Vorlesungen. »Man kann es höchstens trotzdem tun.«[2] Und er tat es: gescheit, lehrreich, humorvoll (nachzulesen sind die fünf Vorträge in dem Bändchen »Der Leser. Das Erzählen«). Was er auf eine einsame Insel mitnehmen würde, fragte sich der Schweizer Autor: die Bibel etwa oder einen »Blindband zum Schreiben«? »Beides liegt mir nicht fern, aber ich würde auf jene Insel kein einziges Buch mitnehmen, denn ohne tägliche menschliche Kommunikation hört beides auf, das Lesen und das Schreiben. Ich muß zum mindesten mitteilen können, *daß* ich gelesen habe.«[3]

Wer – außer jenen, die beruflich mit Literatur zu tun haben – kennt die jungen Autoren, über die Jahr für Jahr ein wahrer Preisregen ausgeschüttet wird? Bekannt sind Böll, Frisch, Grass, gestandene Schriftsteller, die schon in den fünfziger Jahren dabei waren. Doch sie schreiben nur noch sporadisch und haben – wie Max Frisch – keineswegs immer Lust, ihrem Publikum das Erwünschte und Erwartete zu liefern. Natürlich sind sie auch deshalb Berühmtheiten geworden, weil sie den öffentlichen Auftritt nicht gescheut haben. Kann man sich Peter Handke als Gastredner auf einem SPD-Parteitag vorstellen? Botho Strauß meidet jede Fernsehkamera, Thomas Bernhard arbeitet in strenger Abgeschiedenheit. Und auch das sind Autoren, die sich in den siebziger Jahren etabliert haben und einigermaßen prominent sind. Im übrigen stehen sie im vierten, ja im fünften Jahrzehnt ihres Lebens.

Wer kennt Birgitta Arens, wer Karin Reschke? Es muß Liebhaber auch der neuesten Literatur geben, keine Frage. Die erste Auflage des Romans »Katzengold« (ein Debüt) und des Prosabands »Verfolgte des Glücks«, beide 1982 erschienen, war jeweils schon nach wenigen Monaten vergriffen – in beiden Fällen keine hohe Auflage, gewiß. Doch es wird ein Interesse spürbar, das auf Empfehlungen, positive Kritik reagiert. Literatur wird verkauft. Die Verlage würden sonst nicht diese

---

2 Peter Bichsel, »Der Leser. Das Erzählen«, Darmstadt/Neuwied 1982, S. 10.
3 Ebd., S. 27.

Menge an Büchern herausbringen und immer wieder neue
Namen präsentieren. Irgend etwas wird hängenbleiben, irgend
jemand wird sich schon durchsetzen, das ist die Hoffnung. Ist
sie begründet?
»Deutsche Literatur 1982« – das ist ein mehr oder weniger
zufälliges Etikett. Bücher sind keine Weine. Die Frage nach
einem guten oder schlechten Jahr ist sinnlos. Literatur reagiert
nicht auf die Sonne (oder vielleicht doch?). Der Erscheinungs-
termin sagt wenig darüber aus, wann ein Werk entstanden ist,
wann es begonnen und geplant wurde. Andrerseits: der enga-
gierte Leser nimmt die aktuellen Bücher als Ensemble wahr, er
kann sich nur an das Datum halten, zu dem ein Buch vorhanden, also zu erwerben ist. Ob ein Autor zehn Monate oder
zwanzig Jahre daran gearbeitet hat, spielt dabei keine Rolle:
Ein Buch erscheint mit anderen Arbeiten zusammen, wird mit
ihnen verglichen, ist ihr Zeitgenosse.

Fiktionsironie und Familiensaga

Die zwei umfangreichsten literarischen Titel des Jahres 1982
sind Bücher, die wie aus einer anderen Zeit in unsere Gegenwart stoßen; als Monumente des Fleißes und der Beharrlichkeit ragen sie aus der Masse der schnellfertigen Tagesproduk-
tion. Sie hätten ebensogut schon vor zwei oder erst in drei
Jahren erscheinen können: seit Jahrzehnten sind die Autoren
mit ihnen befaßt. Und dabei gleichen sich die Bücher in ihrer
Machart nicht etwa – kaum ist ein größerer Unterschied vorstellbar als zwischen Hans Wollschlägers »Herzgewächsen« und
Ralph Giordanos Roman »Die Bertinis«. Wollschlägers Prosa
(der erste Teil eines wohl doppelt so umfangreichen Werks) ist
ein schwer zugänglicher Text in der Tradition von Arno
Schmidt, Giordanos Wälzer steht als spannende, an Geschichten und Geschichte reiche Familiensaga amerikanischen Vorbildern nah, den Romanen von Irwin Shaw zum Beispiel.
Über die »Herzgewächse« läßt sich abschließend erst urteilen,
wenn das Werk einmal vollständig vorliegen wird; und auch

dann sollte man das Urteil nicht überstürzen. Was Wollschläger Anfang 1982 (anläßlich einer Preisübergabe) zu einem Buch von Arno Schmidt sagte, hat er wohl nicht ohne Seitenblick auf seine eigene Arbeit formuliert: »Das geht weit noch über die Schwierigkeiten hinaus, ein so riesiges, die platte Greifbarkeit per se vereitelndes Monumentalgebilde auch nur zu beschreiben, eine Schwierigkeit, vor der zu versagen der Literatur-Kritik, die bloß den Bargewinn des Wissens anzielt, die sture Information, geradezu bestimmt scheint.«[4] Das ist im Kern nicht unbegründet, doch sowenig man voreilig die Schwierigkeiten der »Herzgewächse« fürchten sollte, sowenig ist dem Werk damit gedient, wenn man es ungeprüft zum Kultbuch stilisiert.

Die erste Fassung der »Herzgewächse« ist in den fünfziger Jahren entstanden (später hat Wollschläger sie mehrmals überarbeitet), und in dieser Zeit – 1950 – spielt der Roman auch. Er handelt von der Rückkehr des fiktiven Schriftstellers Michael Adams aus der Emigration. In der Bundesrepublik führt Adams ein Tagebuch, das schon in der Form Ausdruck einer isolierten Existenz ist: Bis in die Typographie hinein wird das Zerrbild eines paranoiden Beobachters sichtbar. In einer Vorbemerkung – einem Kabinettstück der Fiktionsironie – schreibt der Herausgeber »H.W.« zur »Edition« des Tagebuchs: »Alle in Kurzschrift notierten Partien des Manuskripts erscheinen als Kursive, während die Größenunterschiede der Normalschrift im Druckbild direkt nachgeahmt werden konnten.«[5] So ist der Roman »Herzgewächse« nicht nur eins der umfangreichsten, sondern auch das drucktechnisch aufwendigste Buch der Saison geworden.

Wollschläger hatte es übrigens nicht leicht, einen Verlag zu finden. Trotz einer Empfehlung von Arno Schmidt traute sich niemand an das Mammutwerk heran; sieben Jahre lang wanderte das Manuskript von Haus zu Haus. Erst nachdem sich

---

4 Hans Wollschläger, »Die Insel und einige andere Metaphern für Arno Schmidt«, in: »Arno Schmidt Preis 1982«, Bargfeld 1982 (Auslieferung: Antiquariat Dieter Gätjens, Hamburg), S. 20.
5 Hans Wollschläger, »Herzgewächse oder Der Fall Adams«, Zürich 1982, S. 8.

der Verfasser anderweitig – als Übersetzer des »Ulysses« – einen Namen gemacht hatte, kam es zu einer Annäherung; die endgültige Realisation dauerte dann allerdings immer noch ein paar Jahre. Wollschläger ist eine Ausnahme unter den zeitgenössischen deutschen Autoren, die das sperrige und ausgreifende Werk in der Regel meiden. Auch seine Vorstellungen von dem, was Kunst sei, dürften ihn als Außenseiter kennzeichnen. In einem Vortrag sagte er 1976: »Die eingebürgerten Basisformen der Literatur, die zeremonialisierten Gesten des Erzählens täuschen aufgrund ihres Mitteilungscharakters darüber hinweg, daß Kunstwerke im Grunde einwandfrei unkommunikativ sind.« Große Kunst sei geradezu dadurch definiert, daß sie in »ihrer« Zeit keine Ohren und Augen finde.[6] Ganz so schlimm ist es in seinem Fall freilich nicht: Hat man den Blickwinkel der Hauptfigur einmal akzeptiert, lassen sich in Wollschlägers »Herzgewächsen« durchaus anschauliche und sogar amüsante Mitteilungen über Kriegs- und Nachkriegszeit ausmachen.

Ohne Schwierigkeiten kann der Leser sich dagegen dem Roman von Ralph Giordano zuwenden. Hier bietet gleich auf der ersten Seite ein Erzähler die Hand, der sich zutraut, den Faden einer Familiengeschichte am Ende des vergangenen Jahrhunderts aufzunehmen und ihn bis in die Zeit nach dem Zweiten Weltkrieg zu verfolgen. Von Sizilien führt der Weg der Bertinis nach Hamburg, wo sie in der Nazizeit Verfolgungen ausgesetzt sind. Folterszenen im Keller der Gestapo werden geschildert. Giordano, der weitgehend eigene Erfahrungen literarisch verarbeitet, setzt auf eine schlichte, chronologische Darstellungsweise. Doch er geht mit dem autobiographischen Stoff distanziert und souverän um. In der Stille hat er seinen Stoff bewältigt, in jahrelanger Mühe seinen Stil entwickelt. Seit 1942 hegte Giordano den Plan zu diesem Buch (wenn man von seinem fiktiven Alter ego, dem jungen Roman Bertini, ausgehen darf)[7] – vierzig Jahre danach ist der Roman »Die Bertinis« nun erschienen: ein Werk von 780 Seiten.

6 Hans Wollschläger, »Joyce pro toto oder Tiefenmuster der Sprache«, in: »protokolle« (1978), S. 121 f.
7 Ralph Giordano, »Die Bertinis«, Frankfurt a. M. 1982, S. 295.

Kein Atem für lange Geschichten?

Giordano kann sich der traditionellen Erzählmuster, der »eingebürgerten Basisformen der Literatur«, wie Wollschläger sagte, eindrucksvoll bedienen, weil er ein großes und ernstes Thema hinter sich weiß. Er greift – dazu kann es nie zu spät sein – einen Stoff auf, der schon viele Romane der fünfziger Jahre prägte: Kriegszeit, Nazischrecken. Was dagegen bietet sich den jüngeren Autoren an? Ein Lyriker aus der DDR, Uwe Kolbe, Jahrgang 1957, schrieb vor ein paar Jahren ein Gedicht mit dem Titel »Male«. Er summiert darin, was ihn als Erlebniswelt prägte (»Male« im mehrfachen Sinne):

»Fünfmal
wurde mir von Vergewaltigungen
erzählt

Viermal
sah ich
Männer sich prügeln

Dreimal
mißhandelten welche ihre Hunde
unter meinen Augen

Zweimal
rannte ich zum Jugendamt
für meine Freundin

Einmal
wollte ich
der kranken Mutter an die Gurgel

Ich bin achtzehn.
Im Sozialismus aufgewachsen.
Hab keinen Krieg erlebt.«[8]

---
[8] Uwe Kolbe, »Hineingeboren«, Frankfurt a. M. 1982, S. 16.

Das in der letzten Strophe ausgesparte »Keinmal« läßt verschiedene Deutungen zu. Es weist gewiß auch auf einen Erfahrungsmangel, der – so erfreulich er im Grunde ist – einer Generation, die Hunger und Not nicht kennt, das Schreiben nicht gerade zu erleichtern scheint. Das Gedicht ist in Kolbes Debütband »Hineingeboren« enthalten. Franz Fühmann hat ein Nachwort dazu geschrieben, in dem er die Problematik aufgreift: »Wir, eben die Väter und Großväter, die wir Faschismus und Sozialismus, Ausbruch und Ende eines Weltkriegs, Gefangenschaft und Trümmeralltag erfahren haben, werden von der nächsten Generation manchmal um diese Erfahrung beneidet: wir hätten doch große Stoffe erlebt, viel Welt gesehen.«[9] Doch Fühmann sagt den jüngeren Kollegen: »Der große Stoff, das große Erleben, das große Thema allein macht noch gar nichts, und von der Welt offenbart sich wenig, wenn der Rand eines Stahlhelms sie auch geistig begrenzt, mag man da am Nord- oder Südmeer stehen und sich auf drei Kontinenten umgetan haben.«[10]

Stoff allein macht noch keine Literatur, das ist richtig, und Themen gibt es in jeder Zeit. Es müssen nicht unbedingt die großen Bedrängnisse sein. »Schade«, schreibt aus westlicher Sicht Hans Magnus Enzensberger, »daß die Deutschen keinen Balzac und nicht einmal einen Zola haben, der ihre Sitten und Gebräuche aufzeichnen und überliefern könnte.« Weiter sagt er in seinem Essayband »Politische Brosamen«: »Die wuchernden Anpassungs- und Kompromißbildungen, die der sozialdemokratische Reichtum, jenseits der rituellen Verteilungskämpfe, hervorbringt, die sonderbaren Blüten, die das Glashaus der Bundesrepublik treibt, gäben den Erzählstoff für allerhand Komödien ab.«[11] Er selbst bietet in seinen Aufsätzen immerhin skizzenhaft Beispiele, Anschauungsmaterial: der Essay als Literaturersatz (nicht zu verachten, wenn es sich um so hochkarätige Prosastücke handelt wie Enzensbergers »Brosamen«).

9 Ebd., S. 133.
10 Ebd., S. 135.
11 Hans Magnus Enzensberger, »Politische Brosamen«, Frankfurt a. M. 1982, S. 188.

Oder ist die Lage so fatal, daß gar kein Atem mehr für lange Geschichten ist? Günter Kunert, Grenzgänger zwischen Ost und West, zeichnet in seinem Essayband »Diesseits des Erinnerns« ein solches Schreckensbild. Um der »noch gänzlich unbegriffenen Lage am Abgrund« gerecht zu werden, meint er, müsse die Literatur ihre Methoden und ästhetischen Mittel ändern: »Eine Aufgabe, vor der die deutsche Literatur beider Seiten steht.« Kunert sieht im »Rückgang der großen erzählerischen Formen« erste Reaktionen auf die desolate Weltsituation. »Die kleinen Formen entsprechen weit eher der Diskontinuität und dem Schwund gesellschaftlicher Übereinkünfte.«[12]

Beispiele für eine bewußte Verweigerungshaltung lassen sich finden. Peter Handke etwa, dessen Rang als Theaterautor gerade 1982 durch die Hamburger Inszenierung seines umstrittenen Stücks »Über die Dörfer« großartig bestätigt wurde, bringt in seinem Prosaband »Die Geschichte des Bleistifts« zum zweiten Mal – nach »Das Gewicht der Welt« von 1977 – Aufzeichnungen in Buchform heraus, bei denen das spontan Notierte dominiert. Hier spielt nicht länger die Lust an der Formulierung und Formung eine Rolle, sondern die Aura der Authentizität wird gesucht: ein Buch für die Gemeinde. Dabei steht außer Frage, daß Handke immer wieder ansprechende Beobachtungen und Skizzen gelingen. Vorrangig aber wird die Geste der Abwehr tradierter Schreibweisen kultiviert: »Die meisten Geschichten, ob mündlich erzählt oder geschrieben, wären mit einem einzigen Vorbehaltsatz aus der Form, aus dem Schwung zu bringen. Aber es gibt meist nur servile Zuhörer-Leser-Kameraden. ›Ich habe mich glänzend amüsiert‹: dabei wurden nur kettenreaktionshaft analog-*scheinende* Stories erzählt.«[13] Übrigens hat Handke das alles vor vielen Jahren schon weitaus besser formuliert.[14]

---

12 Günter Kunert, »Diesseits des Erinnerns«, München 1982, S. 190.
13 Peter Handke, »Die Geschichte des Bleistifts«, Salzburg 1982, S. 16.
14 Vgl. Peter Handke, »Ich bin ein Bewohner des Elfenbeinturms«, Frankfurt a. M. 1972, S. 22 f.

Vier Debüts

Und die jungen Autoren? Ein überraschender Befund: sie suchen zwar nicht die große Form, streben aber – soweit sie Prosa schreiben – einen Erzählton an, der sich weder in Experimenten erschöpft (die überhaupt aus der Gegenwartsliteratur fast verschwunden sind) noch selbstmitleidig oder distanzlos die kleinen Miseren ausbreitet. Zu beobachten ist vielmehr eine bemerkenswerte stilistische und formale Sicherheit, ja Kunstfertigkeit – selbst bei Debütanten. Dafür vier Beispiele.

Birgitta Arens, 1948 geboren, verarbeitet die Geschichte mehrerer Generationen zu einem Assoziationsreigen. In ihrem Roman »Katzengold« wird der künstliche Charakter des Schreibens bewußt offengehalten und gegen die mündliche Überlieferung gesetzt, mit ihr verwoben. »Wenn wir nicht sterben wollen, beginne ich, dann müssen wir erzählen vom Allerwichtigsten und wie man es findet« – das ist ein fast schon routinierter Auftakt, der noch auf derselben Seite wiederaufgenommen wird: »Wenn wir nicht sterben wollen, schreiben wir, dann müssen wir erzählen: jetzt, auf der Stelle, mit Lina im Kopf und Bernhard und all den Geschichten, und wir erzählen zwanzig oder dreißig Jahre lang. Es war einmal und ist noch nicht vorbei, fahren wir dann fort, daß das Glück verhindert wurde.«[15] Schilderungen vom entbehrungsreichen Leben der Vorfahren folgen. Den Rahmen gibt der Tod von Lina, der Großmutter ab: für die Ich-Erzählerin des Romans Anlaß zur Selbsterforschung und Rückbesinnung auf die eigene Tradition.

Der Tod eines Angehörigen steht auch im Zentrum der Erzählung »Josef stirbt« von Ulla Berkéwicz, Jahrgang 1951. Hier ist es der Vater der Ich-Erzählerin, dessen qualvolles Sterben mit großer Könnerschaft geschildert wird: in einer ausgewogenen Balance zwischen Mitgefühl und Distanz. Die Autorin beschränkt sich fast ganz auf die Gegenwart der Erzählung: Rückblenden setzt sie nur zaghaft ein. Die erzählerische Kon-

---

15 Birgitta Arens, »Katzengold«, München 1982, S. 7.

zentration gibt dem kleinen Prosastück eine Kraft, die über den Ton einer Klage weit hinausführt. In diesem Fall gibt es übrigens begründeten Anlaß dazu, vorsichtig mit der Vermutung zu sein, in der Ich-Erzählung junger Autoren stecke zumeist ein verkappter autobiographischer Bericht.

Matthias Zschokke, Jahrgang 1954, erzählt von Max. »Wenn es ihm gut geht, das heißt, wenn er die Seelenruhe findet, stellt er sich abends an eine Bar und hat gelegentlich das erhabene Gefühl, da seien Leute, welche glauben, er könne leben.«[16] Der Gefahr des Selbstmitleids entkommt Zschokke, indem er Max als Spielfigur zu erkennen gibt, die aufgebaut und demontiert wird. Einmal wird auch ein anderer Name ausprobiert und wieder verworfen (das ist, ohne epigonenhaft zu wirken, Frischs »Gantenbein«-Roman nachempfunden). Der Ich-Erzähler tritt seiner erfundenen Figur gegenüber, hadert mit ihr und der eigenen Schreibkunst – und wird seine Phantasiegestalt am Ende nicht wieder los. Ein »Letztes Kapitel« reiht sich ans nächste. Der Roman »Max« ist in seiner Verspieltheit und Zaghaftigkeit mit viel Geschick konstruiert.

Anne Duden schließlich, 1942 geboren, sind in ihrem Erstling »Übergang« eindringliche Bilder psychischer Atemnot gelungen. Das gibt den acht Prosastücken einen untergründigen Zusammenhang, abgesehen davon, daß jeweils ein weibliches Ich die Stimme erhält. Die Sätze sind einfach, faßbar: »Ich wurde erwachsen, als wäre nichts geschehen. Nur irgendwo, nicht zu orten und unauslotbar, wurde etwas immer schlimmer.«[17] Die Geschichten stecken voller Abgründe, packen durch eine Ernsthaftigkeit, deren Hintergrund Leidensfähigkeit ist: auch Fähigkeit zum Mitleid für die Opfer, die Bedrängten, die Beschädigten. – Vier Debüts: nicht frei von Mängeln (wie sollten sie), doch spürbar wird in ihnen der Wille, die literarische Form bewußt zu wählen und nicht die eigene Geschichte als Maß aller Dinge zu nehmen – wie es in den Jahren zuvor oft genug zu beobachten war, gepaart mit erzählerischer Anspruchslosigkeit.

16 Matthias Zschokke, »Max«, München 1982, S. 7.
17 Anne Duden, »Übergang«, Berlin 1982, S. 77.

Schluß mit der Sexualität

In Anne Dudens Prosaband gibt es die bizarre, fast unheimliche Schilderung jenes Vorgangs, den man früher vielleicht arglos als Annäherungsversuch bezeichnet hätte. Die Darstellungsweise und die darin ausgedrückte Abwehr ist kennzeichnend für den Stand der Beziehung zwischen den Geschlechtern – jedenfalls wie er in der neuesten Literatur aufscheint. »Vor dem Haus, im Wagen mit laufendem Motor, als ich mit letzter Kraft den Versuch einer normalen Verabschiedung machte, indem ich mich an die Gesten und Worte vom letzten Mal und an frühere Verabschiedungsmuster genau zu erinnern suchte, schob sich plötzlich eine feste, wie mit kühlem Öl eingeriebene Zunge durch meine leicht geöffneten, wahrscheinlich lächelnden Lippen in den Mund wie in einen dunklen Tunnel, um sich dort, schwerfällig und galant zugleich, herumzuwälzen und zu aalen. Ich hatte das dringende Verlangen, den Kehldeckel zu schließen, undurchlässig zu werden für bestimmte Dinge.«[18]
Die bestimmten Dinge werden zunehmend fragwürdiger. War in der deutschen Literatur bisher schon viel von Trennungen und Abschieden die Rede, so kommt es nun überhaupt nicht mehr zu entsprechenden Kontakten. Sexuelle Befreiung? Von ihr ist allenfalls ein lockerer Tonfall geblieben, in dem man über ihr Ausbleiben reden kann. Die Abwehr kommt nicht nur von seiten der Frauen und hat auch gar nicht viel mit Feminismus zu tun. Sex findet nicht statt. Achselzuckend meldet uns Matthias Zschokke von Max: Der habe früher gern mit Frauen geschlafen, aber inzwischen viel gelesen und gehört, und jetzt habe er meistens Angst, er tue etwas Unrechtes. »Er tut es lieber gar nicht mehr.«[19] Und wenn einer trotzdem Lust hat – wie Hintschmann aus Hans J. Fröhlichs Roman »Mit Feuer und Flamme« –, dann verweigert sich die junge Ehefrau. Kein Mann käme heute noch auf die Idee, in solcher Situation etwas von ehelichen Pflichten zu murmeln. Im Gegenteil: »Ein we-

---

18 Ebd., S. 53.
19 Matthias Zschokke, »Max«, S. 103.

nig beneidete er Ruth, daß sie so enthaltsam leben und klug begründet allen Anfechtungen widerstehen und sich über den liberalen Diskurs, der das Recht auf Lust zur Norm erhebt, hinwegsetzen könne, und ein bißchen schien sie ihm dadurch zur Engelhaftigkeit aufgestiegen, zu einer höheren Art von Brautschaft, der er eigentlich nur als zeitweiliger Babilane würdig sei, ein befristeter Octave, der zu einer entrückten Armance aufblickt. Er kam sich niedrig vor. Doch mit dem Vorsatz, von nun an seiner Frau das höchste Maß an Verständnis entgegenzubringen, schlief er schnell und mit jungenhaftem Glücksgefühl ein.«[20]

Fröhlich schildert uns mit Hintschmann und Ruth (in der modernen deutschen Literatur tauchen die Männer oft mit Nachnamen, die Frauen mit Vornamen auf) ein etwas sonderbares Ehepaar, aber er schreibt so gekonnt und leichthin, daß man den Wirrungen gern folgt. Allerdings weiß der Autor am Ende nicht recht, wieweit er seinen Figuren ihre Geheimnisse lassen soll, und er schaltet sich schließlich mit überflüssigen Kommentaren ein. Die inkonsequente Erzählhaltung trübt das Lesevergnügen, obgleich doch Fröhlich einmal Hintschmann die schöne Bemerkung machen läßt: »Glaubst du, du wüßtest über einen Menschen mehr, wenn er dir seine komplette Lebensgeschichte wie den Inhalt einer Spielzeugschachtel vor die Füße kippt?«[21]

Drei Autoren, die aus der Schweiz stammen, lassen ebensowenig Grund zum Optimismus in Liebesdingen. Urs Widmer nennt seine Erzählung zwar »Liebesnacht«, doch eine solche findet beileibe nicht statt. Es wird allenfalls davon geredet: abends, in einem Haus auf dem Land, in einer Freundesrunde – wehmütige Erinnerungen an alte Zeiten. Von einem der Gesprächsteilnehmer heißt es bloß: »Die Frage, die sich jedem Mann einmal stellt – soll er jemanden lieben, und wen –, hat er in grauer Vorzeit zugunsten seines Hunds entschieden.«[22]
Immerhin gibt es in dieser Geschichte – der schönsten, die

---

20 Hans J. Fröhlich, »Mit Feuer und Flamme«, München 1982, S. 251.
21 Ebd., S. 197.
22 Urs Widmer, »Liebesnacht«, Zürich 1982, S. 37.

Widmer bisher geschrieben hat – doch so etwas wie eine kleine Hoffnung: das Alter. Der Ich-Erzähler über sich und seine Frau: »Ich träume zuweilen davon, daß wir beide steinalt auf einer Bank vor dem Haus sitzen, vor diesem hier vielleicht, in wortlosem Glück, weil die Teufel der fleischlichen Begierde und die Dämonen des Ehrgeizes uns längst vergessen haben.«[23]

Gewaltiger geht es da schon in Hermann Burgers Roman »Die Künstliche Mutter« zu. Übrigens auch sprachgewaltiger: Burger häuft und türmt eigenwillige Wortgebilde, um einen einfachen Sachverhalt zu beschreiben – Impotenz. Er holt nach, was Franz Kafka seiner Meinung nach versäumt hat: »statt zweihundert Briefe an Milena und fünfhundert Briefe an Felice besser einen kardinalen Brief an die Mutter«[24] zu schreiben. So ist denn der »Brief an die Mutter« der Mittelpunkt eines Romans, in dem die Leidensgeschichte des Universitätsdozenten Wolfram Schöllkopf ausgebreitet und auch ein Vorschlag zur Heilung gemacht wird: ein Gang in den »Stollen«, der die Phantasieproduktion symbolisiert. Schöllkopfs Erkenntnis: Will man nicht »auf einer Couch Tausende von Franken verplempern«, also in einer Analyse sich seiner Probleme entledigen, dann kann man vielleicht Literatur daraus machen: »Du wirst auch finanziell entschädigt für deine Originalität als bresthafter Findling, als Inhaber der Impotentia erigendi, kann sein, daß der Saldo bei der Endabrechnung zu deinen Gunsten lautet.«[25] Ein eigenwilliges Buch mit reichlich Mut zur Originalität, in der ausufernden Fabulierkunst allerdings auch ein wenig ermüdend.

Das Gegenteil liefert der Großmeister der Schweizer Literatur, der literarische Spezialist in Sachen Liebe, Eros, Ehe: Max Frisch. Seine Erzählung »Blaubart« arbeitet mit sparsamsten Mitteln, ein Meisterstück der Verknappung und Aussparung. Noch einmal spielt Frisch ironisch und elegisch mit seinen Themen: der Eifersucht, der Unfähigkeit zum Glück, der Ver-

23 Ebd., S. 53.
24 Hermann Burger, »Die Künstliche Mutter«, Frankfurt a. M. 1982, S. 23.
25 Ebd., S. 167 f.

gänglichkeit aller Leidenschaft. Sein Blaubart, der Arzt Felix Schaad, ist kein Mörder; nicht einmal in dem einen Fall, in dem er vor Gericht steht, ist er schuldig. Aber unschuldig fühlt er sich auch nicht: abgesehen davon, daß eine seiner geschiedenen Ehefrauen ermordet wurde (wenn auch nicht von ihm), sind sechs gescheiterte Ehen die Bilanz seines Lebens; die siebte Frau ist im Begriff, sich von ihm zu trennen. Eine groteske Summe fehlgeschlagener Liebesversuche, eine verhaltene Erzählung, die in ihrer Kargheit einige Bewunderer Frischs irritiert hat – als müßte ein Autor seine Erzählmuster ewig wiederholen.

Thomas Bernhard: seine Bücher kreisen immer wieder um einsame Gestalten, in deren Monologen zumeist vom Scheitern einer Lebensaufgabe die Rede ist. 1982 erschienen gleich drei Bücher des Österreichers: zwei autobiographische Texte – darunter der abschließende Band der eindrucksvollen Jugenderinnerungen – und die Erzählung »Beton«. Der Ich-Erzähler will eine Arbeit über den Komponisten Mendelssohn-Bartholdy schreiben, doch er findet keinen Anfang. »Einerseits können wir, Unseresgleichen, nicht allein sein, andererseits halten wir es in Gesellschaft nicht aus, wir halten es in männlicher Gesellschaft, die uns zutode langweilt, nicht aus, aber in weiblicher auch nicht, die männliche Gesellschaft habe ich Jahrzehnte überhaupt aufgegeben, weil sie unergiebig ist, die weibliche geht mir aber in kürzester Zeit auf die Nerven.«[26] Bernhard trägt die Klage wiederum eindringlich vor, und am Ende zeigt sich sogar etwas wie eine Wende: das männliche Ich wird sich der Tragik seiner Isolation bewußt.

Dem Leben ganz nah

Und in der DDR? Auch dort gibt es Probleme mit der Liebe und dem menschlichen Zusammenleben. Hermann Kant, der nicht nur Präsident des Schriftstellerverbands, sondern auch ein hervorragender Erzähler ist, besitzt eine seltene Gabe:

26 Thomas Bernhard, »Beton«, Frankfurt a. M. 1982, S. 35.

Humor. Das hat bisweilen eine verniedlichende Tendenz, garantiert aber etwas, was dem Leser deutscher Literatur nicht oft geboten wird – vergnüglichen Lesestoff. In der Erzählung »Entscheidende Wendungen« (aus dem Geschichtenband »Der dritte Nagel«) glaubt ein Verkaufsdirektor, der in den Westen reisen darf und diesmal in einem französischen Hotel nächtigt, Ohrenzeuge schier unglaublicher Aktivitäten im Nachbarzimmer zu werden. Am anderen Morgen stellt sich das, was er für etwas ganz anderes genommen hat, als Geräusch in der Heizungsanlage heraus – zu spät: Der Held hat sich schon tiefgreifende Gedanken über das eigene Liebesleben daheim im gesitteten Sozialismus gemacht.

In der Erzählung »Das Haus« (aus dem Buch »Die Bande«) von Einar Schleef bleibt es nicht bei Gedanken. Eheprobleme: der Maurer, der stolz auf sein Häuschen im Thüringer Wald sein könnte (»Nebenan wohnt ein Arzt, gegenüber ein Installateurmeister, also in guter Gesellschaft«[27]), ist der abweisenden Haltung seiner Frau hilf- und wortlos ausgesetzt. Er steckt die Bude in Brand. Das wird knapp und unaufwendig erzählt: Protokoll eines Amokläufers.

Zählt Schleef eigentlich zur DDR-Literatur? Seine Geschichten spielen in jenem Staat, den er längst verlassen hat. Veröffentlicht werden sie im Westen. Wie steht es mit Wolf Biermann, Jurek Becker oder Günter Kunert? Die letzten beiden sind im Besitz eines DDR-Passes, auch wenn sie nun schon etliche Jahre im Westen leben. Die Zuordnung ist schwierig geworden; es sei denn, man macht es sich einfach und läßt nur das als Literatur der DDR gelten, was dort auch erscheint. Nachdem eine Reihe prominenter Autoren die DDR verlassen hat, sind die Verlage hierzulande nur noch zögernd bereit, die verbliebene DDR-Literatur in Lizenz herauszubringen: Sie drucken lieber das, was ihnen von den im Westen Lebenden angeboten wird.

Der Übertritt vom einen Staat in den anderen ist für diese Autoren nicht ohne Probleme. Kunert bringt es rückblickend auf die Formel: »Meine Angst bestand darin, einfach zu erlö-

---

27 Einar Schleef, »Die Bande«, Frankfurt a. M. 1982. S. 70.

schen wie eine Kerze. Nicht mehr atmen und nicht mehr schreiben zu können.«[28] Jurek Becker läßt in seinem Roman »Aller Welt Freund« bewußt offen, ob die Handlung im Westen oder Osten spielt. Sorgfältig vermeidet er jeden Hinweis, jedes Indiz. Keine Seite soll, so ist das wohl zu verstehen, sagen können: Diese Geschichte hätte sich bei uns nicht zutragen können. Kilian, ein dreißigjähriger Journalist, will Selbstmord begehen. Er wird gerettet und lebt weiter. Das Irritierende an diesem Roman ist, gewiß nicht ohne Absicht, daß Gründe für den Lebensüberdruß nicht benannt werden: Sie liegen in der Luft. Becker nutzt den Einfall (was macht einer, nachdem ihm der Freitod mißglückt ist?), um seine virtuosen Fähigkeiten als Erzähler vorzuführen, doch der Roman aus dem gesellschaftlichen Niemandsland bleibt insgesamt blaß.
In Gisela Elsners Roman »Abseits« glückt der Selbstmord, Motive werden sorgsam zusammengetragen und das gesellschaftliche Ambiente genau bestimmt. Die Autorin aus dem Westen ist für ihre bitterböse, oftmals satirische Beschreibung der Zustände in der Bundesrepublik bekannt. Diesmal freilich gibt die soziale Realität die Kulisse eines doch eher privaten Dramas ab. Noch einmal eine scheiternde Ehe: Lilo Besslein weiß eigentlich nicht, warum sie den Mann, der ihr Ehemann ist, geheiratet hat, ob sie das Kind, das sie bekommt, eigentlich will. »Sie musterte ihn verstohlen, wie er so in der Kinderzimmertür stand mit seinen weit nach außen gestellten Füßen, mit seinem sich unter der ockerfarbenen Weste wölbenden Bäuchlein und dem trotz all seinen sportlichen Betätigungen nie schwindenden Fettwulst über den Hüften.«[29] Doch auch Liebhaber können ihr nicht die Bestätigung geben, die sie braucht. Gisela Elsner seziert ihre Heldin gnadenlos, um am Schluß, in einer treffenden Pointe, auch den Ehemann vollends zu entlarven: Nach dem Selbstmord seiner Frau fühlt er sich mit Kind in der Hochhauswohnung erst richtig wohl und ungestört. Ein Bild menschlichen Elends. Schade nur, daß der Roman, der

---

28 Günter Kunert, »Diesseits des Erinnerns«, S. 240.
29 Gisela Elsner, »Abseits«, Reinbek bei Hamburg 1982, S. 42.

soviel Einfühlungsvermögen verrät, in einer recht dürftigen Sprache verfaßt ist.
Miseren, wo man hinschaut? Franz Horn immerhin, der Angestellte, den uns Martin Walser schon einmal vorstellte, übrigens mit einem Selbstmordversuch (»Jenseits der Liebe«, 1976), dieser Gerettete und immer noch Leidende, schreibt sich jetzt in einem »Brief an Lord Liszt« einigen Verdruß von der Seele. Er richtet das Schreiben, das sich durch eine Vielzahl von Postscripta auszeichnet, an seinen Kollegen Liszt, der damals so erfolgreich in der Hierarchie an Horn vorbeirauschte und nun auch nicht recht weiterkommt. Allerdings wird der Brief nicht abgeschickt: Walser kennt seine Figuren – und die Angestellten-Wirklichkeit. Trotzdem ist sein Roman kein Meisterstück geworden.
Ein Roman, der heiter stimmt, ohne durch Seichtheit zu verstimmen, stammt von Robert Gernhardt, Maler und Autor in einer Person. Der Titel ist offenherzig und zutreffend: »Ich Ich Ich«. Gernhardt redet von sich, doch er nimmt seine Person nicht übermäßig wichtig: »Wenig hatte mir in den Augen der anderen mehr Unverwechselbarkeit verliehen als die Tatsache, daß ich keinen Fernseher besaß.«[30] Es geht um die Schwierigkeiten mit der künstlerischen Produktion: ein Künstlerroman. Auch eine italienische Reise wird geschildert – freilich keine Bildungsreise, sondern eine zeitgemäße Fahrt ins Landhaus in der Toskana. Wer die schelmische und geistreiche Prosa Gernhardts kennenlernt, wird sich um so mehr fragen, warum ein anderer unverblümter Ich-Erzähler hierzulande in hohem Ansehen steht: Herbert Achternbusch. In einem der Bücher, die 1982 von ihm erschienen sind, dem Prosaband »Revolten«, gibt es neben Fotos aus dem Familienalbum auch das Drehbuch zu Achternbuschs neuestem Film »Der Depp« zu begutachten: das literarische Werk als Wühlkiste.
Und das lyrische Ich? Viele Gedichtbände, doch wenig Verse, die zum Verweilen herausfordern. Ausnahmen bilden die Bände von Jürgen Becker (»Fenster und Stimmen«), Friederike

---

30 Robert Gernhardt, »Ich Ich Ich«, Zürich 1982, S. 165.

Mayröcker (»Gute Nacht, guten Morgen«) und Sarah Kirsch (»Erdreich«): Lyrik, sicher im Ton, allerdings auch ohne sonderliche Überraschungen. Von den weniger bekannten Lyrikern seien genannt: Uli Becker, Jahrgang 1953, mit dem Band »Daß ich nicht lache«, Michael Buselmeier, Jahrgang 1938, der in »Radfahrt gegen Ende des Winters« Gedichte aus acht Jahren sammelt, und Hans Dieter Schäfer, Jahrgang 1939, dessen poetische Miniaturen – Alltagsszenen mit Wendungen ins Irreale – den Buchtitel konterkarieren: »Dem Leben ganz nah«. Das Gedicht »Nachdem die Gäste gegangen sind« ist dafür ein Beispiel.

> »Klare Schildkrötensuppe, Rosen
> im Täßchen; womit kann ich
>
> noch dienen, wenn die Adler wieder
> in die Buchdeckel eingeschlossen sind
> (goldspitzige Gitter) die Kinder
> schlafen so nah an den Kränen.
>
> Vom Berg die Autos,
> die blitzend herunterziehen.
>
> Elektrisches auch bei uns,
> wenn du, spät, deine Haare bürstest.
>
> Nachher, was war das?
> *Blitzmädel.*
> Es war unser anderes Leben,
> tief wie ein kühler Bach.«[31]

Briefe aus der Vergangenheit, Botschaften aus der Zukunft

Auffällig war 1982 die Häufung von Prosatexten, die eine Annäherung an historische Figuren – reale wie fiktive – unternehmen. Ria Endres und Karin Reschke vertiefen sich in das Leben zweier Frauen, die jeweils einem Dichter nahestanden.

---

31 Hans Dieter Schäfer, »Dem Leben ganz nah«, München 1982, S. 74.

Milena Jesenská, bekannt durch Kafkas »Briefe an Milena«, erhält von Ria Endres eine fiktive Stimme. »Milena antwortet« – Untertitel: »Ein Brief« – heißt der Prosaband, der den gewagten (und weitgehend geglückten) Versuch unternimmt, den Ton der verlorengegangenen Briefe der Frau in Form einer freien Phantasie zu imaginieren. Henriette Vogel, die mit Kleist freiwillig in den Tod ging, wird von Karin Reschke aus dem Schatten gerückt. Der Band »Verfolgte des Glücks« bietet im Kleid eines »Findebuchs der Henriette Vogel« deren Lebensgeschichte: überzeugende Rollenprosa mit historischem Lokalkolorit. Auch Peter Härtling spürt in seiner Erzählung »Die dreifache Maria« einer Frau nach, die einst einen Dichter in ihren Bann zog. Maria Meyer hieß sie, und Eduard Mörike floh vor ihr – und einer möglichen großen Liebe. So stellt es Härtling in einer knappen, historische Zeugnisse einbeziehenden Prosa dar: halb faktentreu, halb hypothetisch. Er knüpft mit dieser eindrucksvollen Erzählung an seine frühen Bücher an.
Christoph Hein, ein Autor aus der DDR, fingiert in seinem Erzählungsband »Nachtfahrt und früher Morgen« Briefe eines Begleiters von Alexander von Humboldt, angeblich entstanden im Frühjahr 1829 während einer Rußlandreise: auch hier viel Sorgfalt im Tonfall und historischen Ambiente. Doch nicht immer glückt die Vertiefung in eine ferne Epoche: Birgit Pauschs Novelle »Die Schiffschaukel«, die Geschichte einer vierzigjährigen Frau aus den sechziger Jahren des vergangenen Jahrhunderts, scheint eher heutige Probleme in eine andere Zeit zu verlegen. Im selben Jahrzehnt spielt auch die Erzählung »Die Ballade von der Typhoid Mary« von Jürg Federspiel. Er entgeht dem Verdacht historischer Kostümierung, indem er einen fiktiven Ich-Erzähler einschiebt, der das vergangene Geschehen aus Legenden und Dokumenten rekonstruiert. Federspiels Prosastück um eine junge Frau, die sich mit Typhus infiziert hat, selbst jedoch nicht daran erkrankt ist und als Köchin und Geliebte für Tod und Verderben sorgt, ist glänzend erzählt.
Nicht nur die Vergangenheit, auch die Zukunft hat es den deutschsprachigen Autoren angetan. Zunächst einmal gibt es

längst einige Spezialisten des Science-fiction-Genres, das eine vom Literaturbetrieb merkwürdig abgesonderte Existenz führt. Der bekannteste Vertreter dürfte Herbert W. Franke sein, der 1982 gleich zwei Romane veröffentlichte (»Tod eines Unsterblichen« und »Transpluto«), Bücher, die routiniert geschrieben sind und mehr handwerkliches Können und Phantasie verraten als manch beachtetes Werk, das als gehobene Literaturware gehandelt wird. Bisweilen versuchen sich auch Außenseiter am Zukunftsroman, diesmal gleich zwei Autoren, die zuvor als Verfasser von Kriminalromanen einige Beachtung gefunden haben. Richard Heys Utopieversuch spielt »Im Jahr 95 nach Hiroshima«: Eine neue Eiszeit macht der Menschheit viel Kummer, die europäischen Völker fliehen in südliche Regionen, sind dort aber nicht besonders willkommen. Leider verschenkt Hey den Einfall, weil er in seine Einfälle verliebt ist: Auf jeder Seite wartet er mit einer neuen technischen Zauberei und Spekulation auf, selbst Opfer der Science-fiction-Welt. Der Autor mit dem Pseudonym -ky ist da etwas zurückhaltender und realitätsnäher: Seine Zukunftsvision »Feuer für den Großen Drachen« handelt von einem West-Berlin, in dem die Ausländerfeindlichkeit dramatische Formen angenommen hat. Ein deutscher Ableger des Ku-Klux-Klan mordet und brandschatzt im Türkengetto Kreuzberg. Das ist ein beklemmender Entwurf, wobei freilich der lockere Erzählton des Krimiautors mit dem ernsten Anliegen nicht recht zusammengehen will.
Da ist die kleine Geschichte »Die Rückeroberung« (aus dem gleichnamigen Erzählungsband) von Franz Hohler eher geeignet, die Utopie als heimliche und geheimnisvolle Kehrseite der Gegenwart zu entdecken. Die Stadt Zürich wird von der Natur zurückerobert. Es beginnt mit einem Steinadler, der auf einem Haus sein Nest baut, andere wilde Tiere tauchen auf, zunächst von den Bewohnern bekämpft, dann hilflos akzeptiert, schließlich überwuchern Pflanzen die Gebäude. Am Ende blickt der Ich-Erzähler noch einmal aus seinem Fenster und notiert: »Es ist auch ruhig geworden vor meinem Fenster, die Baustelle für den neuen Migros-Markt ist verlassen, der Kranarm bewegt sich wie eine Riesenblume im Wind, die Trams haben ihren

Betrieb abgebrochen, die nächste noch befahrene Autostraße liegt beim Hallenbad draußen, das Haus gegenüber ist leer, und ich sitze da und denke darüber nach, ob es jetzt noch einen Sinn hat, die Stadt zu verlassen, oder ob das alles nur der Anfang von etwas ist, das sich von hier aus uneindämmbar ausbreiten wird.«[32]

Ein gutes Jahr, ein schlechtes Jahr? Nein, kein Jahrgangsetikett. Nur manchmal die bange Frage: Muß es jedes Jahr so viele neue Bücher geben? Die hier zitierten Titel sind ja nur ein Bruchteil der literarischen Produktion des Jahres 1982. »Die Geschichten, die trotzdem immer wieder geschrieben werden, müssen nicht geschrieben werden, weil wir neue Geschichten brauchen«, so Peter Bichsel in seiner Frankfurter Vorlesung. »Sie müssen geschrieben werden, damit die Tradition des Erzählens, des Geschichtenschreibens nicht ausstirbt.« Denn: »Daß es das Erzählen gibt, daß es uns vordemonstriert wird, das läßt uns unsere eigenen Geschichten herstellen. Wir können uns deshalb im stillen unsere eigenen Geschichten herstellen, in Geschichten leben. [...] Techniken des Erzählens zu erfinden und vorzuschlagen, das ist im Grunde genommen die Aufgabe der Literatur.«[33]

Frankfurt am Main, Januar 1983 *Volker Hage*

---

32 Franz Hohler, »Die Rückoberung«. Darmstadt/Neuwied 1982, S. 21.
33 Peter Bichsel, »Der Leser. Das Erzählen«, S. 68, 77, 80.

Chronik

Januar

- *1. 1.* – Die Arbeitsstipendien des Landes Baden-Württemberg für Schriftsteller, zweitausend Mark im Monat, gingen an Hans Zengeler für ein Jahr und an Walter Kappacher, Hans-Joachim Sell, Günter Steffens und Martin Schleker für jeweils ein halbes Jahr.

- *6. 1.* – Dieter Eue, Jahrgang 1947, siedelte aus der DDR nach West-Berlin über. Ihm war von den Behörden Ost-Berlins die Ausreise wegen seines Buches »Ketzers Jugend« nahegelegt worden, in dem er kritisch die Lebensbedingungen in diesem Staat während der Jahre 1969 bis 1976 schildert. Der autobiographische Roman durfte in der DDR nicht veröffentlicht werden (er erschien im Februar in der Bundesrepublik; s. »Neue Bücher«).

- *12. 1.* – Peter Bichsel hielt an der Frankfurter Universität – im Rahmen der Stiftungsdozentur für Poetik – die erste seiner fünf Vorlesungen, die den Titel »Geschichten über Literatur« trugen (als Buch: »Der Leser. Das Erzählen«, s. »Neue Bücher«). Parallel dazu gab es eine Ausstellung über Person und Werk dieses Schweizer Autors (mit Begleitheft).

- *15. 1.* – Thomas Brasch erhielt für sein Regiedebüt bei dem Film »Engel aus Eisen« in der Münchner Residenz einen der vier – zum drittenmal vergebenen und mit fünfzigtausend Mark dotierten – bayerischen Filmpreise.

Aus Braschs Dankrede: »Unter den Widersprüchen, die unsere Zeit taumeln läßt zwischen Waffenstillstand und Krieg, zwischen dem Zerfall der Ordnung, die Staat heißt, und ihrem wütenden Überlebenskampf, zwischen dem Alten, das tot ist, aber mächtig, und dem Neuen, das lebensnotwendig ist, aber nicht in Aussicht, scheint der Widerspruch, in dem ich arbeite, ein geringer: gleichzeitig ein Denkmal zu setzen dem anarchistischen Anspruch auf eigene Geschichte und dies zu tun, mit dem Wohlwollen derer, die eben diesen Versuch unmöglich machen wollen und müssen, den Herrschenden nämlich. Obwohl, wie gesagt, nicht der wichtigste Widerspruch, ist er doch für den, der mit dem Geld des Staates arbeitet und den Staat angreift, der den subversiven Außenseiter zum Gegenstand seiner Arbeit macht und sich selbst zur gleichen Zeit zu einem Komplizen der Macht, ein entscheidender.«

● *17. 1. – Jörg Hube, August Kühn und Kurt Seeberger erhielten »in Würdigung ihres literarischen Schaffens, in dem sich künstlerische Originalität, Weltweite und Humor verbinden«, im Münchner Lenbachhaus den mit jeweils zehntausend Mark dotierten Ernst-Hoferichter-Preis.*

● *18. 1. – Unter Ausschluß der Öffentlichkeit nahm Hans Wollschläger in Bargfeld den erstmals vergebenen und mit fünfzigtausend Mark dotierten Arno-Schmidt-Preis 1982 entgegen. Anwesend waren im Haus Arno Schmidts außer dem Preisträger lediglich die Witwe Alice Schmidt und Jan Philipp Reemtsma (beide von der Arno-Schmidt-Stiftung).*

Aus dem Text der Begründung: »Lassen Sie uns schließlich noch den Titel jenes Buches nennen, das Arno Schmidt in der ersten und zweiten Fassung kannte, Verlagen vergeblich empfahl und das nun in der Ihnen jetzt gemäßen Form erscheinen wird: ›Herzgewächse oder Der Fall Adams‹. Es war nicht die kleinste Enttäuschung im Leben Arno Schmidts, daß er auch unter Einsatz seines Namens das ›literarische Deutschland‹ nicht davor bewahren konnte, sich wieder einmal zu blamieren.«

Aus der Dankrede Wollschlägers: »Ja, daß, nach dem Krieg, Literatur traditionellen Begriffs nicht überhaupt hätte aufgegeben werden müssen, wie laut Adornos großem Satz nach Auschwitz das Gedicht, hat er [Arno Schmidt] vollbracht und niemand außer ihm; von dieser Errungenschaft bezieht auch das restliche Jahrhundert weit mehr seiner Erlaubnisse, als es weiß. Er hat durch seine abgeschiedene Arbeit gelehrt, wo die Literatur einzig überleben kann, indem er sie in die Asozialität zurückführte, aus der sie immer kam und kommt; er hat durch seine Literatur der aus allen Kleinhirnen übergeschnappten Massengesellschaft im Namen der Literatur die Gemeinschaft aufgekündigt; er war der einzige, der ihr in seinen Texten, schmerzvoll hassend und atemlos, anzeigte, daß ihre Destruktivität der Literatur endgültig die affirmative Rede verschlagen hat.«

● *25. 1. – Den mit zehntausend Mark dotierten Literaturpreis der Freien Hansestadt Bremen 1982 erhielt für die Trilogie »Die Ästhetik des Widerstands« (Frankfurt a.M.: Suhrkamp, 1975, 1978, 1981) und für die »Notizbücher 1971–1980« (Frankfurt a.M.: Suhrkamp, 1981) Peter Weiss; der mit fünftausend Mark verbundene Förderpreis ging an den Schweizer Franz Böni für seinen Roman »Die Wanderarbeiter« (Frankfurt a.M.: Suhrkamp, 1981).*

Aus der Laudatio Christoph Meckels für Peter Weiss: »Es ist nicht selbstverständlich, daß ein Schriftsteller sich so schonungslos konfrontiert mit der Epoche und ihren Fragwürdigkeiten, und es ist nicht selbstverständlich, daß er die Konflikte von Leben und Schreiben, Denken und Hoffen so rigoros an sich selber bloßlegt. Daß der Maler ein Augenmensch ist, versteht sich von selbst. Daß er den absoluten Blick besitzt, der Bestandsaufnahme, Erkenntnis und Deutung umfaßt, ist selbst unter Doppelbegabten nicht oft der Fall. Offenheit der Erfahrung und Leidfähigkeit sind keineswegs selbstverständlich in einer Zeit, die den einzelnen nahelegt, sich zu arrangieren.«

Aus der Dankrede Peter Weiss': »Wenn ich durch Bremen gehe, gehe ich manchmal ein bißchen wie ein Traumwandler, der sucht nach anderen Formen, die unter den Architekturen liegen. Ich suche zu vergleichen, wie mein ursprüngliches Bild dieser Stadt war und wie es sich hier und da noch herausfinden läßt an bestimmten Straßenecken und bestimmten Häuserzeilen. [...] Ich sage das nicht aus irgendeiner Nostalgie heraus, sondern nur, weil ich darauf aufmerksam machen möchte, wie ungeheuer wichtig die inneren Traditionen sind, wie sehr man mit seinen Wurzeln zusammenhängt und wie furchtbar es ist, wenn man von diesen Wurzeln abgeschnitten wird.«

Aus der Laudatio Rolf Michaelis' für Franz Böni: »Es gibt, auch in der sogenannten Literatur der Arbeitswelt, zur Zeit kein Buch, das Elend und Ausbeutung von Menschen an Fließband und in Schichtarbeit so lähmend genau beschreibt wie Bönis Buch von allen Arbeitsplätzen in einer Textilfabrik. Und wer eine heftige, wenn auch pauschale Kritik an den zu Polizeistaaten degenerierenden Demokratien des Westens lesen will, der schlage dieses Buch auf: Mit einer zugleich realistischen und visionären Kraft sind hier Zustände nicht nur in der Schweiz exakt beschrieben. Aus diesem Realismus der Details und genau protokollierten Halluzinationen entsteht die eigene und eigenartige Wirkung von Bönis Prosa.«

● *31. 1. – Am Hamburger Deutschen Schauspielhaus wurde Botho Strauß' »Kalldewey, Farce« uraufgeführt.*

»Verflucht in eine ewige Komödie«

Zwei große Rätselstunden: Ein so virtuoser, so geistreicher, mit so scharfem Witz und so selbstgewisser Kunstfertigkeit auftrumpfender Theaterabend ist selten. Doch ebenso selten ist einer, hinter dessen greller Show-Lebendigkeit so tiefer Zweifel, so bodenlose Verstörung hervorschaut.

Was daran so hinreißend ist, läßt sich auch aus der Erinnerung genüßlich beschreiben und in Zitaten nachschmecken: Also zum Beispiel, gleich nach Beginn des Stückes, wie zwei rabiate, punkig aufgemotzte Emanzen eine abwesende Mit-Schwester zerreißen – in einem Parade-Jargon, der, was er trifft, vernichtet: »Bist ja nirgends sicher vor diesen Boutiquentorten. Die kommen in der schärfsten Kutte, voll progressiv, und is bloß 'n Affenwitz, is ne Modeschnecke ... ne abgeebbte Kuh mit Hakenkreuzen aus Plastik auf den Äppeln.«

Kabarett, aber sicher, und wie. Doch hinter dem Fertigmach-Jargon, den die beiden einander scharf um die Ohren und scharf über der Rampe ins Publikum fetzen, verbirgt sich

Empfindlichkeit, Verletztheit, Schmerz: Da läuft eine Gefühlskiste, für die früher einmal nun längst ausgelaberte Wörter wie »Liebe« und »Eifersucht« gültig waren.

Die zwei bilden das eine der beiden Paare, die Botho Strauß in seinem neuen, seinem fünften Theaterstück vorführt: Paar-Sein bedeutet darin, mit aller Wut, Gewalttätigkeit und Verzweiflung ineinander verstrickt sein und weder je wirklich zusammen- noch je auseinanderkommen. Daß das komisch ist, ist schon komisch.

Straußens Witz hat nichts Versöhnliches. Und in der Kälte der Exekution trifft die Hamburger Uraufführung von »Kalldewey, Farce«, die Niels-Peter Rudolph inszeniert hat, genau den Blick, mit dem Strauß Faxen und Fratzen festnagelt: Rudolph treibt die rasende Welt-Abfertigung-Wut des Textes mit schneller, schriller Theatralik voran.

Seine Komplizinnen dabei sind, für die erste Offensive, Therese Affolter und Barbara Nüsse: Die erste schmächtig und spitz, ihre Dominanz mit Bissigkeit verteidigend; die andere, die dauernd mit Terror ideologisch auf Vorder-Frau gebracht werden muß, füllige, ulkfreudiger, deshalb lebenswärmer.

Noch vor der grimmigen Frauen-Offensive hat das Stück in einem leisen, geflüsterten, sich wie eine Traum-Miniatur auflösenden Prolog das andere Paar des Abends vorgestellt: Er im Frack, sie im schwarzen Abendkleid, vertreten die beiden so plakativ den Feinsinn kultivierter Bürgerlichkeit wie die anderen die militante Exzentrik der »Scene«.

Es war ein Abschiedsdialog, in dem dieses Normal-Paar, auf der Bühne schmerzend weit auseinandergerissen, sich noch einmal für einen Augenblick zu finden versuchte, fast ein Abschiedsduett, zusammengedichtet aus all jenen schönen alten Allerweltswörtern, an deren Gewicht und Wahrheit schwerer und schwerer zu glauben ist: »Ich liebe dich. Schau mich an ... Bleib mir gut ... Halt mich! Halt mich fest! ... Bis bald, ewig bis bald!«

Weggewischt, ausgelöscht ist dieser Geisterstimmen-Beginn durch kreischende Punk-Sprüche, bis die Frau im braven Schwarz wieder auftaucht: Sie erscheint in der Scene-Kneipe und fleht die beiden wilden Schwestern um Beistand gegen ihren Gefährten an, gegen dieses Monstrum an männlicher Selbstsucht und Brutalität.

Einen Augenblick zögert das Duo, das doch nicht so rasch als »Selbsthilfeorganisation für die Multiproblemfamilie« vereinnahmt sein will, doch dann siegt die Kampflüsternheit: Nachdem sie noch rasch und routinemäßig den Kellner beschissen und zusammengeschissen haben, ziehen die drei Frauen los, um den Feind Mann fertigzumachen.

Auf den enttäuschenden ersten Blick sieht der zwar bestenfalls wie ein HB-Männchen aus. In einer unaufräumbaren Wohnung und im Selbstmitleid des Verlassenen versackt, führt er seinen Verlustschmerz vor. Sogar den »Abdruck ihres Körpers in der Sofadecke« hat er »säuberlich erhalten«: »Mein Pompeji!«

Doch die Front-Weiber lassen sich nicht für dumm verkaufen: »Scheiß auf Pompeji! Hast dir ne fette Selbstanglotzung reingeschoben / hast nicht mal geschnallt, warum frau hier total abgemodert ist / warum die nicht mehr das Pissbecken mit dir teilen will« – er muß hingemacht werden wie die »Sadisten, Kriegstreiber, Weltbrandstifter, Pornorassisten« allesamt.

In wachsender Rage wird er erst mit Wörtern vernichtet, dann buchstäblich in Stücke gerissen: Die Bacchantinnen sind unter uns.

Mit so ätzendem Witz und so wütender Schärfe ist der gute alte Geschlechterkampf, der immerwährende Intim-Krieg zwischen Küche und Couch wohl noch nie theatralisch zu Welt-Krieg verdichtet worden – und daß dem zuzuschauen unbändigen Spaß macht, ist eine Fürchterlichkeit des Theaters.

Strauß gibt keinen Pardon: Im zweiten Teil des Stückes haben die beiden Paare zwar aller Feindseligkeit abgeschworen (»Dafürsein ist positiv. Darin liegt die dicke Wende.«) und sich zu einer Wohngemeinschaft zusammengetan – doch gegen die Zerstörung und Zerfleischung, die in ihnen fortarbeitet, trompeten sie nur mit hilflosen Friedensbekenntnissen an: »Wir haben alles in die Sinnproduktion gesteckt, tätärätä. Es hat sich gelohnt. Wir haben einen neuen Harmonierekord zu verzeichnen, tätärätä.«

Im dritten Teil schließlich – die vier als blind zappelndes Marionetten-Quartett in den Fängen eines nie greifbaren, nie helfenden Psycho-Gurus und Welt-Therapeuten – wird in immer platteren, immer leeren und hektischer kreiselnden Selbsterfahrungs-Ritualen der letzte Rest Welt und Weltbegriff liquidiert: »Revuen, Revivals, Reparaturen, alles noch einmal, nur ein bißchen schneller, bitte sehr. Vom Urknall zu den Quarks, von der Ilias zu den Herbiziden, vom Steinwurf zur Neutronenbombe. Naturbewältigung – Menschenbewältigung, solange bis keiner mehr da ist!«
Tabula rasa der Hoffnungen, ab mit dem Abendland auf den Sperrmüll: Es sind Menschen, die das vorführen, und sie tun es mit Teilnahme, mit Trauer, mit offenem Schmerz – Gerd Kunath als Mann im Frack mit zärtlicher Würde, Hannelore Hoger mit wärmender Fraulichkeit. Die Figur, die sie reich und anrührend spielt, setzt (als wäre es immer dieselbe) die Reihe der leidend-heiteren Stehauffrauen auf der Suche nach Liebe und Glück fort, die durch die früheren Strauß-Stücke gingen, und ist von allen die Mysteriöseste.
Immer wieder reißt die Oberfläche dieses glitzernden Komödientextes plötzlich entzwei und katapultiert die Spieler in andere Kunstzonen: Mal ist es ein fetter Unbekannter namens Kalldewey, der aus einem Nirgendwo hereingeschneit kommt, ein »Schweinepriester« und rattenfängerischer Verführer, in dessen Drecksmaul die ganze Welt zur Zote wird. Mal sind es wort- und sinnspielerische Theater-Mirakel; mal auch, im Zentrum des Stückes, ist es ein Zeitsprung, der dem Paar erlaubt, als graue Greise zurückzublicken auf den Zwangsleerlauf ihrer Gemeinsamkeit, »verflucht in eine ewige Komödie«. Und immer wieder sind es Aufschwünge aus dem Hickhack der bösen Beziehungssatire in die lichte Lyrik des Anfangs-Duetts, die vergangenen Schmerz in einer Glücksutopie aufheben will.
Es sind diese Augenblicke eines inständigen Heilsverlangens, die »Kalldewey, Farce« in ein Sinn-Puzzle verwandeln: Die furiose Parforcetour der Komödie, die unseren elenden Erden-Murks ein für alle Mal in Formeln bannen und exorzieren will,

sucht verzweifelt den Durchbruch in Gewißheiten jenseits allen Theaters.
Aus der Erkenntnis eines totalen Welt-Leerlaufs, aus der keine Dialektik mehr heraushelfen kann, erhebt sich bei Botho Strauß das Paradox eines mit Willen herbeigedachten, herbeikonstruierten, als Kunst-Notwendigkeit wenigstens herbeizitierten Gottesbegriffs: Da er so sehr gebraucht wird, muß er doch anrufbar sein.
Die »Farce«, die den bacchushaften Stinkgötzen Kalldewey als Titelfigur nennt, will ein Mysterium sein und will von Gott reden. Aber zu gern, weil zu leicht durch die Falltüren der Ironie dazu verführt, läßt sich darüber hinweglachen. Das Theater, in dem »Kalldewey, Farce« uraufgeführt wurde, heißt Operettenhaus.

Urs Jenny

Der Spiegel. 8. 2. 1982.

Februar

- *2. 2. – Den mit 75000 Schilling dotierten Georg-Trakl-Preis für Lyrik erhielt anläßlich der 95. Wiederkehr von Trakls Geburtstag Christoph Meckel.*

Aus der Laudatio Karlheinz Rossbachers: »In dem bislang letzten Gedichtband ›Säure‹ dient das Parlando mit Schock der Kurzbeleuchtung der Realität. Meckel zeigt darin die Fähigkeit, mit kleinen, ausgegrenzten Wirklichkeitsbildern einen ganzen Erfahrungszusammenhang zu erinnern. Das Vorbeifahren an einer Mülldhalde zum Beispiel ist Anlaß, eine zerbrechende Liebe, einen falsch verlebten Sommer zu vergegenwärtigen. Der Gedanke ist gleichsam das Bild und umgekehrt.«

- *5. 2. – Ingeborg Drewitz erhielt den zum zweiten Male vergebenen Gerrit-Engelke-Literaturpreis für das Jahr 1981 (1979 von der Landeshauptstadt Hannover gestiftet und mit fünfzehntausend Mark dotiert). Sie habe sich »stets unerschrocken und unter persönlichen Opfern für die Rechte der*

Benachteiligten und Unterdrückten bei uns und anderswo und für die Verwirklichung der demokratischen Ideale eingesetzt« (Verleihungsurkunde).

Aus der Dankrede von Ingeborg Drewitz: »Ich bin 5 Jahre nach Engelkes Kriegstod geboren, der Grabenkrieg in den Schilderungen meines Vaters war eine ferne, wenn auch erschütternde Vision, blieb es und hat sich in der gegenwärtigen Existenzangst, die der nach dem Abwurf der ersten Atombombe 1945 fast gleicht, verfestigt. Gegen die an schreibe und handele ich.«

● *18. 2. – Sarah Kirsch erhielt vom Verband der deutschen Kritiker den Kritikerpreis 1981 für Literatur.*

Aus der Jury-Begründung: »Ihr Artistentum nährt sich aus einer trotzigen und elementaren Lebensbejahung. Erotik und Naturverbundenheit, die frei von vager Naturschwärmerei ist, finden in der Lyrik der Sarah Kirsch zu einer makellosen selbstverständlichen Einheit zusammen, wobei es ihre Stärke ist, das Doppelsinnige einfach und das Großartige auch bescheiden sagen zu können.«

● *26. 2. – Der von Günter Grass gestiftete, mit fünfzehntausend Mark dotierte und zum zweiten Male vergebene Alfred-Döblin-Preis wurde in einer Veranstaltung in der Berliner Akademie der Künste an (den wegen Krankheit abwesenden) Gert Hofmann für seinen Roman »Auf dem Turm« (s. »Neue Bücher«) vergeben.*

● *27. 2. – Am Bochumer Schauspiel wurde Peter Paul Zahls Theaterstück »Johann Georg Elser« uraufgeführt (als Buch: »Johann Georg Elser«. Ein deutsches Drama. Berlin: Rotbuch Verlag, 1981).*

● *28. 2. – Den zum zehnten Male verliehenen Kleinkunstpreis konnten für das Jahr 1981 im Mainzer Forum-Theater »unterhaus« in Empfang nehmen: das Düsseldorfer Kabarett »Kom(m)ödchen«, der Schweizer Brettl-Künstler Kaspar Fischer und der Liedermacher Walter Mossmann. Der mit zehntausend Mark dotierte Förderpreis der Stadt Mainz ging an die Gruppe »Biermösl Blosn«.*

März

- *6. 3.* – Den mit zehntausend Mark dotierten Soltauer Autorenpreis erhielt Jutta Bartus für die noch unpublizierte Erzählung »Sehnsucht nach der Kinderzeit«.

- *12. 3.* – Am Stockholmer Dramaten inszenierte Peter Weiss die Uraufführung seines Stückes »Der neue Prozeß« (nach Kafkas Roman).

- *13. 3.* – Wolfgang Koeppen erhielt den mit zwanzigtausend Mark dotierten »Kulturellen Ehrenpreis der Landeshauptstadt München«. In der Begründung des Stadtrats heißt es u. a.: »Koeppen betrachtet sein Werk als einen ›Monolog gegen die Welt‹. Also verleibt er sie sich auch ein. Er entzieht sich ihr, aber will sie auch haben – und zwar ganz. Immer ist er von den Abgründen fasziniert, von den Widersprüchen und vom ›großen Märchenteppich der Welt‹, an dem jeder mitwebt, der schreibt.«

Aus der Dankrede Wolfgang Koeppens: »Der törichte Krieg der Mörder brachte mich nach München, dessen Ruf als Kunststadt, Kaffeehaus einer arbeitenden Bohème und Atelier der Avantgarde, Stätte der Kammerspiele des Otto Falkenberg, Sitz des Kurt Wolff Verlags – mit den schwarzen Heften einer stürmischen, ins Verderben stürzenden Jugend ›Der jüngste Tag‹ – mich schon an der Ostsee und in den Masurischen Wäldern angezogen hatte. Nun stand ich hier, arm, mittellos, unbehaust, fern jeder Existenz, und die ich suchen wollte, waren verschwunden.«

- *15. 3.* – Der Literatur-Förderpreis der Stadt Köln, insgesamt achtzehntausend Mark in zwölf Monatsraten, wurde, rückwirkend zum 1. Januar, Bernd Hackländer zuerkannt.

- *18. 3.* – Die (West-)Berliner Akademie der Künste erkannte den mit zehntausend Mark dotierten Förderpreis in der Sparte

*Literatur dem in Leipzig lebenden Gert Neumann zu. Sein
Schreiben sei, so die Begründung der Jury – »durchaus in
Opposition zu der in seinem Land verordneten Stil-Richtung« – »neu, frisch, traurig«. So entstehe »ein getreueres Bild
der Lebenswirklichkeit in der DDR, als wir es aus der
offiziellen Literatur kennenlernen können«.*

● *26. 3. – Der mit fünftausend Mark dotierte Alfred-Kerr-Preis
für Literaturkritik des »Börsenblatts für den Deutschen Buchhandel« wurde im Rahmen der Buchhändlertage in Mainz zu
gleichen Teilen an die Redaktionen der österreichischen Literaturzeitschriften »manuskripte« und »protokolle« verliehen.*
Aus der Dankrede Alfred Kolleritschs und Otto Braichas:
»Das in Fortsetzung veröffentlichte Werk ›Die Verbesserung
von Mitteleuropa‹ von Oswald Wiener war in der Geschichte
der ›manuskripte‹ das herausragende Glücksmoment – denn es
ist nicht leicht, von Nummer zu Nummer Autoren zu gewinnen, sie zu behalten, wenn eine Zeitschrift ohne Verlag als
Nährboden, abhängig von staatlichen Subventionen, auszieht,
auf einem ganz anders funktionierenden und strukturierten
Markt das Fürchten der Konkurrenz zu lernen und das oft ganz
abstrakte Vertrauen in die Notwendigkeit der Literatur, das
heißt des Schreibens, zu bewahren.«

April

● *1. bis 4. 4. – Auf seiner Jahrestagung in Stuttgart beschäftigte
sich das PEN-Zentrum der Bundesrepublik Deutschland mit
»Literatur und Geschichte«: Es veranstaltete ein öffentliches
Gespräch über »Das Problem der Darstellung von Geschichte
in Biographie und Roman« (es diskutierten unter der Leitung
von Walter Jens Historiker und Autoren) und ein Seminar
mit verschiedenen Referaten zu dem Thema »Geschichte im
Drama«. Den Abschluß bildete eine Lesung von Texten der*

»schwäbischen Rebellen« Christian Friedrich Daniel Schubart, Hermann Kurz, Friedrich Schiller und Friedrich Hölderlin. – Die Mitgliederversammlung wählte den bisherigen Generalsekretär Martin Gregor-Dellin zum neuen Präsidenten. Er trat damit die Nachfolge von Walter Jens an, der nach sechs Jahren nicht mehr kandidiert hatte und per Akklamation zum Ehrenpräsidenten avancierte. Neuer Generalsekretär wurde der Fernsehjournalist Hanns-Werner Schwarze, der Schatzmeister Gerd E. Hoffmann wurde in seinem Amt bestätigt. Zehn Schriftsteller werden neu dem PEN-Zentrum der Bundesrepublik Deutschland angehören: Ingrid Bachér, Thomas Brasch, Michael Ende, Ursula Krechel, Fitzgerald Kusz, Werner Peterich, Hilde Rubinstein, Ragni Maria Schwend, Botho Strauß und Ben Witter.

- 6. 4. – In Ost-Berlin starb Paul Wiens. Am 17. August 1922 in Königsberg geboren, wurde er in der NS-Zeit wegen seiner jüdischen Abstammung verfolgt. Er arbeitete von 1947 bis 1950 als Lektor des Aufbau-Verlags, später als freier Schriftsteller. Die stets durchgehaltene Konformität mit der Partei bescherte ihm hohe Auszeichnungen (Nationalpreis 1959) und wichtige Ämter (Vizepräsident des Kulturbundes). Seine wichtigsten Werke, neben Übersetzungen und Filmdrehbüchern: die Gedichtbände »Begeistert von Berlin« (1951, zusammen mit Uwe Berger), »Neue Harfenlieder« (1966), »Dienstgeheimnis. Ein Nächtebuch« (1968).

- 7. 4. – Am Bochumer Schauspielhaus wurde Heiner Müllers »Quartett« uraufgeführt (Buchausgabe: »Quartett«. Nach Laclos. Frankfurt a. M.: Verlag der Autoren, 1982).

- 20. 4. – Der Stadtrat der Landeshauptstadt München verlieh seinen mit achttausend Mark dotierten Förderungspreis für Literatur an Josef Einwanger, vergab seine drei Stipendien zu je achtzehntausend Mark (»Münchener Literaturjahr«) an Barbara Bronnen, Hans J. Fröhlich und Pascal Morché.

- 22. 4. – Den mit 75 000 Schilling dotierten Rauriser Literaturpreis des Landes Salzburg, für ein bemerkenswertes »erstes

Buch« bestimmt, erhielt der Schweizer Thomas Hürlimann für
»Die Tessinerin« (s. »Deutsche Literatur 1981«, S. 144).

● 22. 4. – Den Hörspielpreis der Kriegsblinden 1981 erhielt in
Bonn Peter Steinbach für »Hell genug – und trotzdem stockfinster« (Erstsendung: Westdeutscher Rundfunk, 8. 10. 1981).

»Zeigen Sie mal Ihre Verwunderung«. Hörspiel als Zeitzeichen /
Kriegsblindenpreis für Peter Steinbach
Der Hörspielpreis der Kriegsblinden für 1981 ist dem einundvierzigjährigen Schriftsteller Peter Steinbach zuerkannt worden. Steinbach, der im Hunsrück lebt und auch als Drehbuchautor fürs Fernsehen hervorgetreten ist, erhält die Auszeichnung für sein vom WDR produziertes Hörspiel »Hell genug –
und trotzdem stockfinster«. Die aus Kriegsblinden und aus
Kritikern zusammengesetzte Jury, die diesmal beim Sender
Freies Berlin tagte, entschied sich allerdings nur mit einer
Stimme Mehrheit für Steinbach und damit denkbar knapp gegen
die DDR-Autorin Helga Schütz, die mit ihrem Hörspiel »Verbriefte Liebe« bis zuletzt aussichtsreich im Rennen lag.
Diese ungewöhnlich spannende Nominierung wurde in Berlin
noch zusätzlich dadurch leicht dramatisiert, daß eine weitere
Autorin fast bis zum Abschluß der langen Diskussion als
preisverdächtig galt, Friederike Roth mit ihrem Hörspiel »Der
Kopf, das Seil, die Wirklichkeit«. Noch im vorletzten Durchgang erhielt Friederike Roth ebenso viele Stimmen wie in der
Schlußabstimmung (über nur noch zwei Namen) Helga Schütz.
Mit einigem Mut zur Vereinfachung ließe sich aus der Dreierkette des Roth-Titels »Der Kopf, das Seil, die Wirklichkeit«
das jeweilige Stichwort zur Einzelcharakteristik der drei bei
dieser Preisfindung meistbeachteten Hörspiele herleiten und
damit von jener Konstellation der Endausscheidung auf aktuelle Tendenzen der Gattung schließen. Der knappe Ausgang
der Berliner Entscheidung gewänne unter diesem Aspekt noch
an Stellenwert.
Der Kopf: Friederike Roths Arbeit erscheint, verglichen mit
dem übrigen Angebot, als Kopfgeburt. Ein mit intelligenter

Ironie »vergiftetes« Beispiel von Intellektuellen-Satire, die vor
dem Hintergrund des Stuttgarter Hegel-Kongresses, nicht
ohne emanzipatorischen Affekt der Autorin, die Aporien,
Identitätsprobleme und ganz konkreten Beziehungsschwierig-
keiten eines Volkshochschul-Dozenten zur Tragikomödie
erklärt. Dieses Hörspiel ist mit seinen auf mehrere Ebenen
verteilten Parodieverfahren ein amüsantes Puzzle aus, wie es
an einer Tankstelle heißt, »hinterhältigen Gemeinplätzen«
(»Alleinsein ist kein angenehmes Abenteuer«), kundiger
Imitation der Wissenschaftlersprache, Selbstironie (»Als den-
kender Mensch verstößt man dauernd gegen sich selbst«) und
gewandter Handhabung der längst modisch gewordenen Zita-
tencollage, gipfelnd in einem leider unproportioniert zwischen-
geschalteten Originalton-Beitrag des Stuttgarter Oberbürger-
meisters Manfred Rommel (»eine Bemerkung zu Hegel, unserem geistigen Glanzstück«), wodurch im Hörer zielbewußt Irritation über den fiktiven Charakter dieser Volksbildner- und
Kongreßpersiflage ausgelöst wird.

Das Seil, dieser zweite Bestandteil des Roth-Titels, fiele als
Kennzeichen dann der Melodramatisierung deutsch-deutscher
Verknüpfungen und Zerrissenheiten durch Helga Schütz zu. Ihr
Hörspiel »Verbriefte Liebe« ist zunächst einmal nichts als die
triviale Geschichte einer (in Potsdam) Sitzengelassenen mit
Kind. Durch den Mauerbau von 1961 riß die Verbindung mit
dem jungen Kindsvater im Westen ab. Helga Schütz verbindet
diese Anspielung auf die Zeitgeschichte mit dem Versuch einer
aktualisierten, dabei auch banalisierten Paraphrase über Goethes »Marienbader Elegie«, ohne daß die späte erste Begegnung des aus dem Westen angereisten Vaters mit seiner inzwischen achtzehnjährigen Tochter, als trügerische Wiederbegegnung mit dem Ebenbild seiner damaligen Geliebten, spiegel-
bildlich eng, also klassizistisch befangen ausfiguriert würde.
Aber diese andere Anspielung, als Bezugnahme auf ein literarhistorisch und künstlerbiographisch hehres Modell, wirkt durch
solche Unverbindlichkeit von Symmetrieverhältnissen nur wie
ein auf Talmi hinauslaufender Veredelungsversuch am Trivia-
len – was als leicht zu durchschauender dramaturgischer Kniff

auch Auswirkungen auf die Funktion jenes Überhöhungsversuches durch die Einführung des historischen Faktums Mauerbau hat.
Beide Beziehungsfelder bleiben unterbelichtet und gleichsam unbestellt, was um so mehr Aufmerksamkeit auf die gewisse Rechtwinkeligkeit des Szenariums mit seiner braven, an Erinnerungen festgemachten Aufarbeitungstechnik lenkt. Es gibt am Ende bezeichnenderweise einen dritten, diesmal vage lyrisch-poetischen Versuch der Überhöhung von Trivialität: in Form eines Telegrammtextes, der – Sie an Ihn – für sich spricht. »Am schlimmsten ist, daß wir unsere Treulosigkeit nicht selber verschulden durften. Sonst könnten wir wenigstens leiden.« Mit diesem Hinweis auf eine mögliche Ursache dafür, daß früher ein Mädchen mit Kind sitzengelassen wurde, finge die Geschichte erst an. Aber im Hörspiel markiert dieser fatale Tintenklecks nur den Schluß.
Die Wirklichkeit, um noch den Rest des Roth-Titels zu verwerten: Ist sie bei Peter Steinbach zu finden, und wie sieht bei diesem jüngsten Hörspielpreisträger die Wirklichkeit aus? – Man könnte das Verhältnis der Macharten bei Friederike Roth und bei Helga Schütz antithetisch nennen, »formalistisch« und »realistisch« als Gegensätze, die in Steinbachs mehrschichtig arrangiertem Dokumentarhörstück »Hell genug – und trotzdem stockfinster« aufgehoben erscheinen. Es handelt sich um den Versuch, ein Kapitel deutscher Zeitgeschichte, das Kriegsende im Westen, zu rekonstruieren, zugleich aber auch unser je nach Generation verschiedenes Verhältnis zu dieser Realität und ihrer Nachwirkung über fast vier Jahrzehnte hin zu illustrieren, am Beispiel eines Hunsrück-Dorfes und mit Hilfe der Erinnerungen eines damals Siebzehnjährigen, den ein Fernsehteam in den Mittelpunkt eines Dokumentarfilms stellt.
Steinbach, geboren 1938 in Leipzig und seit 1954 in der Bundesrepublik, Drehbuchautor des preisgekrönten (Kriegsende-) Films »Die Stunde Null«, arbeitet zur Zeit mit Edgar Reitz an einer vielteilig angelegten Fernsehserie über die Heraufkunft des Faschismus. Er weiß also, wovon er spricht, wenn er, zweifellos selbstkritisch, die auf das Kriegsende bezogene

Erinnerungsebene seines Hörspiels immer wieder kurzschließt mit Zeit- und Medienkritik (»Und das alles zwischen Werbung und Nachrichten«). Hinter der durch Zeugenaussagen und – ein Zeichen für Transportschwierigkeiten mit diesem Stoff im Radio – durch einen Erzähler dokumentierten Kriegsgeschichte verbirgt sich nach Ansicht der zuständigen Anstalt »eine kritische Studie über die alltägliche Arbeit beim Fernsehen, über die emotionelle Verarmung eines Teams und die Gefahr selbst für einen neugierigen Filmemacher, andere Menschen zu originellem Material zu degradieren«.

Dabei spielt eine Rolle, daß Steinbach und Edgar Reitz viel mit Laien arbeiten, was im Hörspiel gleichfalls kritisch reflektiert wird. »So, da bauen Sie sich hier mal auf«, kommandiert der Fernsehmann, »und zeigen mal Ihre Verwundung.« Am Ende bietet sich der unbeholfen gelehrige Selbstdarsteller, rasch angepaßt an die Ungerührtheiten der Bildermacher, selber eifrig (»Soll ich mal einen Kommentar machen?«) zum Verramschen von lange eingekellerten Erinnerungen an, die unter Außendruck des Massenmediums zum »Höhepunkt« eines sonst ereignislosen »einfachen Lebens« hochgeputscht werden. Erhellende Einsicht in einen stockfinsteren Sachverhalt: Die Stunde Null im Leben eines knapp davongekommenen Dörflers als wahrhaft barbarisch »benutzte« Beute, als Altmaterial für den Flohmarkt des Fernsehprogramms.

Man kann Steinbachs preisgekröntes Hörspiel auf unterschiedliche Weise aufnehmen: als verkapptes Drehbuch, das im anderen Medium prompt einige Schwierigkeiten mit dem »visuellen« Element auf der Hörbühne verrät; als Reflexion über die eigene Arbeitsweise des Autors oder aber über ein Generationsproblem; auch als Beweis dafür, welche Mühen der Hörfunk aufwenden muß, wenn er die Vermittlung eines zeitgeschichtlichen Kapitels leisten will, an dem sogar Eberhard Fechner bei seiner Verfilmung von Alfred Anderschs »Winterspelt« letztlich gescheitert ist. Am einfachsten freilich ließe sich Steinbachs Arbeit lediglich dem äußeren Anschein nach einordnen: als Nebenprodukt, das von einer größeren Arbeit,

der Filmarbeit mit Edgar Reitz, abgefallen ist, was für eine bestimmte Tendenz dieses Hörspieljahrgangs stehen würde.
Steinbach befindet sich da in Gesellschaft etwa von Tankred Dorst, der die schon mit Stücken wie »Auf dem Chimborazo« oder »Dorothea Merz« belegte Arbeit an der Geschichte einer, seiner Familie mit dem Hörspiel »Fragmente einer Reise nach Stettin« fortgesetzt hat. Der Titel enthält bereits einen Hinweis auf den Charakter dieser Rundfunkvorlage als Bruchstück jenes Großprojekts. Auffallend eine Gemeinsamkeit mit Steinbach: Auch Dorst schildert, unter wechselnden Perspektiven in einem Erinnerungsprozeß, das Kriegserlebnis eines Heranwachsenden vor dem Zusammenbruch. Und auch in diesem unverkennbar autobiographischen Text gibt es immer wieder Seitenblicke zum optischen Medium.
Andererseits wies die Jahrgangsauswahl diesmal allerhand Selbstbeschränkungen aus. Keine Kunstkopfproduktion war eingereicht worden, und auch das einstmals »Neue« Hörspiel blieb unvertreten. Für eine strikt experimentelle Hörspielform stand recht isoliert eine Art Kollektivimprovisation, ein Gruppenprojekt von Walter Adler (Hörspielpreisträger für 1975) und Bernd Lau (Regisseur des preisgekrönten Stücks von Steinbach): »Wer sagt denn, daß es zeitgenössisch ist, in die Menge zu schießen« – Brainstorming, das kein Zeit(hör)bild aus »bewußt geformten Reflexen auf die neue Wirklichkeit« ergibt, nur einen unreflektiert-blinden Fleck. Das andere Extrem markierten – ebenso unbefriedigend – zwei Arbeiten über Hitler-Attentate, eine reportagenahe Dramatisierung der Ereignisse vom 20. Juli 1944 (»Gespräche in Wiener Neustadt« von Fritz Meingast) und das dokumentarische Hörstück von Valerie Stiegele »Georg Johann Elser«, über jenen Hitler-Attentäter von 1939, über den Peter Paul Zahl sein jüngst uraufgeführtes Theaterstück geschrieben hat.
Kaum geringere Formprobleme verraten auffallend häufig auch die Hörspielversuche über aktuelles Zeitmaterial. Jürgen Becker hat in seinem Hörspiel »Versuchtes Verschwinden«, erschienen innerhalb der WDR-Reihe »Gesten der Verweigerung«, den Möchtegern-Aussteiger in Gestalt eines Medienre-

dakteurs gewiß milieukundig, aber etwas untergewichtig typisiert. Frank Grützbach sucht dem Hausbesetzersyndrom in seinem »quasi-dokumentarischen Hörstück« über die Ereignisse um die Kölner Stollwerck-Fabrik »Atlantis in den Hallen« mit einer Rasterkonstruktion aus Telefonaten und Funksprüchen beizukommen, was offenkundig keine Lösung ist. Rationalisierungsfolgen werden in Erasmus Schöfers »Abstiegsrunde« szenarisch brav und realistisch breit ausgemalt. Risikofreudiger sind anscheinend die Frauen, die sich diesmal noch nachdrücklicher als früher auf der Hörspielszene bemerkbar machten, darunter Ursula Langrock sogar in der Männersparte Regie. Diana Kempff behandelt in »Coniunctio« die Endphase einer sprachlos gewordenen Partnerschaft: in einem ineinandergefächerten doppelten Monolog aus Sprachgesten der Beziehungsstarre als einem in sein Gegenteil verkehrten Liebestod. Ein zumindest originelles Hörspieldebüt unter den Vorzeichen der Emanzipation: »Das fröhliche Endspiel« von Ria Endres als ins Groteske ausgetriebene weitere Probe ihrer Thomas-Bernhard-Fixierung (samt hineinproduzierter Minetti-Imitation). Gleichfalls eine Erstlingsarbeit, nämlich überraschenderweise sein erstes Originalhörspiel, hat im Vorjahr George Tabori vorgelegt: »Der Voyeur«, eine Geschichte über die schwierige Solidarität zwischen verfolgten Minderheiten in Brooklyn. Aber diese Wiederbegegnung mit Ostinatmotiven aus Taboris voraufgegangenen Stücken und Hörspiel-Adaptationen räumt den Verdacht auf Materialermüdung nicht aus.
Dies könnte man auch gegen Hubert Fichte vorbringen, anläßlich seines neuen Versuchs, die Geschichte von San Pedro Claver, des Patrons der Negermissionen, zu einem Hörspiel zu formen. »Großes Auto für den heiligen Pedro Claver« ist das ungewöhnlich umfangreich belegte Zeugnis emsigen Quellenstudiums, dessen zur Zitatenfolge arrangierte Materialsammlung den Autor und sein Hörspielthema unter sich begraben hat. Ein fast tragisch anmutender Tatbestand in Anbetracht des unverkennbar starken Engagements aus der christlich-abendländisch geprägten Haltung des brüderlichen Mitleidens heraus (auch wenn der Autor dies abstreiten mag), das Fichte, fasziniert von

der Geschichte und den Resten afro-amerikanischer Kultur, den Opfern der Negersklaverei entgegenbringt.
Dieser dokumentaristische Eifer, der gewohnte Hörspielproportionen sprengt, damit aber den jüngsten Hörspieljahrgang durchaus akzentuiert, ist am eindrucksvollsten bei Heinz von Cramer nachzuweisen. Seine selbstinszenierte zweiteilige »Ketzer-Chronik«, Sequenzen über die Austilgung der katharischen Häresie im 13. Jahrhundert, ist ein mehr als dreistündiges Sprechoratorium aus mittelalterlichen Texten, zusammengefügt zu einer riesenhaften Collage – eine wahre Materialschlacht, in der sich der mit dem Autor identische Regisseur glanzvoll geschlagen hat. Aber der Hörspielpreis der Kriegsblinden ist einunddreißig Jahre nach seiner Stiftung geblieben, was er von Anbeginn an war: ein Autorenpreis, dessen Chronik freilich zu einem recht einzigartigen Aufriß der Gattungsgeschichte geworden ist. *Klaus Wagner*
Frankfurter Allgemeine Zeitung. 1. 4. 1982.

● *23. 4. – Der »Stern« veröffentlichte die Namen der drei Egon-Erwin-Kisch-Preisträger für das Jahr 1981, einer zum fünften Male vergebenen und mit fünfundzwanzigtausend, fünfzehntausend und zehntausend Mark dotierten Auszeichnung für die besten Reportagen in deutschsprachigen Zeitungen/Zeitschriften: Emanuel Eckardt vom »Stern« für seinen Bericht über die Berliner Philharmoniker (»Spiel ohne Grenzen«), Günter Kahl vom »Sozialmagazin« für seine Darstellung eines Polizistenverbrechens (»Die Komplicen«) und Paula Almqvist vom »Stern« für ihr Porträt einer Sekretärin (»Die Einsamkeit der Rita M.«).*

Mai

● *1. 5. – Unnas erster Stadtschreiber, der Schriftsteller Adam Seide, trat sein symbolisches Amt, das er bis zum Februar 1983 bekleiden wird, an (2300 DM im Monat und freies*

Wohnen). Er wird, so lautet sein Auftrag, in der ehemaligen Bergarbeitersiedlung Königsborn-Colonie kulturelle »Spurensicherung« betreiben, mit der Organisation verschiedener Veranstaltungen (Ausstellungen, Lesungen) dazu beitragen, die Geschichte dieses traditionsreichen Stadtteils wiederzuentdecken.

- *4. 5. – Christa Wolf begann – im Rahmen der Stiftungsdozentur für Poetik – ihre öffentlichen Vorlesungen an der Johann Wolfgang Goethe-Universität in Frankfurt über »Kassandra – Voraussetzungen einer Erzählung«; sie wurden von einer Ausstellung der Stadt- und Universitätsbibliothek über Person und Werk der Autorin begleitet.*

- *5. 5. – In Köln starb Irmgard Keun.*

Eine von uns (Vergessene). Zum Tode der Schriftstellerin Irmgard Keun

Die Nachricht macht betroffen: Zweiundsiebzigjährig starb in Köln Irmgard Keun, eine liebenswerte, vielgeliebte Schriftstellerin, die früh schon große Erfolge hatte, aber erst in den letzten Jahren wieder zu Ruhm, Auflagen und einer großen Leserschaft gelangte. Die Nationalsozialisten hatten ihre Bücher verboten und verbrannt. Das wirkte lange nach. Noch 1965 wurde ihr nicht einmal die Ehre zuteil, im »Handbuch der deutschen Gegenwartsliteratur« erwähnt zu werden, eine Autorin immerhin, die Tucholsky in der »Weltbühne« mit den begeisterten Worten begrüßt hatte: »Eine schreibende Frau mit Humor, seht mal an! Hurra! Hier arbeitet ein Talent!«

Ihre Biographie, ins Ironische gewendet, zuweilen von einer leisen Melancholie überhaucht, ist in ihre Bücher eingegangen. Im Jahr 1910 in Berlin geboren, aufgewachsen jedoch in Köln, war Irmgard Keun, bevor sie Schriftstellerin wurde, zunächst Stenotypistin und Schauspielerin gewesen. Wie ihr in jüngsten Jahren ums Herz war, als Kind, das sich nicht verstanden fühlte und dem es beim besten Willen nicht gelang, die gehörige Artigkeit aufzubringen, das ist auf die entzückendste und witzig übertriebenste Weise dargestellt in dem Roman »Das Mädchen, mit dem die Kinder nicht verkehren durften«. Und wie fühlt sich eine »Büromieze«, was leidet, was erträumt sie? Da lese man »Das kunstseidene Mädchen« und »Gilgi – eine von uns«, ihren allerersten Roman. Hierzu wird folgendes berichtet: »Ich habe hier ein Manuskript von mir und wünsche bis übermorgen Antwort«, mit diesem Begleittext habe Irmgard Keun, ganze einundzwanzig Jahre alt, das Manuskript an einen Berliner Verleger geschickt. Bereits am nächsten Tag sei ein Telegramm eingetroffen: »Bitte sofort kommen und Vertrag machen.«

Der Roman »Nach Mitternacht« erzählt von dem Mädchen Susanne, das sich in Franz verliebt und mit ihm einen Zigarettenladen aufmachen will; davon könne man doch recht und schlecht und in Ruhe leben. Aber Franz wird denunziert, weil er »kommunistisch geredet« habe. Susannes Bruder, ein vielgelobter Autor, muß nun sozusagen mit verstellter Stimme schreiben. Ein jüdischer Intellektueller versucht, sich der Diktatur anzupassen, und Susanne wird von der eigenen Tante angezeigt. Zuletzt gelangen die beiden jungen Liebenden ins Ausland. Für sie hat die Angst ein Ende.

Viel Selbsterfahrenes ist eingegangen in dieses Buch. Irmgard Keun, bis 1935 in Deutschland, wurde von der Gestapo verhört, emigrierte. Aber seit 1940 lebte sie wieder, mit gefälschten Papieren, in Deutschland. So war für sie das Ende der Angst nur ein vorläufiges gewesen.

Dazwischen lag ihre schwierige Liaison mit Joseph Roth, dem immerfort Reisenden, nur in Hotels Wohnenden und in Cafés Schreibenden, dem großen Trinker. Wie das für Irmgard Keun aussah, liest man in ihrem zuletzt erschienenen Roman »Kind aller Länder«, dessen großer Witz darin liegt, daß das komplizierte Verhältnis dargestellt wird aus der Sicht einer mitreisenden, mitliebenden, mitleidenden halbflüggen Tochter, eines Mädchens, das sich gleichwohl nicht unterkriegen läßt.

Das war die Art von Irmgard Keun. Wir trauern um sie, eingedenk ihrer Bücher mit einem wehen Lächeln.

Jürgen Beckelmann
Stuttgarter Zeitung. 7. 5. 1982.

● *7. 5. – Der Essayist Joachim C. Fest erhielt den alle drei Jahre vergebenen und mit fünfzehntausend Mark dotierten Thomas-Mann-Preis 1981 der Hansestadt Lübeck: »Seine Arbeiten, die vornehmlich der deutschen Geschichte und Kultur gewidmet sind, zeichnen sich«* – *so die Urkunde –* *»durch analytische Kraft, kritische Originalität und sprachliche Prägnanz aus.« Sein Werk sei somit »dem Vorbild Thomas Manns verpflichtet«. – Ein zum ersten Male von der Thomas-Mann-Gesellschaft, auf Vorschlag des Preisträgers, verliehener Förderpreis, mit fünftausend Mark ausgestattet, ging an Uwe Wolff.*

Aus der Dankrede Fests: »Die Frage ist aber, ob das, was Thomas Mann ›Liebe und Auflösung‹ genannt hat, nicht gerade das innerste Wesen des Bürgerlichen ausmacht, jenen Kern, der zum Vorschein kommt, wenn man alle die erwähnten Normen, Tugenden, Verhaltensweisen, die es beschreiben, auf ihrem Weg durch die Geschichte verfolgt. Denn hat das Bürgertum nicht immer aus großen Erinnerungen und der Offenheit nach vorn zugleich gelebt? Aus Tradition, Selbstfeier, Lust am Zitat und der gleichzeitigen Bereitschaft zu neuen Herausforderungen, neuen Chancen und Eroberungen im Materiellen wie im Geistigen? [...] Und während die Gegner des Bürgertums, wie man immer wieder beobachten kann, sich allmählich in ihren Widerspruchspositionen einspannen und verhärteten, hatte es sich längst der jeweils neuen Lage gestellt: es war, rückblickend, durchweg wandlungsfähiger, beweglicher als die Beschwörer seiner Untergänge. Nichts anderes ist der Grund für jene merkwürdige Erscheinung, daß dieses Bürgertum stirbt und immer wieder stirbt und doch noch lange nicht tot ist. Schon bei Heine, Grabbe und anderen Wortführern des jungen Deutschland kann man von seinem Ende lesen: die geistreichsten, abgefeimtesten, übermütigsten Grabsprüche.«

● *10. 5. – PEN, VS und Börsenverein des Deutschen Buchhandels warnen in einer gemeinsamen Erklärung zum Tag des Buches »eindringlich vor den Folgen der gegenwärtigen Sparmaßnahmen im Kultur- und vor allem im Bibliotheksbe-*

reich«. *Länder und Gemeinden sollten diese Kürzungen und Streichungen überdenken und schnellstens rückgängig machen. Die Öffentlichkeit wurde aufgefordert, sich dem kulturellen Kahlschlag energisch zu widersetzen: »Mündige Bürger müssen sich aus besten, frei zugänglichen Quellen umfassend informieren können.«*

● *10. 5. – Maria Menz erhielt den mit zehntausend Mark dotierten Johann-Peter-Hebel-Preis des Landes Baden-Württemberg »in Würdigung ihres Schaffens im Geiste Johann Peter Hebels«.*

Aus der Laudatio Walter Münchs: »Maria Menz hat in ihrer Heimat vier Jahrzehnte hindurch einsames Dorfleben durchgehalten. Ein verschwiegenes Ringen und Suchen nach dem Lebenssinn begleitete ihre Arbeit in der bäuerlichen Familie. Aus Seelenkraft erwuchs ihr Geistesmacht und Wortgewalt zu religiöser Dichtung, zu katholisch geprägter Spiritualität.«

● *10. 5. – Den mit drei Millionen Lire (etwa 5700 Mark) dotierten Pasolini-Preis für Poesie, 1981 in Erinnerung an den im November 1975 ermordeten italienischen Schriftsteller und Filmregisseur Pier Paolo Pasolini gestiftet, erhielt Hans Magnus Enzensberger.*

● *10. 5. – Der Schriftsteller und Maler Peter Weiss starb im Alter von 65 Jahren in der Universitätsklinik Karolinska in Stockholm.*

Aus Ästhetik Widerstand. Peter Weiss ist gestorben
Nur mit zorniger Bitterkeit (weil für Hohn nicht die Stunde ist) kann man darauf reagieren, wie sich jetzt die »Darmstädter Akademie für Sprache und Dichtung« beeilt, im Augenblick der Todesmeldung bekanntzumachen, daß sie den diesjährigen Georg-Büchner-Preis Peter Weiss zusprechen wollte. Sie hatte sich länger als jedem erträglich war, der sowohl mit dem Namen des Preisnamensgebers als auch des nun postumen Preisträgers auch nur etwas Geistiges verbindet, das höher ist als die Unvernunft altherrlicher Honorigkeit, gegen Peter Weiss gesträubt. Nicht nur den 1916 bei Berlin geborenen Autor, der

über diese Mißachtung während seiner späten Isolierung in seinen »Notizbüchern« tief verletzt darüber schreibt, hat diese Ignoranz aus politischem Ressentiment empört. Zu spät kommt nun diese Absicht, aus »schlechtem Gewissen« wohl mehr denn aus Einsicht; damit ist nichts mehr gutzumachen, was zu Lebzeiten des Autors mehrfach versäumt ward.
Er hätte Büchner-Preisträger sein können, wenn nicht: *müssen*, als er mit seinen autobiographischen Romanen »Abschied von den Eltern« und »Fluchtpunkt« (1961/62) unser gespanntestes Interesse für seine Prosa fand; als er mit den Theaterstücken »Die Verfolgung und Ermordung Jean Paul Marats...« und dem szenischen Oratorium »Die Ermittlung« (1964/65) als der bedeutendste Nachkriegsdramatiker vor uns stand; und schließlich, als er nach jahrelangen Vorarbeiten mit der Veröffentlichung seiner dreibändigen, monumentalen »Ästhetik des Widerstandes« (1975/1981) sein episches Opus magnum vorstellte, das wie alle großen künstlerischen Unternehmungen der Moderne die Genre-Begriffe sprengt und dem in unserer Gegenwartsliteratur wenig an die Seite zu stellen ist. Der Tag wird kommen, wo Peter Weiss' »Ästhetik des Widerstands« neben García Marquez' »Hundert Jahre Einsamkeit« rangiert, neben Musils »Mann ohne Eigenschaften« oder Sartres »Idiot der Familie«.
Niemand hier darf, auf diesen Mann und sein vielgestaltiges, immenses Œuvre blickend, jetzt sagen: denn er war unser; unser Opfer, ja; ein deutscher Schriftsteller, dem als »seine Ortschaft« (nicht Heimat, sondern Zielpunkt im Fadenkreuz deutscher Geschichte) »Auschwitz« zugedacht war. Er stammte aus einer jüdischen Fabrikantenfamilie; wäre er nicht geflohen, immer wieder in wechselnde Exile (Großbritannien, Tschechoslowakei, Schweiz, Frankreich und schließlich Schweden, wo er blieb), so wäre er eines der namenlosen Nazi- und KZ-Opfer geworden, deren Martyrium er, auf die Akten des Frankfurter Auschwitz-Prozesses gestützt, in der »Ermittlung« uns ins Gedächtnis gerückt hat – bevor dieser sich mit einer makabren »Holocaust«-Seifenoper zu schnell vertrockneten Tränen bewegen ließ.

Ein Mensch, ohne Heimat, ohne Volk, ohne Religion, auf der Flucht; ein Künstler, der sich sucht – quer durch die Medien, Sprachen, mit dem Willen zu Wahrnehmung und Erkenntnis (das *Wahre* erkennen wollend und dann auch als Interesse für sich und andere *wahrnehmend*). »Sehen zur Beschäftigung machen«: das ist das Prinzip, mit dem er als Schriftsteller zuerst Aufsehen erregte, nämlich als Autor des experimentellen Prosastücks »Der Schatten des Körpers des Kutschers«. Der mehrfache Genitiv des Titels ist Programm einer auf Exaktheit abzielenden Vermittlung der Welt, die es gilt, »so genau wie möglich zu beschreiben«. Unverkennbar: Die literarische Methode, die Strategie dieser Prosa, deren Weltmessungsgegenstände grammatische Operationen waren, überträgt den Gestus des Malers, filmischen Dokumentaristen auf die Sprache. Aber nicht stumpfpositivistische Abbildnerei ist Methode und Ziel; der Blick auf die Welt ist durch das kubistische Prisma der Imagination, die den Schock produzierende Montage und Collage des Surrealismus gegangen. Ästhetik schon hier – vor der Literatur – im innersten Zirkel der Weltdarstellung und -durchdringung: Widerstand, Erkenntnis.

Zuerst schrieb er schwedisch, in der Sprache des Landes, das ihm Schutz gewährte. Es gehört schon einiges dazu, zur Sprache seiner potentiellen Mörder zurückzukehren, und wäre es auch die Muttersprache dieses grauenhaften Vaterlands.

Peter Weiss' erste Arbeiten, die uns bekannt wurden, waren Theaterstücke, symbolistische Märchenstücke, verschlüsselter Absurdismus (»Der Turm«, »Gespräch der drei Gehenden«, »Nacht mit Gästen«). Was da dunkel schien, hochpoetisiert, erscheint wie gelichtet, als er mit seinen autobiographischen Romanen seine »Suche nach dem eigenen Leben«, nach seiner künstlerischen Identität während des Exils und in der Nachkriegszeit plastisch, gespannt, ohne jegliche (stilistische oder stoffliche) Prätention offenbarte. Beide Romane waren literarische Ereignisse; Sensation, Skandal in eins mit der Erkenntnis, daß da ein genuiner moderner Dramatiker geboren war, machte jedoch erst wirklich sein Theaterstück über »Marat und Sade«, einer hochkomplexen Spielvorlage für ein artifizielles Theater, auf

dem ein paradigmatischer menschlicher, historisch-politischer Grundkonflikt in allen Facetten und Widersprüchen entfaltet und verhandelt wurde: die Kontroverse zwischen dem politischen Revolutionär der Veränderung und dem radikalen Subjektivismus des Gegenrevolutionärs: Terror oder Freiheit, Freiheit durch Terror, Terror der Freiheit, Freiheit dem Terror.
Weiss, der da das Artaudsche Theater der Grausamkeit fortentwickelte, traf mit seinem auf der ganzen Welt nachgespielten Diskurs mitten ins Herz der Gegenwart, ihrer Utopien und Ängste. Was ihm von Konservativen als insgeheime Lust an Qual, Tortur, Schrecken, Angst zugeschrieben wurde, war aber nur ein unbedingter Wahrheitswillen.
»Marat/Sade«: Da wurde ein geistiges, politisches Entscheidungsfeld exponiert, vorerst unentschieden, mehrdeutig. Peter Weiss – es war die Zeit nicht nur des von dem unvergessenen Fritz Bauer initiierten Auschwitz-Prozesses, sondern auch der historische Moment des Erwachens der Freiheitsbewegungen der »Dritten Welt« und des Vietnam-Krieges –: Weiss verdichteten sich solche aktuellen Erfahrungen zu immer entschiedeneren Parteinahmen.
Der zuerst seine individuelle, künstlerische Identität suchte, war nun auf dem Weg zu seiner politischen. Das hatte Folgen für seine künstlerische Entwicklung, sie regredierte (wie z. B. bei dem Filmregisseur Jean-Luc Godard) ins Agitatorische, einen summarischen, antithetischen Dokumentarismus, das Theater wurde ihm mit »Dem Gesang vom Lusitanischen Popanz« (1967) und dem »Viet Nam Diskurs« (1968) zur direkten Waffe. Er war nicht der einzige, der von einer unmittelbaren Einflußnahme der Kunst träumte; mit seinem »Trotzki«-Stück erregte er jedoch Ablehnung und Mißfallen bei seinen kommunistisch-leninistischen Freunden, sein »Hölderlin« schien den akuten Stoff des irre gewordenen oder sich verstellenden Dichters zu versimpeln. Der Dramatiker Weiss – an dem gerade das Offene, Ambiguöse, Artifizielle gerühmt worden war – schien durch Parteinahme ausgetrocknet, künstlerisch verfallen; politisch hatte er eine Heimat gefunden und dabei die Transparenz seiner Kunst verloren.

Dieses Vorurteil, das durch manche Stellungnahmen zu politischen Tagesfragen, die Weiss abgab, neue Nahrung zu erhalten schien, prägte dann auch die Aufnahme seiner »Ästhetik des Widerstands«. Im Grunde genommen wurde sie, zumindest von der tonangebenden Literaturkritik bei uns, gar nicht wirklich gelesen. Denn das, was Peter Weiss da auf fast 1000 Seiten in einem mörderischen Arbeitsprozeß über Jahre hin entwickelte (ja der eigenen Physis und Psyche abrang, worüber bewegend seine zum Abschluß des Werks edierten »Notizbücher« Aufschluß geben), war mitnichten eine romaneske Fassung der parteioffiziellen Geschichtsschreibung. Projiziert auf das unbeschriebene Blatt eines proletarischen Ichs – zuerst weiß wie eine Leinwand, die sich dann zunehmend färbt wie ein Gemälde Jackson Pollocks –, entsteht da noch einmal die kollektive Geschichte der Linken in Europa von 1917 bis heute, nicht nur als Porträtgalerie historischer Helden, sondern auch in der Exegese von Kunstwerken, als Ineinander und Gegeneinander politischer Kontroversen und mörderischer Kämpfe. Kein »Roman« im derzeit inflationären Sinne, kein Epos: etwas jenseits davon, darüber hinaus, dem als gleichberechtigtes Seitenstück die »Notizbücher« zuzuordnen sind. Wenn man das Buch [...] mit etwas vergleichen könnte (auch dort, wo es Fragment blieb, oder scheiterte), dann mit dem, was ihm oft als Orientierung diente: dem Pergamon-Altar: ein monumentaler, optischer Fries, beschreibend den Kampf der Menschen, *Menschen zu werden*: Freie, Herren ihrer Geschichte.

Peter Weiss hat für die Unterdrückten, Gemordeten, die Opfer der Geschichte Partei ergriffen; manchmal dogmatisch, in bestimmten Augenblicken. Er hat die Gefahr jedes Moralisten nicht gescheut, aus Compassion in die Irre zu gehen. Er folgte dem Wunsch, identisch nicht allein mit sich zu sein, sondern auch mit den Menschen, die um ihr Menschsein betrogen wurden. Diese Identität wollte er – nachdem er sie mühsam gefunden hatte – nicht mehr preisgeben. Um einen Satz Brechts zu paraphrasieren: damit, »wenn alle Irrtümer verbraucht sind, als letzter Gesellschafter einem nicht das Nichts

gegenübersitzt«, darf man (vielleicht sogar wider besseres Wissen) manchen scheinbaren/anscheinenden Irrtum nicht aufgeben: aus Treue und Solidarität mit jenen, die mit reinem und bestem Gewissen ihm folgten, sich opferten, sogar (paradox genug) seine Opfer wurden. Das gebietet das humane Eingedenken, nämlich den Opfern – als besserwissender Nachgeborener – eben nicht die absolute Sinnlosigkeit ihres Todes (gar triumphierend) nachzurufen. Dem zu widerstehen – aus scheinbaren, historischen Erkenntnissen, die doch immer auch solche des historischen Augenblicks sind – ist Sinn und Utopie der Kunst. Das ist das zu bewahrende und zugleich zu enthüllende Geheimnis der Kunst und Peter Weiss' »Ästhetik des Widerstands«: aus Ästhetik die Kraft zum Widerstand zu entbinden, zu entziffern verschlüsselte Botschaften, damit wir uns nicht aufgeben.
Wolfram Schütte
Frankfurter Rundschau. 12. 5. 1982.

● *15. bis 25. 5. – Auf den siebten Mülheimer Theatertagen (»stücke 82«) waren ausschließlich deutschsprachige Stücke zu sehen, die zwischen April 1981 und April 1982 uraufgeführt worden sind: Thomas Hürlimanns »Großvater und Halbbruder«, Heiner Müllers »Quartett«, Stefan Schütz' »Stasch« und Botho Strauß' »Kalldewey, Farce«; zu Tankred Dorsts »Merlin oder Das wüste Land« reiste man nach Düsseldorf. Nicht realisieren ließen sich die geplanten Aufführungen von Volker Brauns »Schmitten«, weil das Leipziger Ensemble keine Ausreisegenehmigung erhielt, sowie, wegen unlösbarer technischer Inszenierungsprobleme, von Harald Kuhlmanns »Pfingstläuten« und Peter Paul Zahls »Johann Georg Elser«. – Zum Abschluß vergaben eine achtköpfige Jury und das Publikum (als neunte Stimme) den mit zehntausend Mark dotierten Dramatikerpreis an Botho Strauß, weil er, wie es in der offiziellen Begründung heißt, in seinen bisherigen Werken »sehr empfindsam die Verlorenheit des Menschen in der modernen Zivilisation, die Neurosen und den Leerlauf des Statusdenkens dargestellt« habe. In »Kalldewey, Farce« beschreibe er »die Zerstörtheit ehelicher und nichtehelicher*

Zweierbeziehungen, das verborgene und plötzlich sich entladende Aggressionspotential, die Scharlatanerie der zur Routine gewordenen Seelen- und Gruppentherapie, das Versatzstückhafte einer sich anti-bürgerlich gebenden Sprache«: Das Stück bekenne sich in jedem Augenblick dazu, nichts als Theater zu sein.

- *23. 5. – Den alle drei Jahre vergebenen Meersburger Droste-Preis für Dichterinnen, mit einer Gabe von dreitausend Mark verbunden, erhielten Maria Menz und Dorothee Sölle: die eine des »inneren Reichtums und der künstlerischen Gestaltungskraft ihrer geistlichen Gedichte wegen«, die andere, weil sie »jenes heikle Gleichgewicht von Intimität und Pathos, das immer ein Merkmal religiöser Lyrik« gewesen sei, zu wahren verstanden habe (so die Urkunde).*

Aus der Laudatio Wilhelm Gössmanns: »Ich gestehe, daß ich von beiden Autorinnen gelernt habe. Von Maria Menz weiß ich, daß Innenerfahrung mit ländlicher Religiosität im Herzen ein langer, mühsamer Weg ist. Von Dorothee Sölle weiß ich, daß religiöse Aussage über das Private hinaus in der Öffentlichkeit sich zu verifizieren hat...«

- *24. bis 26. 5. – Mehr als fünfzig Autoren aus der Bundesrepublik Deutschland, der DDR und anderen Ländern versammelten sich im Kurhaus des holländischen Kurbads 's-Gravenhage-Scheveningen (Ort der ersten internationalen Friedens- und Abrüstungskonferenz von 1899) zum »Haager Treffen«, um das Gespräch über Frieden und Abrüstung fortzusetzen, das im Dezember 1981 bei der »Berliner Begegnung« begonnen wurde. Zu den deutschen Teilnehmern zählten unter anderen Jurek Becker, Günter de Bruyn, Bernt Engelmann, Günter Grass, Peter Härtling, Stephan Hermlin, Stefan Heym, Hermann Kant, Heinar Kipphardt, Dieter Lattmann, Luise Rinser, Günter Wallraff, Christa Wolf und der Politiker Günter Gaus.*

Jurek Becker: »Wenn es um die Erörterung der Frage geht, welche Gefahren die Menschheit bedrohen und was getan werden muß, um diesen Gefahren zu begegnen, dann hört man oft die Vermutung, daß wir, die Nicht-Professionellen, vorwiegend emotional reagieren, von unseren Ängsten getrieben, und die Profis, die Regierungen also und die Militärs, reagierten rational. Ich halte das Gegenteil für richtig. Seit langer Zeit malträtieren sich die Großmächte und als deren Anhängsel die Blöcke mit Abrüstungsvorschlägen, die so beschaffen sind, daß ihre Ablehnung durch die jeweils andere Seite von vornherein feststeht. Wenn ein solches Verhalten nicht bösartig zu nennen ist, dann doch zumindest irrational. Es ist wie ein Warten auf Wunder, bei deren Ausbleiben man für nichts garantieren kann.«

Günter de Bruyn: »Auf die Frage, was Schriftsteller für den Frieden tun können, antworte ich: Sie müssen Aufklärung betreiben, denn die, eine Sache des Denkens, wird vor allem vermittelt durch Sprache, und wir, die wir mit dieser vertraut sein sollten, müssen dafür sorgen, daß sie Denken nicht verbaut, sondern ermöglicht, daß sie die schlimmen Dinge beim Namen nennt, daß sie das Fragenstellen und das Infragestellen fördert, daß sie also dazu beitragen kann, die durch Vorurteile, Einseitigkeiten, Halbwahrheiten und Lügen in Unmündigkeit Gehaltenen aus dieser herauszuführen.«

Günter Grass: »Wir haben es auch in der Bundesrepublik und in anderen westeuropäischen Ländern erlebt, wie der Druck von unten her, der Druck der angedrohten oder praktizierten Verweigerung die Politiker, wenn nicht nachdenklich gemacht, so doch dazu geführt hat, über Dinge zu sprechen, die noch vor einem halben Jahr tabu waren: z. B. daß die NATO ein neues Konzept brauche; daß, wenn sich die NATO ein neues Konzept zulegt, das den Bedürfnissen der Menschen entspricht, eine ähnliche Änderung auch im Warschauer Pakt angestrebt werden müßte. Deswegen bin ich dafür, daß das, was in zumindest einem Ostblockstaat, nämlich in der DDR, jetzt begonnen hat, die Ausweitung der Friedensbewegung, von uns wahrgenommen, bejaht und unterstützt wird. Ich meine die Friedensbewegung, die von der Basis her unorganisiert entsteht und auch dort sich weiterentwickeln möchte. Es ist ja gut, wenn es in der DDR noch zusätzlich eine Friedensbewegung von seiten

der Regierung gibt und wenn die Schriftsteller, die mit der Regierung übereinstimmen, diese unterstützen. Das soll mir recht sein. Vielleicht findet man in kürzerer Zeit dann auch mal eine gewisse Übereinstimmung zwischen den beiden Friedensbewegungen und muß die eine nicht unterdrücken...«
Stefan Heym: »Für einen DDR-Bürger ist es ein leichtes, gegen Nato-Waffen zu wettern, jeder Polizist wird ihm dabei wohlwollend auf die Schulter klopfen; ebenso wird in Bonn jedes Wort gegen die sowjetische Atomrüstung offiziellen Beifall finden. Eine Friedensbewegung aber, scheint mir, ist eine echte Friedensbewegung nur dann, wenn sie sich auch mit den Atomwaffen der eigenen Regierung befaßt und mit denen des Bündnissystems, in welches diese Regierung einzementiert ist.«
Hermann Kant: »Schlichteste Wahrheit: Was immer man auf Erden zu ändern oder zu erhalten sucht – Voraussetzung von allem ist der Erde Fortbestand. Der ist durch vieles gefährdet, und so hat es seine Richtigkeit, wenn man über vieles spricht, aber auch die Drohung kennt Rang- und Größenordnungen. Wir sollten auf dem Wege bleiben, der durch Hauptsachen markiert ist und auf dem wir immerhin bis hierher gekommen sind. Die nukleare Rüstung ist es, die gebremst, gestoppt, abgebaut und geächtet werden muß, und von allen Schritten der erste sollte das Moratorium sein.«
Aus der gemeinsamen Erklärung: »Die Strategen und Ratgeber des atomaren Krieges maßen sich an, sich selber als ›Realisten‹ und alle jene, die gegen diesen Krieg protestieren, als ›Emotionalisten‹ zu bezeichnen. Die hier anwesenden Schriftsteller, Mitglieder von Friedensbewegungen, versichern, daß diese Unterscheidung selbst zur Kriegsvorbereitung gehört. Indem wir gegen den Krieg kämpfen, kämpfen wir auch gegen diesen Angriff auf die Persönlichkeit und die menschliche Identität, die zugleich realistischer, rationaler und emotionaler Art ist.«

- *25. bis 27. 5. – Die Deutsche Akademie für Sprache und Dichtung beschäftigte sich auf ihrer Frühjahrstagung in Lüneburg mit dem Thema »Die Künstlichkeit der Kunst. Der*

*erfundene Künstler und sein Werk in der wirklichen Welt«. Sie
nahm den Romanistik-Professor Hans-Martin Gauger und
den Schriftsteller Günter Kunert als neue Mitglieder auf,
verlieh zwei Preise: Den »Friedrich-Gundolf-Preis für Germanistik
im Ausland« an Tomio Tezuka (»dem berufenen
Vermittler zwischen den Kulturen, der deutsche Literaturgeschichte
für Japaner geschrieben und Dichtungen von Goethe,
Hölderlin, Kleist, Büchner, Stifter, Nietzsche und Rilke ins
Japanische übertragen hat. Sie ehrt in ihm den angesehenen
Essayisten, den Lehrer bedeutender Schüler, den Nestor der
Germanistik Japans.«) und den Johann-Heinrich-Voß-Preis
an Heinz von Sauter für seine Übertragung der Werke und
Briefe Giacomo Casanovas (»in der Sprachsinn und Geschichtssinn
glücklich zusammenwirken und das Italienische
und Französische des achtzehnten Jahrhunderts in ein zeitlos
gültiges Deutsch verwandeln, darin dennoch Wortsatz und
Tonfall einer vergangenen Zeit gegenwärtig bleiben«).*

- *27. 5. – Kurt Marti nahm in Nürnberg den zum vierten Male verliehenen Preis des Deutschen Verbandes Evangelischer Büchereien für seinen Gedichtband »abendland« entgegen (Darmstadt/Neuwied: Luchterhand, 1980).*

Juni

- *3. 6. – Friederike Mayröcker erhielt den mit hunderttausend Schilling dotierten »Großen Österreichischen Staatspreis für Literatur«.*

Aus der Laudatio Viktor Suchys: »Sie [Friederike Mayröcker]
verkehrt wohl mit Engeln, aber die sind Todesengel und
Dämonen. Ihre Musen sind Todesgöttinnen geworden. Sie weiß
um die Abgründigkeit unserer Welt, von der sie meint, daß sie
sich vielleicht jetzt dem Ende zuneige, ›denn alle wirklichen
Paradiese: Friede, Schönheit und Phantasie haben zu welken

begonnen«. Sie übersetzt uns nicht aus einer Engelssprache, aber sie decodiert die Signale, die nach ihren Worten von allen Seiten kommen, jene aus dem unendlichen Kosmos, in dem wir ein Stäubchen sind, und jene, die sich aus unserer Tiefenseele melden.«

- *5. 6. – Am Bochumer Schauspielhaus wurde Herbert Achternbuschs Theaterstück »Der Frosch« uraufgeführt.*

- *5. 6. – Auf seinem kulturpolitischen Kongreß in Nürnberg verlieh der Bundesverband der deutschen Volksbühnen-Vereine den Julius-Bab-Kritikerpreis, aus Anlaß des hundertsten Geburtstages des Namenspatrons gestiftet, an Georg Hensel. Der Preis soll von nun an alle vier Jahre »in Julius Babs Sinne Theaterpublizisten auszeichnen, die ihre Kritikerfunktion als Brückenschlag zwischen Publikum und Theater auffassen«.*

- *8. 6. – Der Kaufhausbesitzer Helmut Horten unterlag in dritter und letzter Instanz in seinem Rechtsstreit gegen den Schriftsteller Friedrich Christian Delius und den Berliner Rotbuch-Verlag: Der VI. Zivilsenat des Bundesgerichtshofes gab der Revision des Autors statt und hob das Urteil des Hanseatischen Oberlandesgerichts Hamburg vom April 1980 auf, das Delius verboten hatte, zwei Verszeilen seines Gedichts »Moritat auf Helmut Hortens Angst und Ende« weiterzuverbreiten, da sie eine Diffamierung dieser Person darstellten (Aktenzeichen: VI ZR 139/80 vom 8. Juni 1982).*

- *11. 6. – Im Frankfurter Kino »Harmonie« wurde Thomas Braschs zweiter Spielfilm »Domino« mit Katharina Thalbach in deutscher Erstaufführung gezeigt.*

- *18. bis 25. 6. – In Köln trafen sich mehr als zweihundert Schriftsteller aus allen Kontinenten zu »Internationalen Literaturtagen«. Der Kongreß »interlit '82«, veranstaltet vom Verband deutscher Schriftsteller (VS), stand unter dem Motto: »Zeitgenössische Schriftsteller und ihr Beitrag zum Frieden – Grenzen und Möglichkeiten«. Zu den deutschen*

Teilnehmern zählten – neben zahlreichen unbekannten, zweit- und drittrangigen Autoren – Heinrich Böll, Peter O. Chotjewitz, Franz Josef Degenhardt, Bernt Engelmann, Max von der Grün, Stephan Hermlin, Hermann Kant, Heinar Kipphardt, Guntram Vesper und Günter Wallraff.

Aus einer öffentlichen Rede Heinrich Bölls: »Wenn ich jetzt über ein ernstes, heftig propagiertes, interregional und international bedenkliches, oft angewendetes Feindbild, das des Kommunismus spreche, das innen- und außenpolitisch anwendbar ist, muß vorausgesetzt sein (für mich ist das vorausgesetzt, ich weiß nicht, ob Sie das akzeptieren), daß die Hauptbrutstätte für den Antikommunismus die Sowjetunion ist, in ihrer Innen- und ihrer Außenpolitik. Sie gibt diesem Wort, das als Feindbild gebraucht werden kann, einen Geruch der Verdächtigung, weil sie dieses Wort *besetzt* hat.

Ich will auch nicht in die hohe Polittheologie einsteigen und Kommunismus neu definieren. Das sollen die tun, die sich selber so definieren. Ich frage mich nur, ob eine Macht, die nach außen imperialistisch, nach innen feudalistisch ist, die bedrohlich ist, nicht nur durch ihre Bewaffnung, auch durch ihre Unüberschaubarkeit, ihre Willkür, ihre Zufälle, die möglicherweise, wenn man gewissen Andeutungen, gewissen Zeichen glauben kann, durch Korruption von einem inneren Chaos bedroht ist, ob diese Machtmassierung richtig bezeichnet ist, wenn sie als kommunistische Bedrohung bezeichnet wird. So, wie man sich fragen müßte, ob die Staaten und Mächte, die sich christlich nennen, die sich mit dieser von ihnen selbst gewählten Definition kampfbereit machen, wirklich christlich sind.

Folglich frage ich mich, ob Worte wie christlich oder kommunistisch überhaupt noch definierbar und brauchbar sind, wenn Herr Breschnew kommunistisch ist, und alles, was vor, unter, hinter ihm steht, ebenso, wie irgendein brasilianischer Bischof, der auch ein Kommunist sein soll (ich glaube, 70 oder 80 brasilianische Bischöfe werden so bezeichnet), weil er nicht gerade *jeden* Mord und *jede* Räuberei billigt. Mag er noch so vehement erklären, daß er sich selber nicht so definiert, er wird als solcher gehandelt und gebucht.«

Aus einem Diskussionsbeitrag Hermann Kants: »Wir sitzen da an einem großen Tisch oder an mehreren oder in einem vollen oder in einem nicht so vollen Saal und sprechen über so ein paar wichtige Fragen. Wir sprechen über Gefahr, jeder definiert sie anders. Wir sprechen über mögliche Vernichtung, manche sprechen auch über tatsächliche Vernichtung. Der Unterschied u. a. zwischen mir und einem afrikanischen Kollegen in bestimmten Teilen Afrikas besteht darin: Ich versuche, gegen eine mögliche Bedrohung anzureden, er lebt mit der tatsächlich vor sich gehenden Drohung; denn Massenhunger ist Vernichtung; Analphabetismus ist Vernichtung. Also einer der Unterschiede wäre da, wir reden über solche Dinge, wir fragen, wer wen bedroht, wer wann damit angefangen hat, wer wann wo aufhören müßte. All das machen wir, machen wir schon sehr lange. Es ist in gewisser Weise tatsächlich immer dasselbe. Wie manches andere, ohne das man nicht am Leben bleibt, z. B. einatmen, ausatmen, einatmen, ausatmen. Immer dasselbe und ungemein nützlich.«

Aus dem »Kölner Manifest '82«: »Unsere Kölner Begegnung hat den Weg fortgesetzt, der mit dem Friedens-›Appell der Schriftsteller Europas‹ im Sommer 1981 eingeschlagen wurde und über die ›Berliner Begegnung‹ vom Dezember 1981 und das ›Haager Treffen‹ vom Mai 1982 weiterführt zu den schon traditionellen Treffen in Sofia (29. 9.–1. 10. 82) und Rotterdam im Sommer 1983. In dem Bewußtsein, daß Hunger und Elend in der Dritten Welt keine geringere Bedrohung für die gesamte Menschheit sind als das anhaltende Wettrüsten, werden wir uns nunmehr gemeinsam weltweit und als Teil der internationalen Friedensbewegung einsetzen für

– die vollständige Beseitigung aller Massenvernichtungswaffen,
– einen gerechten Interessenausgleich ohne Krieg und
– die Schaffung friedlicher, freiheitlicher und menschenwürdiger Zustände in allen Erdteilen.«

● *23. bis 27. 6. – An dem sechsten Autorenwettbewerb in Klagenfurt nahmen 28 Autoren aus der Bundesrepublik, Österreich und der Schweiz teil. Den mit 120 000 Schilling dotierten Ingeborg-Bachmann-Preis erhielt der Schweizer Jürg Amann (für seine Erzählung »Rondo«, s. »Neue Bücher«). Mit dem Preis der Klagenfurter Jury – mit einer Gabe von 75 000 Schilling verbunden – wurde Birgitta Arens ausgezeichnet (für zwei Kapitel aus ihrem Roman »Katzengold«, s. »Neue Bücher«). Der von der Vereinigung Österreichischer Industrieller, Landesgruppe Kärnten, neugegründete »Stadthauspreis«, mit 50 000 Schilling ausgestattet, wurde Einar Schleef verliehen (für seinen Prosatext »Wittenbergplatz«). Die beiden Stipendien in Höhe von je 27 500 Schilling gingen an Ulla Berkéwicz (für einen Auszug aus ihrer Erzählung »Josef stirbt«, s. »Neue Bücher«) und an den Wiener Walter Vogl (für den ersten Teil eines Prosastücks, das den Titel »Geräusche« trägt und einem Zyklus entstammt, der in Fortsetzung in der Zeitschrift »manuskripte« erschienen ist).*

Ingeborg-Bachmann-Wettbewerb 1982

Nach Klagenfurt, in den südlichen Teil Österreichs, zu reisen gibt es allerlei gute Gründe. Wer in der Zeit des jährlich stattfindenden Wettbewerbs um den Ingeborg-Bachmann-Preis hinfährt, tut dies vor allem der Literatur und der Literaturkritik wegen. In den sechs Jahren seines Bestehens hat sich dieser Literaturwettbewerb zu einem der interessantesten und der Bachmann-Preis zu einem der renommiertesten im deutschsprachigen Literaturbetrieb entwickelt, und das aus gutem Grund. Sowohl die dargebotene Literatur als auch die Arbeit der Jury, welche die vorgelesenen unveröffentlichten Texte vor dem Publikum diskutiert und bewertet, vermochten hohen Ansprüchen zu genügen. Noch vor zwei Jahren war es der Bachmann-Preis-Träger Sten Nadolny, der am Schluß der viertägigen Veranstaltung für das Erlebnis dankte, daß sich elf Juroren eine halbe Stunde lang so eingehend und so kompetent mit seinem Text auseinandergesetzt hätten. Auch dieses Jahr bedankte sich ein Autor im Namen seiner Kollegen: Er dankte der Stadt Klagenfurt für die herzliche Betreuung. War es Zufall, daß die Arbeit der Kritiker mit keinem Wort erwähnt wurde?

Viel Kritik ...

Die Mitglieder der Jury (Rolf Becker, Humbert Fink, Martin Gregor-Dellin, Walter Hinck, Barbara Mantler-Bondy, Sylvia Patsch, Marcel Reich-Ranicki, Gert Ueding, Heinrich Vormweg und Ernst Willner; der Schweizer Hanno Helbling fehlte krankheitshalber) haben eine sehr schwierige Aufgabe zu erfüllen, und es versteht sich von selbst, daß bei spontaner Beurteilung eines Textes nach erstmaligem Sehen und Hören Fehlbewertungen vorkommen, die allerdings bis zum Schluß des Wettbewerbs wieder revidiert werden können. Dieses Jahr jedoch fanden sich nicht nur die Autoren, sondern auch das Publikum über das gewohnte Maß hinaus irritiert durch Wertungen, Maßstäbe und Kriterien, die zur Anwendung kamen. Da wurden höchst mittelmäßige Texte zu »beachtlichen« Leistungen emporstilisiert, da wurde literarischer Kitsch als just jene Erzählkunst angepriesen, die der deutschsprachigen Gegenwartsliteratur so sehr abgehe, und da wurden sprachliche Unbeholfenheiten wegen der »Redlichkeit« des Verfassers gelobt, daß man eine Zeitlang befürchten mußte, dieses Jahr solle ein Preis für literarische Biederkeit und sprachliche Unbedarftheit vergeben werden, und das ausgerechnet im Namen Ingeborg Bachmanns.

Eine lange Reihe von Texten hätte – der Jury-Obmann Marcel Reich-Ranicki wies dann und wann darauf hin – gar nicht an diesen Wettbewerb gehört. Offensichtlich nehmen nicht alle Juroren die Arbeit der Auswahl so ernst, wie es die Wettbewerbsrichtlinien verlangen. Diese verpflichten nämlich unter Punkt sieben jedes Jury-Mitglied, solche Autoren auszuwählen, »deren Werk qualitativ in der Meinung des Jurors nach derart beschaffen ist, daß der Autor zum Ingeborg-Bachmann-Preis eingeladen werden kann«. Daß so viele Texte vorgelesen wurden, die belanglos bis peinlich wirkten, wirft die Frage nach den Qualitätsbegriffen der auswählenden Juroren auf.

Anlaß zur Irritation boten aber nicht nur Texte, die jegliche Arbeit an und mit dem Stoff, aus dem Literatur eben ist, der Sprache, vermissen ließen, sondern irritierend und bisweilen die Urteilsbildung verzerrend wirkte auch der Umstand, daß von den Jury-Mitgliedern diesmal kaum jemand Neigung und Energie zeigte, den rhetorisch brillanten, nicht immer undemagogischen Voten des Jury-Vorsitzenden Marcel Reich-Ranicki mit jener Entschiedenheit und verbalen Verve zu begegnen, welche dieser Veranstaltung mit ausgeprägtem Show-Charakter bisher so gut anstanden.

... wenig Literatur

Daß der diesjährige Wettbewerb um den Ingeborg-Bachmann-Preis trotz allem einen guten Abschluß fand, ist einer nicht allzu langen Reihe von Autoren zu verdanken. In Romanauszügen und Erzählungen etwa von Jutta Schutting, Johanna Walser, Matthias Zschokke, Walter Klier, Alfred Gulden und – vor allem – in den Arbeiten der Preisträger ließ sich erahnen und erlesen, was deutsche Sprache vermag. Der 1947 in Winterthur geborene, in Uetikon am See lebende *Jürg Amann* stellte mit seiner Erzählung »Rondo« in der allerletzten Lesung des Wettbewerbs ein Prosastück so eindeutigen Ranges vor, daß unter der Jury Einigkeit herrschte: da überzeugte ein Autor durch Genauigkeit der Sprache, durchdachte Komposition und höchste stilistische Sicherheit. In »Rondo« gelingt es Jürg Amann, aus einer Geschichte ein Gleichnis zu machen, wie Marcel Reich-Ranicki es formulierte. Aus der einfachen Geschichte um eine kranke Mutter und ihren Sohn, auf eng begrenztem Raum und in kurzem Zeitabschnitt spielend, wird ein Gleichnis für Werden und Vergehen, Liebe und Tod. Daß Jürg Amann seine stilistischen und kompositorischen Mittel höchst durchdacht, aber sehr unauffällig einzusetzen weiß, macht den hohen Rang seiner in Rondo-Form geschriebenen Erzählung aus. Das einstimmige Lob der Jury und die spontane Beifallsäußerung des Publikums galten einem Schriftsteller, der seit Jahren in harter Arbeit einen eigenen Weg abseits literarischer Modeströmungen sucht und der sich die Auszeichnung mit dem Ingeborg-Bachmann-Preis als ein »Hungerkünstler« lange genug erdauert hat.

Der »Preis der Klagenfurter Jury« ging an *Birgitta Arens,* die mit zwei Kapiteln aus dem Roman »Katzengold« eine Probe ihres überragenden Erzähltalents gab. Die 1948 geborene Berlinerin vermittelt in ihrer syntaktisch eigenwilligen Sprache genau beobachtete Details, die sich zu einem Stück Zeitgeschichte zusammenfügen und die Stimmungen eines jungen Mädchens wiedergeben, das diese Zeit aus historischen Fakten und persönlichen Erinnerungen nachzuerleben, nachzuerzählen versucht. Mit Birgitta Arens wurde eine Autorin ausgezeichnet, die einfach zu erzählen versteht, ohne Schnörkel und Posen, die mit ihren Geschichten Stimmungen erzeugt, welche die Atmosphäre einer ganzen Epoche einfangen.

Tiefen Eindruck hinterließ auch der Text »Wittenbergplatz« des deutschen Autors *Einar Schleef.* Anders als Amann oder Arens arbeitet Schleef mit einer Sprache, die weniger bewußt gesetzt scheint, die ihre Wirkung aus dem spontanen, eruptiven Erzählvorgang bezieht. In einer monomanischen, staccatomäßig Satz an Satz, Wort an Wort reihenden Eruption beschreibt und vermittelt Schleefs rhythmische Prosa Beklemmung, Schmerz und Trauer eines Menschen in der Isolation, im unüberwindbaren Alleinsein.

Auch *Ulla Berkéwicz* und *Walter Vogl,* die mit einem Stipendium ausgezeichnet wurden, ließen in ihren Texten deutlich den Willen zur Arbeit mit und an der Sprache erkennen, wenn auch vieles in Metaphorik und sprachlichem Gestus (noch) geschraubt, prätentiös wirkte. Trotzdem gehörte Ulla Berkéwicz' Text über das Sterben eines alten Mannes zu jenen Arbeiten, welche über Klagenfurt hinaus nachhallen.

Hardy Ruoss
Neue Zürcher Zeitung. 2. 7. 1982.

● *26. 6. – Ilse Aichinger nahm den 1975 zum ersten Male verliehenen Petrarca-Preis, mit fünfundzwanzigtausend Mark dotiert, im Schloß Castelmur in Stampa (Italien) entgegen.*

Aus der Laudatio Michael Krügers: »Beim Lesen der Gedichte von Ilse Aichinger zum Beispiel war das Echo sofort vernehmbar, und zwar vor allem Verständnis, aller analytischen Anstrengung: ein Klang, ein Bild, eine Formulierung, eine Art des Sprechens, die vom Leser kaum wiederholt, jene eigentümliche Synchronizität herstellt und das Gefühl erzeugt, man habe das Gedicht im Vorgang des Nachsprechens selber geschrieben. Der Autor, die Autorin, verschwindet, zieht sich gleichsam hinter das Gedicht zurück, und zwar mitsamt ihrer Biographie, ihren Erfahrungen, Gefühlen und Wünschen. Sie überläßt uns ihren Text, ihre kurzen Orakelsprüche, dunkel und klar.«

Juli

● *1. 7. – Die Bayerische Akademie der Schönen Künste zeichnete den in Graubünden lebenden Wolfgang Hildesheimer, den die Urkunde »ein Ausnahme-Ereignis der deutschen Gegenwartsliteratur« nennt, mit ihrem mit zehntausend Mark dotierten Literaturpreis aus.*

Aus der Laudatio Joachim Kaisers: »Sie wollten also stets – und damit geben Sie sich als Künstler zu erkennen – nicht Gott sein über parodierte Geschöpfe, sondern lieber Märtyrer unabweisbarer Probleme [...]. Was Ihnen einst der Inhalt Ihres schriftstellerischen Anfangs gewesen war, das neutralisierten Sie später zur Technik, mit der Sie etwas Neues zu erreichen trachteten. Aus ihrer zarten, blitzschnell treffenden Sprache und Ihrer kleinen Liebe zum Surrealismus machten Sie heuristische Prinzipien. Zu deutsch: machten Sie Wege der Wahrheitssuche und der Wahrheitsfindung.«

Aus der Dankrede Wolfgang Hildesheimers: »Der wahre Schriftsteller, so wie ich ihn sehe, übernimmt keine Wahrheiten, vielmehr schafft er sie. So macht er denn nicht aus Wirklichkeit Fiktion, sondern aus Fiktion Wirklichkeit. Er setzt sich nicht dem Erlebten aus, um es möglichst getreu wiedergeben zu können. Vielmehr schöpft er aus dem Unbewußten, sobald dieses das Erfahrene verarbeitet hat und als verarbeitetes Material dem Bewußtsein anbietet. Indem er das bloß Mögliche im Tatsächlichen auflöst, macht er Fiktion zu Wahrheit und reduziert Wirklichkeit zu Realität ...«

● *23. 7. – Mit dem »Lorenzo il magnifico«, einem Preis, mit dem »europäisches Denken und Fühlen in der Literatur« gewürdigt werden soll, wurde in Rom als erster deutscher Schriftsteller Michael Ende ausgezeichnet.*

August

● *8. 8. – Während der Salzburger Festspiele wurde Peter Handkes dramatisches Gedicht »Über die Dörfer« (Buchausgabe: s. »Deutsche Literatur 1981«, S. 130) uraufgeführt (s. auch »Chronik«, 30. 10.).*

»Der Mensch is a Sau« hat ausgedient. Zur Uraufführung von Peter Handkes dramatischem Gedicht »Über die Dörfer« in der Felsenreitschule

»Der Mensch is a Sau«, das war die österreichische Formel der zeitgenössischen Dramatik. Der vertierte, abgewrackte, verkommene Seelenkrüppel, der in Traditionen erstarrte, in Geschäften erstickte, der unterdrückte, in Brutalität ausbrechende lebende Leichnam, der sinnlose Endspieler prägten für lange Jahre das düstere, aber wohl überzeugendste Menschenbild unserer Bühne. Peter Handke versucht nun in seinem dramatischen Gedicht »Über die Dörfer« den Menschen wieder in seiner Würde einzusetzen. Nicht kleinmütig, nicht mit einer zaghaften Zärtlichkeitsgeste, sondern mit großem Anspruch, festlich, feierlich und voll wilder Anteilnahme.

Das Scheitern ist fürchterlich. Schmerzerfüllt schreit Gregor, die Dichterfigur des Werkes, zuletzt seinen engsten Verwandten, seinen Heimatmenschen, ihr Verlierertum ins Gesicht, ihre Versklavtheit. »Wir stammen von Verlierern ab, die wie Käselaibe ins Grab gerollt sind, und wir werden ihnen ebenso nachrollen, jeder für sich«, heißt es da. Und der Klagegesang aller mündet in ein zweimaliges »Wie verlassen die Menschheit ist«. Doch Handke hat seine Menschen bereits zu hoch gehoben, um sie ihren Sturz ungetröstet tun zu lassen. Er gibt ihnen Hoffnung. »Man kann nicht aufgeben«, sagt Nova, die Verkünderin, die ihnen einen neuen Weg weist. Ähnlich der griechischen Tragödie behaupten diese Figuren – nicht auf Heldenniveau, sondern auf der dörflichen Ebene – in ihrem Aufbegehren und verzweifelten Scheitern die Größe des Menschen und zeugen damit für eine Hoffnung, die Handke auch zu formulieren wagt.

Wim Wenders läßt in seiner Uraufführungsinszenierung in der Salzburger Felsenreitschule diese Dynamik zwar sichtbar werden, verwendet sie jedoch zuwenig als dramatischen Impuls. Noch mißtraut er dem Pathos Handkes, seiner Festlichkeit ebenso wie der Intensität seiner Hoffnung. Er hält die Inszenierung trotz ihres hohen Tones auf einer annähernd realistischen Ebene, vermeidet aber Übersteigerungen, die auf das Ritual zugehen, wie etwa beim Gesang der Bauarbeiter, den die seltsam veränderte Verwalterin in einen Hymnus verwandeln sollte, oder indem er die Schlußszene streicht, in der Nova dem Kind, dem Gregor zuvor noch einen »weißen Verlierer-Hintern« attestierte, eine Krone aufsetzt.

»Ohne Phantasie wird kein Material Form«, erklärt auch Nova. Wenders hat für diesen großen dichterischen Entwurf keinen eigenen szenischen Entwurf gewagt, sondern das Werk behutsam deklamatorisch ausgebreitet. Dem mutigen Anspruch, den Handke stellt, fehlt damit die mutige szenische Realisierung, die entsprechende Bühnenform. Der ungemein sorgfältige Umgang mit dem Text kann die dramatische Phantasie eines Regisseurs nicht ersetzen, der zugleich auch dynamisiert, schattiert, strafft und allzu epische Passagen oder Wortranken vielleicht auch streicht.

Immerhin bleibt Wenders' Inszenierung die klare, intellektuell durchdrungene Aufbereitung des Wortes zu danken. Schlicht kommt da im Vorspiel die Exposition zur Geltung: Nova führt Gregor als den Weltenwanderer, »ohne Ohr für den unterirdischen Heimwehchor«, ein. Heimatlos, ein »Nordsüdostwestherr«. Doch die Heimat läßt sich nicht verdrängen. Ein Brief des Bruders Hans fordert ihn zum Verzicht auf Haus und Grundstück der verstorbenen Eltern auf, um der Schwester Gelegenheit zu geben, sich als Geschäftsfrau selbständig zu machen. Sachlich schildert Gregor die Beziehung zu den Geschwistern, die ohne Momente »ausgesprochener Liebe«, aber voll der »Angst und der Sorge« um sie war. Die Schwester Sophie, »von uns dreien die Ungefährliche, auch die Geheimnislose, Harmlose«, arbeitet als Angestellte in einem Warenhaus, der Bruder Hans ist Bauarbeiter. Ein wilder Mann, der den Eltern Kummer bereitete, der seine Frau und sein Kind jedoch wie seine Retter liebt, ein stolzer und »zugleich ortsfremder« Mensch, an dem Gregor dennoch das »ewige Opfer« riecht.

Heimkehr und Selbstkritik

Wenn Handke seinen Gregor nun die Geschwister aufsuchen läßt mit der Absicht, Haus und Grund um jeden Preis zu erhalten, so betreibt er dabei Selbsterforschung, Selbstkritik. Die »langsame Heimkehr« des Dichters Handke, die in der Tetralogie, deren Abschluß das Drama »Über die Dörfer« bildet, nachvollzogen wird, ist eine Heimkehr zu den Wurzeln. Die Auseinandersetzung mit dem Dorf und seinen Menschen wird auch zu einer Auseinandersetzung mit sich selbst, mit seiner Arbeit, seiner dichterischen Existenz, seinem Weltbild. »Spiele das Spiel«, sagt Nova zu Beginn zu Gregor. »Scheitere ruhig. Vor allem hab Zeit und nimm Umwege ... Beweg dich in deinen Eigenfarben, bis du im Recht bist und das Rauschen der Blätter süß wird.«

Es bedarf nicht der Verwalterin an der Großbaustelle, die zur Verherrlichung ihrer Umwelt aufruft, Handke preist und verklärt in großangelegten, erzählerischen Monologen die Natur, das Dorf, die Menschen. Nicht, daß er die Verwundungen der Natur, die Veränderungen des Dorfes, die Erbärmlichkeit des

Lebens der Menschen verschweigen würde, doch er sieht sie mit eigenen Augen, sucht ihre Schönheiten und gibt den schuftenden Männern an der Baustelle eine Sprache, in der sie ihre Würde und ihre Rätsel darstellen und behaupten können. Hans hat die früheren Demütigungen durch den Bruder durchschaut: »Er wollte uns wie sich«, sagte er. »Aber wir sind andere als er.«

Hans entwirft, das karge Leben der Männer skizzierend, das Geheimnis, die Größe dieser Menschen. »Und wehe dir, du wagst zu schließen, wer wir sind! Ein Deutungswort – das Fest ist aus. Die Festlichkeit besteht darin, das Rätsel zu erfinden.« Er hebt sie über die Mächtigen und deren tote Freuden hinaus und steigert sie ins Fest der Erwartung, der Hoffnung auf Veränderung, das die Arbeiter in einem anrührenden Versuch zur Freude und Schönheit feiern. Doch bereits im anschließenden Gespräch mit dem Bruder deuten sich die Ängste des Mannes an: »Die Leere ist manchmal so böse hier. Laß mich nicht allein.«

Der Zusammenbruch kündigt sich an

Mit den Worten der Schwester, die Gregor nicht als seelenlose Geschäftsfrau sehen will, kündigt Handke das Scheitern noch deutlicher an. »Woher deine Gewißheit, ich könnte ein Mensch sein nur in der Abhängigkeit?« läßt er sie fragen. »Ja, schon immer hast du die Leidenden, die Schicksalsergebenen im Licht der Verklärung als die eigentliche Menschheit gesehen.« Und dann stößt sie zu: »Dein Problem ist, daß du fremdes Elend als dein eigenes empfindest. Und da du seiner nicht Herr wirst und andrerseits darüber nicht tot umfallen kannst, geschieht zu deiner eigenen Rettung die Verklärung, womit du dann auch uns andere für gerettet hältst.«

Der Zusammenbruch wird bereits in der Klage der Alten Frau zu Beginn des zweiten Teiles, der vor einer Friedhofsmauer spielt, greifbar. Die Klage mündet in einen Fluch von alttestamentarischer Größe, der dennoch durchaus Heutiges einbezieht. Handke gestaltet diesen dramatischen Höhepunkt mit bilderreicher Wortgewalt. Als Gregor, heimatselig, ankommt,

fordert ihn die Alte zum Handeln, zur Rache auf. Sie läßt sich von Gregor nicht mit Illusionen, Träumen, dem Naturerlebnis vertrösten. Den Untergang des Bruders voraussehnend, kündigt sie Gregor den Konflikt an, der bald darauf mit schrecklicher Vehemenz losbrechen wird, und reißt selbst als erste die beschönigende Hülle über der Wirklichkeit fort. Haß steigt auf, Hans erklärt den Krieg, den Untergang, die endgültige Vernichtung durch den Tod. Wenn Gregor nun in einem Akt der Resignation verzichtet, so brüllt doch auch er seine Verzweiflung in der hoffnungslosen Vision der Zukunft des Kindes heraus. Trostlos, endzeitlich klingt der Klagegesang aller.
»Gerade in euren Verzweiflungsausbrüchen habt ihr vielleicht bemerkt, daß ihr gar nicht verzweifelt seid«, beginnt nun Nova den Versöhnungsversuch. »Verzweifelt, wärt ihr schon tot.« Nova, die hinter der Friedhofsmauer, sozusagen aus den Gräbern der Toten aufsteigend, ihre Verkündigung spricht, weist einen neuen Weg. »Die Natur ist das einzige, was ich euch versprechen kann – das einzig stichhaltige Versprechen.« Ihre Worte sind ein Plädoyer für die Phantasie, für die Form, zu der sich der Mensch selbst zu verhelfen hat, für die Natur, die vorbildhaft und maßgebend ist, für die Liebe zum anderen, in der man zu sich selbst erwacht, für die Schöpfermenschen, die Kunst.

Nova als Deus ex machina?

An diesem lichtvollen Versöhnungsschluß, aus dem die Realität jedoch keineswegs ausgeklammert ist, mögen sich die Geister scheiden. Nova läßt sich wohl auch als Deus ex machina sehen, der wie bei Euripides das Unauflösbare beiseitebringt: Ein Spiel, an dessen Wunder man glauben kann oder nicht und dazwischen dennoch die Wirklichkeit geschaut hat. Gewiß ist Novas Wort aber auch als konkrete Hoffnung zu nehmen, die dem Menschen nicht nur in seinem Scheitern seine Würde einräumt. Ein schöner Entwurf, der – vielleicht etwas wortreich und emphatisch – das dramatische Gedicht Handkes zuversichtlich krönt.
Wenders hat diesem Schluß, für den Jürgen Knieper eine dumpfe »Karawanenmusik« komponierte, offenbar nicht so

recht getraut. Er verschenkt, ja zerstört ihn sogar, weil er auch zuvor weder die festliche Verklärung noch den Zusammenbruch und den Krieg dramatisch zu akzentuieren versteht. So bleibt den Darstellern in dem vor allem im ersten Teil suggestiven Bühnenbild von Jean-Paul Chambas (Kostüme Domenika Kaesdorf) nicht viel mehr als beseelte Deklamation. Libgart Schwarz bringt für die Nova das anrührend Eckige, Spröde ihrer Persönlichkeit mit, die Dialektfärbung, das scheinbar Unbeholfene und doch Kunstvolle, das ihre Gestaltungen so unverbraucht und außergewöhnlich wirken läßt, Else Quecke ist eine überzeugende Alte, Elisabeth Schwarz eine im Protest flammende Sophie, Rüdiger Vogler ein Hans, der zumindest passagenweise anklingen läßt, was aus dieser Figur herauszuholen wäre, Martin Schwab ein etwas blasser, aber sympathieweckender Gregor. Karin Baal, Jörg Hube, Edd Stavjanik, Tom Krinzinger und der kleine Günther Steinacher erfüllen ihre Aufgabe im Rahmen des von der Regie Gegebenen.

Den Salzburger Festspielen ist zu dieser Uraufführung, selbst wenn die Realisierung nicht alle Erwartungen erfüllt, zu gratulieren: »Über die Dörfer« setzt nicht nur für die Dramatik, sondern auch für die Theater ein Zeichen. Im Jubel und in den Buhrufen setzte sich zuletzt eindeutig die dankbare Zustimmung durch. *Karin Kathrein*

Die Presse. 10. 8. 1982.

Predigt nach dem Ende des Denkens. Peter Handkes »Über die Dörfer« bei den Salzburger Festspielen uraufgeführt

Kunst zu unserer und der ganzen Welt Erlösung? Der Künstler als Seelen- und Lebensretter? Der Anspruch, das Heil zu kennen und bringen zu können, wird auf manchen Schauplätzen der Kunst zur Zeit mehrstimmig vorgetragen. In den programmatischen Vorgaben zur Kasseler documenta und zur Biennale in Venedig las man die neu klingenden Parolen (die von diesen Ausstellungen selber einstweilen freilich noch kaum eingelöst werden): Das Wort geht um von der Würde, der Vorbildhaftigkeit und den lebensverändernden Impulsen, die es am Kunstwerk endlich wieder zu entdecken gelte. »Unsere Kunst muß aus sein auf den Himmelsschrei«, läßt nun Peter Handke in dem in Salzburg uraufgeführten dramatischen Gedicht »Über die Dörfer« eine Frau predigen, die er Nova, die Neue, nennt. Ankündigung der erneuerten Forderung nach einer »konservativen Revolution«, die Hofmannsthal am Ende der zwanziger Jahre verlangte (was dann wirklich kam, war der Faschismus)?

Es fällt nicht schwer, den Anlaß für Vorstellungen, welche die Kunst mit der Aura des Religiösen versehen wissen möchten, in einem Zeitgefühl zu erkennen, das in allen unseren Lebenszusammenhängen die Verluste spürt. Für das, was verlorenging, das Maß im Dasein der Menschen und der Dinge, Halt, Orientierung und Wahrheit, gibt es in Handkes Gedicht viele trauernde Ausdrücke. Und der Blick auf die Verhältnisse, wie sie sind, zeigt ihm immer wieder: »Unselig ist alles, von hier zum Horizont« oder »Wie verlassen die Menschheit ist« und »Kein stichhaltiger Trost ist in eurer Geschichte«. Der Text schwelgt in Formulierungen der Verachtung einer für Handke nur durch den Verfall der Lebensformen bestimmten Gegenwart. Zur Bezeichnung ihrer eigenen und der allgemeinen Gefühlslage vereinen sich die Figuren des Gedichts an einer Stelle zum chorischen Ausruf des Begriffs, auf den alles Heutige vermeintlich hinausläuft: »Jammer«.

So rief schon Lotte in »Groß und klein« von Botho Strauß, das Wort in seine Silben zerlegend: »Jammertal«. Aber während Strauß für die suchende junge Frau in den zehn Szenen seines Stücks keine Antwort hatte, weiß Peter Handke den Ausweg, der uns retten kann. Für die letzten fünfundvierzig Minuten der viereinhalbstündigen Aufführung in der Salzburger Felsenreitschule erklomm die Schauspielerin Libgart Schwarz eine Mauer und tat in einem langen Einzelgesang – einer Mischung aus epikletischem Hymnus, Anrufung der Götter, und Parainese, dem Trostlied des antiken Dramas – kund, was uns erlösen soll: Die »Verlangsamung« unserer selbst, die Hinwendung zum Erlebnis der Natur (»Die Blume steht hoch aufgerichtet als unser heimlicher König«), die Einlassung auf die kleinen Dinge und die große »Kraft der Vision«, übers Land

hätten wir zu blicken, damit »die böse Dummheit vergeht«, auch einander uns »als Götter zu entdecken«, damit endlich »der heilige Tag« beginne und »die Zeit unseres Daseins unsere triumphierende Episode« werde:
»Der Himmel ist groß. Das Dorf ist groß. Der ewige Friede ist möglich. Hört die Karawanenmusik ... Richtet euch auf. Abmessend-wissend, seid himmelwärts. Seht den Pulstanz der Sonne und traut euerm kochenden Herz. Das Zittern eurer Lider ist das Zittern der Wahrheit. Laßt die Farben erblühen. Haltet euch an dieses dramatische Gedicht. Geht ewig entgegen. Geht über die Dörfer.« Mit der (in Salzburg gestrichenen) Krönung eines Kindes durch die solcherart predigende Nova endet die Textfassung dann.
Diesem weltverklärenden, wabernden Geschwafel (das vermutlich kein Theater und kein Verlag einem unbekannten Autor zu veröffentlichen ermöglicht hätte) war in den müde machenden Stunden zuvor ähnlich Wolkiges vorausgegangen. Um seine raunende Lebensphilosophie, deren Sprache die des Jargons der Eigentlichkeit ist, auf mehrere Sprecher verteilen zu können, hat Handke ein dürftiges Handlungsfragment erfunden. Einer, der (wie Handke selbst) das Dorf seiner Herkunft in Kärnten verlassen hatte, wird durch ein Familienproblem dorthin zurückgerufen, die Schwester möchte das elterliche Grundstück mit einer Hypothek belasten, um sich einen kleinen Laden einzurichten. Der Mann aus der Fremde sieht die Plätze seiner Kindheit wieder, die Schwester, der Bruder und dessen Arbeitskollegen auf einer entlegenen Baustelle erzählen ihm von den Veränderungen des Dorfs und der Lebensweisen. Gemeinsam erinnert man sich, gerät, in langen Monologen, ins Schwärmen und dann in Zorn über das falsche, uneigentliche Dasein. Wenn in einigen wenigen Augenblicken der penetrant demonstrative Gestus der tönenden Reden aufgegeben wird und die zivilisationskritische Aufzählung gegenwärtiger Defizite einer leiseren und damit plötzlich dringlicheren Klage über die Vergänglichkeit als Lebensgesetz Raum gibt, hat das dramatische Gedicht Momente, die dem sonst sich vordrängenden, horrenden Opportunismus Handkes auf kurz merkwürdig entgegenstehen.

Diese Passagen sind aber zu selten, als daß sie den monströsen Kitsch, der in den Texten wuchert, irgend erträglicher machen würden. Das Risiko jeder schwärmerischen Rückwendung ist der Verlust an Präsenz, in der Kunst ist die Gefahr immer, daß ein übermächtig guter Wille schließlich nur noch hervorbringt, wogegen er selber sich richtet: Schwulst, der in alle Sätze und in jede Wortwahl fährt. Nicht ein Theater der Erinnerung ist im Fall Handkes das Ergebnis, sondern das Verlangen nach Transzendenz, nach Überwindung des bloß Gegenwärtigen verkommt zur lastenden, sentimentalen Gebärde. Vor lauter Insistenz auf »Bedeutung« und »Wahrheit« ist Handke zum geschwätzigen Prediger geworden. Kaum noch ein Gedanke in diesem Text – nur aufgeblähte Sätze, Hohlformen nach der Preisgabe des Denkens.
Denn daß die Anstrengung zu denken, nachzudenken über die Verhältnisse, hier längst aufgegeben ist, so wie in manchen der grünen Tagträumen, die sich als politisches Programm mißverstehen – daran ist gar kein Zweifel. Der »Blick ins Land« wird eben gerade nicht, wie Handke meint, die »böse Dummheit« vertreiben. Durch bloßes Zureden werden wir die schlechte Realität keineswegs verändern. »Seid himmelwärts« ist das falsche Kommando gegen die Lage – an der sich einlassenden Auseinandersetzung mit den Umständen und den Ursachen, an der Arbeit der Erkenntnis der Gründe für die Miseren und die Verluste führt kein Blumenpfad vorbei. Es mag ja sein, Handke, daß der Himmel groß ist und nicht leer – von der Dreckarbeit weiter unten entbindet das aber nicht. Genauigkeit ist da wichtiger als Karawanenmusik. In Hermann Brochs (1953 aus dem Nachlaß veröffentlichten) Roman »Der Versucher«, an dessen dumpfe Alpendorf-Atmosphäre Handkes Gedicht gelegentlich erinnert, werden die irrationalen Antriebe der Dorfbewohner, in einer Anspielung auf Hitler, von einem Scharlatan freigesetzt und führen zu einem sinnlosen Mord. Der Preis übersteigerter Irrationalität – dafür liefert die deutsche Geschichte nun wirklich viele Belege – ist leicht ein Verlust an Moral. Handkes (durch seine Anmaßung auch verlegen machender) Irrationalismus ist nicht nur unintelli-

gent, sondern, so moralisierend das Gedicht sich gibt, zutiefst amoralisch.
Von seiner ersten Theaterarbeit, der »Publikumsbeschimpfung« auf der Frankfurter Experimenta 1966, bis zu dem Kulturgetue dieser Veranstaltung in Salzburg, die nur dreimal, und das jeweils nur am Sonntagvormittag, angesetzt ist, hat Handke einen langen Weg zurückgelegt. Es ist ein Weg, der die Gesellschaft verläßt – und das Theater.
Unter der fliehenden Wolke zweier französischer Bühnenbildner haben der Filmregisseur Wim Wenders und der Grüber-Schüler Hannes Klett die Sprecher des Gedichts auf der Cinemascope-Bühne der Felsenreitschule dekorativ postiert und die Positionen dann manchmal dekorativ gegeneinander verändert. Wenn sie mehr Bewegung will, zum Beispiel in einer Passage, die wir freundlich als »Ausbruch von Verzweiflung« (vor der tröstenden, untröstlich langen Schlußpredigt) bezeichnen wollen, entgleist diese Inszenierung sogleich. Unkritisch unterwerfen sich Libgart Schwarz, Martin Schwab, Rüdiger Vogler und Elisabeth Schwarz der theatralisch, szenisch, ästhetisch unergiebigen Aufgabe, enorme Textmassen abzuliefern. Sie gliedern aufmerksam und konzentriert. Das gilt auch für die übrigen Sprecher, von denen Handke einige, zynisch, seine Kitschpoesie als Arbeiter verkleidet aufsagen läßt.
Als bei der Premiere die Predigt der Libgart Schwarz ihrem hymnischen Höhepunkt entgegenkroch, fuhren die Techniker der Salzburger Festspiele langsam das Dach über der Bühne zurück – wir sahen nun den angepriesenen Himmel, ein Stück davon, es war grau und voller Regen. *Peter Iden*
Frankfurter Rundschau. 12. 8. 1982.

● *10. 8. – In München starb Peter de Mendelssohn.*

Polemiker und Gentleman. Zum Tode von Peter de Mendelssohn

Der Präsident, der Schriftsteller, der Biograph, der Herausgeber, der große Kollege, der Freund Peter de Mendelssohn ist tot. Das ist nicht nur eine traurig stimmende Nachricht, sondern in vieler Hinsicht ein wahres Unglück. Denn wer

wird an seine Stelle treten? Wer wird all das Begonnene weiterführen? Wer lädt sich auf, worunter er, der spät heimgekehrte Emigrant, tapfer ausgehalten hat? Wer kriegt nun das Amt?
Keiner, dem man so wie ihm aus schierer Eigensucht und literarischer Neugier ein besonders langes Leben wünschte. Denn so groß der abgetragene Teil des Berges war, so lang der Weg, den er zurückgelegt hatte – der Rest war beträchtlich. Nur fünf von acht Bänden der Tagebücher Thomas Manns, sechs von zwanzig Bänden der Frankfurter Werkausgabe sind ediert, die »Zauberer«-Biographie ist unvollendet, und die anderen Vorhaben waren ja auch nicht gering. Der Vierundsiebzigjährige plante das alles mit erstaunlicher Gelassenheit, rechnete in langen Zeiträumen und verschwendete sich nebenher noch in Ämtern und auf Reisen. Es kam ihm alles sehr spät, er fand spät zum Eigentlichen, aber im Grunde konnte man mit Fontane (und wie über Fontane) von ihm sagen: So wie er zuletzt war, so war er wirklich. Es war sein Alter, und er lebte in der Arbeit gewaltig auf.
Geboren wurde Peter von Mendelssohn am 1. Juni 1908 in München als Sohn eines Goldschmieds und Neffe des hochbegabten, frühverstorbenen Erzählers Erich von Mendelssohn. Seine Kindheit verbrachte er in Hellerau bei Dresden unter lauter Meistern und Handwerkern, und auch darüber wollte er noch ein Buch schreiben: über die Freie Schulgemeinde, seinen liberalen, duldsamen Vater, dem er offenbar viel verdankte, nicht zuletzt das Meisterliche, die Akkuratesse, die Zuverlässigkeit, das Handwerk. Nach dem Abitur wurde er 1926 in Berlin Redaktionsvolontär, dann freier Journalist und Schriftsteller, ständig zwischen Berlin, Paris und London unterwegs. Mit seinem vierten Buch, dem Roman »Schmerzliches Arkadien« (1932), in dessen Grundstimmung seine Generation die eigenen Erfahrungen von Kindheit und Jugend wiederfand, rief er erstmals größere Aufmerksamkeit hervor.
Die Freundschaft mit Klaus Mann führte ihn ins Haus Thomas Manns, dem er – und der ihm – später so viel verdanken sollte. Die Handelnden ahnten noch nichts davon. Sie wurden viel-

mehr durch das Jahr 1933 zunächst auseinandergebracht. Mendelssohn emigrierte als einer der jüngsten unter den Autoren über Paris und Wien nach London, wo er ab 1936 seinen ständigen Wohnsitz hatte. 1938-43 war er Leiter der Auslandsabteilung von »Exchange Telegraph«, trat 1944, inzwischen auch britischer Staatsbürger geworden, in den Staatsdienst und war 1945-48 als Presse-Offizier im besetzten Deutschland beteiligt an der Gründung von »Tagesspiegel«, »Telegraf« und »Die Welt«.

Das Exil konfrontierte den Ästheten mit der Politik und machte ihn zu einem politischen Journalisten und Schriftsteller. Die Neugier nach den Hintergründen war es auch, die seinen Geschichtssinn weckte. So kam er über Geschichtsstudien und englisch geschriebenen Geschichtswerken zur Literaturhistorie, an der er sich nicht nur als kritischer Essayist und Monograph hohen Grades bewährte, der Unbekanntes und Vergessenes in neuen Zusammenhängen sah und wiederbelebte, er wurde auch zum umsichtigen Herausgeber, vor allem Thomas Manns. Es entstand die Symbiose zwischen dem Großschriftsteller und seinem Biographen, zwischen dem Tagebuchautor, Briefautor und einem Kommentator, die beide an penibler Genauigkeit und Hang zum Ausführlichen einander in nichts nachstanden. 1970 kehrte Mendelssohn endgültig aus London zurück und ließ sich in München-Bogenhausen nieder.

Er war in den letzten Jahren eine der auffallendsten Gestalten unseres kulturellen Lebens: als Präsident der Akademie für Sprache und Dichtung, als Mitglied von Kuratorien, Literaturklassen, hochgeehrt mit Verdienstkreuzen und Orden der Ehrenlegion – ein Repräsentant. Und zugleich blieb er produktiv, vielseitig arbeitsam, fleißig in einem unvorstellbaren Ausmaß. Sein Œuvre hat einen respektgebietenden Umfang.

Ich stand einmal in einer Buchhandlung und sah ihn vor dem Schaufenster mit Walter Mehring streiten; der Große, Weißhaarige zurückgelehnt, das Kinn wütend eingezogen, der Kleine dagegen gebückt, nach vorn gebeugt, angreifend, und beide warfen ihre Arme in die Luft. Dann kamen sie einträchtig herein, Mehring verschwand unter der Schulter Mendelssohns. Ich fragte ihn später, worüber sie denn gestritten hätten. Er sagte, Mehring habe behauptet, er habe in seinem Leben mehr geschrieben – eine Million Seiten! Und er selbst? Anderthalb Millionen! Ich glaube es ihm. Zählt man nämlich die Übersetzungen mit, annähernd 100 Romane, Biographien und historische Werke aus dem Englischen und Französischen und aus dem Deutschen ins Englische, so kommt einiges zusammen.

Peter de Mendelssohn, wie er seit der Emigration hieß, war nobel auf eine sehr britische Weise, großmütig, mit sächsischem Witz, ein Polemiker, der Sinn für Pointen besaß, streitbar, aber ein Gentleman, der verzeihen konnte und dem man verzieh, einer der letzten großen Herrscher im Reich der Literatur, in dem er sich wahrhaft auskannte, in der Romantik so gut wie in den Frauen Wassermanns. Man hörte ihm gern zu, wenn er, der Redner mit der stets leicht belegten Bratschenstimme, die Dinge »ein für allemal« hinzustellen beliebte.

Und er hatte Talent zur Freundschaft, wovon ja immer nur die Betroffenen wissen, eben jene, die er mit seiner Zuneigung verwöhnte und die es auch einmal in Kauf nahmen, ihm nicht zu widersprechen. Denn so wenig er rütteln ließ an seinem Urteil, so wenig ließ er auch Grund aufkommen, an seiner Treue und seiner Freundschaft zu zweifeln. Er gab und verschenkte im Geistigen wie im Materiellen.

Er war noch voller Ideen für ein Jahrzehnt. Ungeschrieben bleibt nun auch seine Biographie Karl August Varnhagens, mit dem ihn der Sammeleifer, die aufklärerische Liberalität und die großperiodische Prosa verbanden. Vieles ist Fragment. Gerundet sind die Essaybände »Der Geist in der Despotie«, »Von deutscher Repräsentanz« und »Unterwegs mit Reiseschatten«, die großen Monographien »Zeitungsstadt Berlin« und »S. Fischer und sein Verlag«, der geistige Roman einer Epoche. Am exemplarischsten erscheint mir immer noch der 1971 entstandene Aufsatz »Verklärung des guten Arbeiters – Heinrich Mann in seiner Zeit«, der anhand des Bildes, das Heinrich Mann von Zola entwirft, das Porträt Heinrich Manns nach-

zeichnet: Genauigkeit und offene Form in einem. Das konnte er. Das war er. Dafür erhielt er zwar keine Preise, keine Ehrendoktorate und keine Professur, aber man brauchte ihn überall, brauchte ihn zuletzt noch in den Akademien, den Ausschüssen, dem PEN, zu dessen Wiedergründung im Nachkriegsdeutschland er maßgeblich beigetragen hat und dessen Vizepräsident er lange Zeit war. *Martin Gregor-Dellin*
Frankfurter Allgemeine Zeitung. 11. 8. 1982.

● *18. 8. – In der »Frankfurter Allgemeinen« begründete Reiner Kunze seinen Austritt aus dem Verband Deutscher Schriftsteller (VS) u. a. damit, daß der Vorsitzende, Bernt Engelmann, in Ost-Berlin für eine Politik plädiert habe, »die alles ausstreicht, ›was auf den Wunsch nach Wiederherstellung eines deutschen Nationalstaates hinauslaufen könnte‹«.*
Aus der Erklärung Kunzes: »Dabei geht es nicht um die realistische Einsicht, daß eine Wiedervereinigung in absehbarer Zeit nicht möglich ist. Es geht auch nicht darum, daß, falls sich eines Tages durch unvorhersehbare internationale Entwicklungen die Möglichkeit einer Wiedervereinigung ergeben sollte, diese nicht durch Anwendung von Gewalt verwirklicht werden darf. Und es geht auch nicht darum, daß eine Wiedervereinigung nur dann wünschenswert wäre, wenn durch sie keine Grundfreiheiten verlorengehen. Worum es bei der Forderung Engelmanns geht, ist, daß bereits der Wunsch nach einer solchen Wiedervereinigung als unzulässig erklärt wird. Nicht wenige Menschen in der ›DDR‹ sehen aber in der Wiedervereinigung die einzige Hoffnung, daß, wenn nicht sie selbst, so doch vielleicht ihre Kinder oder Kindeskinder jene Grundfreiheiten erlangen, die ihnen heute verweigert werden. Ich fühle mich dieser Hoffnung verpflichtet und nicht der Ideologie der Verweigerer.«

● *27. und 28. 8. – Uraufführung zweier Stücke von Wolfgang Bauer: »Batyscaphe oder Die Hölle ist oben« (Graz: Droschl, 1982) in einem Grazer Kellertheater und »Woher kommen wir? Was sind wir? Wohin gehen wir?« (s. »Neue Bücher«) in den Bad Godesberger Kammerspielen.*

● **28. 8.** – *Ernst Jünger erhielt den alle drei Jahre verliehenen und mit fünfzigtausend Mark dotierten Goethe-Preis der Stadt Frankfurt am Main, die in ihm einen deutschen Schriftsteller ehrt, »dessen Werk durch Engagement und geistigen Abstand gleichermaßen ausgezeichnet ist und der durch alle Zeitläufte, bei leidenschaftlicher Anteilnahme, immer die Unabhängigkeit der Wahrnehmung bewahrt hat«. Über den Preisträger gab es eine ausführliche, öffentlich geführte Debatte.*

Aus der Laudatio Wolf Jobst Siedlers: »Es ist Ernst Jüngers Sensibilität für heraufziehende Verhängnisse, seine Witterung für den Abschied von der Geschichte, den die Wissenschaft erst ein Vierteljahrhundert später ins Auge fassen wird, die über Jahrzehnte hinweg seine unerhörte Modernität ausmachen. Es gibt kaum eine Grundstimmung der Epoche, der er sich nicht hingegeben hätte – dem Selbstüberdruß bürgerlicher Sekurität, der er sich durch seine Flucht an die afrikanischen Ränder der Zivilisation zu entziehen trachtete, der Erfahrung des kriegerischen Opfergangs als des Glücks der Vereinigung mit dem Absoluten, auf die alle Existenz angelegt sei, der antikapitalistischen Sehnsucht der Epoche mit ihren nationalen und revolutionären Entladungen, die sich ihm zum nationalbolschewistischen Elan zusammenziehen. Die Kälte einer Sprache, die am Generalstabsdeutsch geschult ist, kann die Lust an der Selbstsprengung dieser Welt nicht zudecken.«

Aus der Dankrede Ernst Jüngers: »Die Eitelkeit des Papiers. Was ist das in hundert Jahren, in tausend, in zehntausend? Das gleich am Anfang. Aber auch: Du würdest schreiben, auf einer Insel allein. Darin verrät sich die sakrale und von den Umständen unabhängige Berufung, der Autor lebt im Volk, im Staat, in der Gesellschaft seiner Zeit und zugleich einsam im Walde, auf Patmos, am Sinai. Was dort geschah, ist wichtiger, als was er vermittelt, vielleicht kommt er mit leeren Händen zurück. [...] Ambivalenz des Ruhmes. Mit seinem Anwachsen müssen die Angriffe zunehmen. Von einem gewissen Format an hat jeder seine Verfolger vom Dienst. Der Autor hat der Sprache zu genügen, nicht der Kritik – nicht also dem Urteil, sondern dem Gesetz. Die meisten Besprechungen heute gehören nicht in das Gebiet der Künste, sondern in das der Politik.«

Der Goethe der CDU? Zur Verleihung des Goethepreises an Ernst Jünger

»Auf den Marmorklippen« hat in meiner Originalausgabe (Copyright 1939/1941) am Ende, wie damals und heute üblich, zwei Seiten Reklame, auf denen die bis 1940 publizierten Bücher von Ernst Jünger angezeigt sind. Dazu kurze Ausschnitte aus damaligen Rezensionen. So zu »Afrikanische Spiele«: »Demjenigen, der in Büchern stahlklare Prosa und die Welt von echten Männern beschworen und gedeutet liebt, wird Jüngers Werk vielleicht eines der besten Bücher sein, die das Schrifttum der Gegenwart seit langem hervorgebracht hat« (»Leipziger Neueste Nachrichten«). Zu »Der Arbeiter, Herrschaft und Gestalt« (also 1940 offenbar noch erwerbbar): »Für uns Deutsche ist es eine tiefe Bestätigung unseres Glaubens an die nationale Zukunft, daß ein deutscher Frontsoldat, Dichter und Philosoph eine so großartige Zukunftsvision aufbauen konnte« (»Westdeutsche Akademische Rundschau«).
Es wäre unfair, dem Schriftsteller Ernst Jünger seine Kritiken im Dritten Reich vorwerfen zu wollen. Dennoch erinnern Sätze wie die zitierten daran, unter welchen Vorzeichen sein Werk berühmt wurde, aus welchem Leserstamm sich seine Leserschaft rekrutierte, damals und, so kann man hinzufügen, heute.
Ernst Jünger war immer der nationaldeutsche Schriftsteller, nicht so deutsch wie die von Joseph Goebbels und Will Vesper propagierten, aber auf keinen Fall so undeutsch wie die »Zivilisationsliteraten« der zwanziger und dreißiger Jahre. Jünger vertrat zudem das Heldenideal des Ersten Weltkriegs. Er selber hat sich, international, mehrfach auf einer Linie gesehen mit Autoren wie etwa T. E. Lawrence oder Henry de Montherlant. Er gehörte, als diese Richtungsbezeichnungen noch sinnvoll verwendet werden konnten, zur europäischen Rechten. Die in »Stahlgewittern« über die Fronten hinweg gewonnene Frontkameradschaft wog in jedem Fall mehr als jede verhandlungsmäßige Verständigung. Das Bewußtsein, zum

neuen Orden derer zu gehören, die sich in »Feuer und Blut« zusammengefunden hatten (später Mauretanier), ging dabei Hand in Hand mit einem unausrottbaren Mißtrauen gegen alle demokratischen, parlamentarischen Verfahrensweisen und mit dem tief verwurzelten antikommunistischen und antirussischen Affekt. Die politische Basis, aus der Ernst Jüngers Werk wuchs und in der dieses Werk sein Echo fand (und findet), entspricht in etwa den Überzeugungen, nach denen heute Militärdiktaturen in aller Welt regiert oder neu eingerichtet werden.

Noch 1959 hat Ernst Jünger in einem Gespräch seinen »Arbeiter« als eine Art Lehrbuch für Politiker bezeichnet, ohne einsehen zu wollen, daß gerade aus diesem Buch die falschen Folgerungen gezogen werden könnten. Etwa zur gleichen Zeit sagte Fritz Sternberg, einst auf der äußersten entgegengesetzten Linken, er lese erst jetzt Gegner wie zum Beispiel Ernst Jünger und sei überrascht, was der für komische Sachen geschrieben habe. Und auch das literarisch am wenigsten umstrittene Werk, »Das abenteuerliche Herz«, muß doch politisch als das rechte Pendant zur linken »Einbahnstraße« von Walter Benjamin angesehen werden. Ernst Jünger ist dabei niemals ein Nazi gewesen, er hat Adolf Hitlers und Joseph Goebbels' Politik zutiefst verachtet. Sie war ihm im Gegenteil peinlich, wie an mehreren Stellen, vor allem der »Strahlungen«, nachzulesen ist. Nicht, weil sie das Elitär-Konservative übertrieb, sondern weil sie für seinen Geschmack zu ordinär, zu grob und zu sozialistisch war.

Wenn ich so die politische Basis zu skizzieren versuche, aus der das Werk dieses Autors verständlich gemacht werden kann, vergesse ich dann nicht gerade das, was dieses Werk vielleicht über den Streit der politischen Parteiungen hinweghebt, seine literarische, ja dichterische Gültigkeit jenseits von rechts und links? Dies ist der Punkt, der heute von allen Verteidigern betont zu werden pflegt. Dies ist auch das Argument, das zur Verleihung des Goethepreises geführt hat. Aber zieht das Argument? Wenn ich den politischen Grund, auf dem das Werk gewachsen ist, wegnehme, was habe ich dann? Nicht die frühen Bücher, die ich als Schüler in die Hand bekam oder die

wir in der Schule lesen mußten, haben mich beeindruckt, sondern »Das abenteuerliche Herz«, das ich 1942 entdeckte, fast zugleich mit »Auf den Marmorklippen« und »Gärten und Straßen«, Bücher, die ich alle drei noch in Dresden gekauft habe. Aber was kam mir, wie anderen, damals als anders vor gegenüber der offiziellen Literatur? Was war es, das ich damals vage und sehr unsicher mit der ersten Kenntnis von William Faulkner in Verbindung brachte?
Es war ein existentielles Moment, das für mich »Das abenteuerliche Herz« von NS-Literatur unterschied (das es auch auf eine Linie mit damals erschienenen Büchern von Horst Lange, Stefan Andres oder, vielleicht, Harro Trüstedt brachte). Aber welcher Art war dieses existentielle Moment? Das waren Stücke wie etwa »Violette Endivien«, »Aus dem Guckkasten« oder »Der Fischhändler«. Die Besichtigung eines Schlachterkellers mit auf der Jagd erlegten Menschenkörpern, zu violetten Endivien das einzig genießbare Fleisch; die überraschende und für den Erzähler melancholisch-triumphierend aufgenommene Selbstaufgabe des jungen Mädchens, deren regelmäßiges, etwas prüdes Gesicht »auf eine jener Turnlehrerinnen schließen« ließ, »deren geheimer Wunsch in einer Sommerreise nach Schweden besteht, und die man in den Leih-Bibliotheken auf gute Romane warten sieht«; der Fischhändler auf den Azoren, der laut seine Ware anpreist und leise über sein Elend flucht, dem Erzähler den Eindruck vermittelnd, er höre »den Gesang des Menschen« – »zugleich sein laut sich brüstendes und sein flüsterndes, flehendes Lied«: diese mir mit Mitte Zwanzig besonders nahegehenden Szenen zeigen doch nur eins, den unbedingten Willen zur Distanz. Das existentielle Moment ist das der emotionalen Unberührtheit, Unberührbarkeit. Daß dies meine noch pubertäre Phantasie besonders ansprach, braucht nicht erklärt zu werden. Nur daß es ebenso auch schon dichterische Qualität anzeigte, muß ich heute bezweifeln.
Die Rolle des Beobachters, der sich durch rein nichts verblüffen läßt, hat Ernst Jünger aus dem 19. Jahrhundert übernommen, die Ahnenkette reicht von Ludwig Tieck und Edgar Allan Poe bis zu Robert Louis Stevenson. Sie ist, nebenbei,

auch noch erkennbar bei Faulkner, Lange, Andres. Aber ihre Entwicklung fand statt als Gegenposition zum Entsetzen, zur äußersten Verstörung. Auch dies spielt in das Panorama des »Abenteuerlichen Herzen« mit hinein (»Das Entsetzen«, »Der Oberförster«, »An der Zollstation«), wird aber entschieden aufgefangen durch das Bewußtsein der Zugehörigkeit zur geheimen Bruderschaft der Wissenden, der Eingeweihten. Diese elitäre Einstellung, die schon hier immer leicht theologisch dekoriert ist, erfährt, etwa in den »Historia in nuce«-Stücken, eine politische Umdeutung, die den naiven Konservatismus der frühen Weltkrieg-I-Bücher in die rechte politische Position bringt.

Das wird bereits in »Auf den Marmorklippen« deutlich, manifestiert sich unübersehbar in »Heliopolis« und bleibt bestimmend bis zum späten Erzählwerk »Eumeswil«. Wollte man die literarische Realisation abheben von dem politischen Grund, auf dem sie gewachsen ist, so könnte man das allenfalls tun für »Das abenteuerliche Herz«. Doch auch hier zeigt sich bereits eine andere Eigenheit, die in die politische Einstellung mit eingegangen ist: die systematische Ausscheidung alles dessen, was als moralisch anfechtbar gelten könnte. In der Kanonisierung von Autoren (Lawrence Sterne, Voltaire positiv, aber Rousseau und de Sade negativ) wird eine Wertskala installiert, die wiederum politischer Natur ist. Auch diese hat ihre naheliegendste Parallele in dem, was in heutigen Militärdiktaturen erlaubt und verboten ist (nicht in der Praxis sozialistischer Staaten). Der literarische Ehrgeiz Ernst Jüngers ist nicht auf Ausdruck gerichtet, keinem anderen Wert verpflichtet als dem vom Ausdruck selbst gesetzten, sondern auf politischen Bezug.

Daß das so ist, beweist der Rang, den Ernst Jünger seinen Tagebüchern bis heute zugesteht. Sie stellen nicht so sehr Spontannotizen dar, sondern, wie die im »Abenteuerlichen Herzen« verarbeiteten Tagebuchnotizen, Momentaufnahmen der alltäglichen Haltung, Mini-Einblicke, Meditationsansätze, sie werden infolgedessen auch, zum Teil rigoros, redigiert, im Alter ersetzen auch Briefauszüge die Notiz. Geht bis zum

»Abenteuerlichen Herzen« das literarische Werk noch weitgehend auf Tagebuchnotizen zurück, so wird vom ersten Band der »Strahlungen« an (»Gärten und Straßen«) das Tagebuch selbst als literarisches Werk stilisiert. Was an literarischen Vorbildern angeführt wird, etwa André Gide, verschleiert dabei nur den wahren Charakter: den des Dauerkommentars zur Lage. Dieser Dauerkommentar aber ist wiederum politischer Natur. Die Diagnose, die er am 3. 12. 1968 auf Kritik an seinem Werk durch bundesdeutsche Schriftsteller in einem Brief gibt, muß umgekehrt werden. Jünger schreibt: »Die deutsche Literatur wird heute als ein Nebenzweig der Politik behandelt, oder als Terrain der Soziologie. Mir dagegen ist es um die Sprache zu tun – das ist mein Dialog.« Welche Sprache? »Terrain der Soziologie« ist nicht die Ausdrucksweise eines Literaten, sondern eines Militärs. Eines Militärs, der ununterbrochen seine Meinung zum besten gibt, und von Zeit zu Zeit versucht, diese Meinung in fabulöser Allegorie oder Verkürzung als Lehrexempel darzustellen. Wenn am 25. 6. 1945 der Versuch der Offiziere, Adolf Hitler zu beseitigen, als bloße Fronde bezeichnet wird, wenn am 27. 7. 1968 lakonisch notiert wird: »Gestern kamen Alexander und Mechthild mit starker Verspätung – Aufenthalt in der Zone durch die Volkspolizei«, wenn bei den ostelbischen Kaffeepflanzen in Angola vor Ende der portugiesischen Herrschaft genußvoll der »Sundowner« genossen wird, wenn es am 30. 11. 1968 heißt: »Vorm Stabsquartier lärmt ein Gefreiter, der sich betrunken hat. Der Kerl wird abgeführt. So wird Bakunin den Sozialisten lästig; Stirner dagegen hat sein eigenes Büro« (und solche Beispiele lassen sich fast beliebig vermehren), so weist das alles in die gleiche Richtung, die des unverbesserlichen, auf Ordnung haltenden, prüden und theologisch dilettierenden Konservativen.

Wäre Jünger wie manche seiner Freunde auf dem Weg einer militärischen Karriere geblieben, so wäre die Sache einfacher: er wäre ein literarisierender General. Und warum nicht? Auch das, was zum Beispiel mich in meiner Jugend beeindruckt hat, wäre im Lot. Was er, ohne General zu sein, nicht geworden ist,

ist eine Art Goethe. Aber wenn er nun den Goethepreis der Stadt Frankfurt erhält, so ist das wiederum nur zu verstehen als politische Entscheidung, nicht als literarische. Die CDU hebt den Mann auf ihren Schild, der zum Beispiel am 28. 8. 1965 notiert hat: »Ohne Zweifel ist das Selbstbewußtsein des weißen Mannes schmählich gebrochen: Kiplin und Kitchener werden sich im Grab umdrehen. Aber: hat auch das Ethos gelitten, so ist doch der Nomos geblieben und mit ihm der Anspruch auf Überlegenheit. Grobhin gesprochen: die Schlachtschiffe sind verschwunden, doch die Kanonen noch da, wenngleich anders verteilt. Wo sich die einst Unterdrückten verständlich machen wollen, selbst untereinander, geschieht es in der Sprache der abgedankten Herren. Das gilt vor allem für die Technik; sie ist die Sprache des Arbeiters. Das Maß, in dem sie beherrscht und mit ihr die Gestalt des Arbeiters repräsentiert wird, gibt den Rang.«

Das ist so deutlich wie illusionär. Am schlimmsten ist, daß der, der dies geschrieben hat, überhaupt nicht verstehen wird, warum daran Kritik geübt wird. Die Restauration sieht, das ist ihr Verhängnis, nur sich selber. *Helmut Heißenbüttel*
Frankfurter Rundschau. 28. 8. 1982.

Lob mit Widerspruch. Goethepreis an Ernst Jünger verliehen

Die Stadt Frankfurt hätte es einfacher haben können. Ein Goethepreis für Manès Sperber – das hätte keinen Widerspruch erweckt. Ein Schriftsteller, Jude, nach Hitlers Machtergreifung eine Zeitlang inhaftiert, dann Emigration, antifaschistischer Widerstand in Paris, Abkehr vom Kommunismus, ein Werk, das erzählerisch und essayistisch den Kampf gegen den braunen Totalitarismus schildert und auch dessen roter Spielart abschwört, das, mit Hilfe der Psychologie Adlers, das Individuum heilen und retten will, ohne es aus seiner sozialen Verpflichtung zu entlassen. Alle wären sich einig gewesen: Ein würdiger Preisträger.

Daß bei der Verleihung des Goethepreises an Ernst Jünger sowohl der Bundespräsident Karl Carstens wie der hessische Ministerpräsident Holger Börner (samt der SPD-Fraktion des

Frankfurter Magistrats) fehlten, zeigt die Berührungsscheu, die man rechts und links gegenüber Jünger fühlt. Und was in der Paulskirche stumme demonstrative Abwesenheit war, artikulierte sich draußen lautstark. Eine Gruppe von Punks hatte das Bismarckdenkmal besetzt und schmetterte das Lied vom Polenmädchen aus dem Polenstädtchen, andere skandierten »Blutdurst, Blutdurst«, pfiffen auf Trillerpfeifen und umlagerten das Auto des Preisträgers. SPD-Mitglieder verteilten Jüngers Aufsatz über das Judentum, in dem er jede Assimilation aufs schärfste zurückwies, und die Grünen verteilten eine schmissige Dokumentation, in der die Beschlüsse des Paulskirchen-Parlaments 1848/49 Zitaten aus Jüngers Schriften konfrontiert wurden: »Volle Pressefreiheit« – »Sumpf der freien Meinung, in dem sich die liberale Presse verwandelt hat«. »Die Todesstrafe ... sowie Strafen des Prangers, der Brandmarkung oder der körperlichen Züchtigung sind abgeschafft« – »den Deserteuren scheint sich in sicherer Entfernung ein geistiges Zuhältertum und geschäftsmäßiges Literatenpack zuzugesellen, für das sofort die Prügelstrafe wieder eingeführt werden müßte« usw.
Es wäre ein schlechtes Zeichen für unsere Demokratie gewesen – »Ich hasse die Demokratie wie die Pest«: Jünger –, wenn diese Preisverleihung ohne vehementen Widerspruch abgelaufen wäre. Kein Zweifel, Ernst Jünger gehörte zu denen, die die Weimarer Republik am entschiedensten bekämpften und denen die Wiederbelebung des Parlamentarismus in unserem Bonner Teilstaat als grotesker Anachronismus vorkommen muß. Sein Herz gehörte 1932 – und 1982? – den Vorstellungen »von wirklicher Herrschaft, von Ordnung und Unterordnung, von Befehl und Gehorsam«, er träumte damals, im »Arbeiter«, seinem bis heute unwiderrufenen Hauptwerk, von der »rücksichtslosen Führerschaft« (»Je weniger Bildung im üblichen Sinn die Schicht besitzt, desto besser wird es sein«). Er sah das »tiefste Glück des Menschen ... darin, daß er geopfert wird, und die höchste Befehlskunst darin, Ziele zu zeigen, die des Opfers würdig sind«. Den Reden zufolge, die von den Laudatoren, von Bürgermeister Wallmann und Wolf Jobst Siedler,

Freund von Jüngers 1944 gefallenem Sohn Ernst, gehalten wurden, hat man den Eindruck, daß man sich dem eigentlichen Skandalon des Jüngerschen Werkes nicht recht stellte, und es war wenig geschmackvoll, dauernd Thomas Mann als Schutzheiligen zu zitieren, Vergleiche zu ziehen zwischen den Störungen bei Thomas Manns Rede »Von deutscher Republik« und dem Protest gegen die Preisverleihung an Jünger. Thomas Mann, bis 1918 Gesinnungsgenosse Jüngers, wurde dann zum Fürsprecher der Weimarer Republik, die Proteste gegen ihn kamen damals sozusagen aus Jüngers, aus dem autoritären Lager, und es ist die Tragik jener ersten deutschen Republik, daß ihr die Frontoffiziere, die Pour-le-mérite-Träger, von Anfang an jeden Kredit entzogen.

In deutlicher Apologetik verlas Jünger in der Paulskirche den Satz, dem Zeitalter des Anstreichers, also Hitlers, sei das der Anbräuner gefolgt. Er will nicht ex post als Wegbereiter oder Sympathisant des Dritten Reiches gelten. Verwirrend genug war sein Verhalten: Er schickte Hitler Mitte der zwanziger Jahre ein Exemplar der »Stahlgewitter«, und er widersetzte sich dem Werben Goebbels', als dieser dem Nationalsozialismus Intellektuelle zuführen sollte. Er stellte den Verschwörern des 20. Juli seine Schrift über den Frieden zur Verfügung, und er war am Tage von Stauffenbergs Attentat zu botanischen Exkursionen im Bois de Boulogne. Er prangerte die »Schinderhütten« des Regimes an, dachte über den freigesetzten Sadismus der Schergen nach und verhinderte doch, daß in seinem Befehlsbereich im Mai 1945 weiße Fahnen gehißt wurden. Widerspruch über Widerspruch: Das Schöne an Jünger ist, daß er unter Umständen auch seinen Anwälten sofort widerspricht. Wollte Siedler seine Arbeiten den Kategorien des Inhalts und des Sinns entziehen – »Die Literatur ist keine Rechnungskammer, und die Bilanz ihrer Geschichte besteht nicht in der Saldierung ihrer Irrtümer und Wahrheiten, sie hat es mit Ausdrucksverlangen zu tun« –, so betonte Jünger in seinen Aphorismen zur Autorschaft, mit denen er sich bedankte, die Wirkung der Literatur: »Von einem Buch, das diesen Namen verdient, ist zu erwarten, daß es den Leser verändert hat. Nach der Lektüre ist er nicht derselbe mehr.«

»Die vorläufig letzte Erscheinungsform von Weltliteratur in deutscher Sprache« nannte Siedler das Werk Jüngers im Schlußsatz seiner Laudatio. Dies kann so nur blanko unterschreiben, wer die großen Bücher der fast gleichaltrigen Anna Seghers (»Das siebte Kreuz« und »Transit«) vergißt. Aber es ist unbestreitbar, daß Jünger ein Werk geschaffen hat, das in seinem Umfang, seiner Vieldimensionalität und seiner vielfältigen Auslegbarkeit gegenwärtig bei uns seinesgleichen sucht. Kein Autor ist wie er in der Lage, seine Freunde zu düpieren und die überraschendsten Bündnisse mit seinen Gegnern zu schließen (mit den Grünen zum Beispiel, die manches ökologisch-asketische Argument bei ihm finden können). Niemand informiert den kritischen Geist über die Versuchungen der blutigen Instinkte, der autoritären Gelüste, über den Hunger nach Sinn und Ekstase wie der Jünger der »Stahlgewitter«, des »Wäldchens 125«, des »Arbeiters«. Es hätte sich vermutlich keine bessere Begründung für diese Preisverleihung finden lassen als der Satz Eugen Gottlob Winklers aus dem Jahre 1936: »Wir sind dahin gelangt, daß ein Irrtum, wenn er begreiflich ist und ehrlich dem Leben abgewonnen, uns eher zu helfen vermag als die Feststellung einer Wahrheit, der die Überzeugungskraft fehlt.«
Karl Corino
Stuttgarter Zeitung. 30. 8. 1982.

Land der Barbaren. Eine Polemik aus gegebenem Anlaß

»Wir Deutsche sind von gestern, wir haben zwar seit einem Jahrhundert ganz tüchtig kultiviert, allein es können noch ein paar Jahrhunderte hingehen, ehe bei unseren Landsleuten so viel Geist und höhere Kultur eindringe und allgemein werde, daß man von ihnen wird sagen können, es sei lange her, *daß sie Barbaren gewesen.*« Goethe, dessen Geburtstag wir an diesem Samstag mit einer umstrittenen Preisverleihung feiern, ist mit diesem Satz bis heute nicht widerlegt. Was Geist und höhere Kultur anbelangt, sind wir Barbaren geblieben, zumindest Banausen. Wir sind *noch immer* von gestern.

Ist der Wirbel um den diesjährigen Goethe-Preis und um die Person Ernst Jüngers nicht ein niederschmetternder Beweis für diese Behauptung? Wie grauenhaft banausisch gehen wir Deutsche doch mit unserer Kunst und mit unseren Künstlern um! Wie bequem machen wir es uns jedesmal mit unserem Urteil (das keines ist), indem wir im Zweifelsfall Kunst und Künstler trennen. Wie kläglich und feige stehen wir jedesmal von neuem da, weil wir der Kunst, der schönen, edlen, guten, eben das faul abverlangen, was wir selber nicht bereit sind zu leisten: uns einen Reim auf unser abgründiges, zwiespältiges Wesen zu machen. Und wehe, wenn uns der Reim nicht gefällt.

Mir geht es hier nicht um Jüngers Preiswürdigkeit, sondern um die Art dieser Auseinandersetzung. Daß sie geführt wird, ist richtig und wichtig, in jedem Falle aufschlußreich. Nicht, daß da ein Dichter und Denker vom Sockel geholt wird, ist das Schlimme, sondern *wie* um seine Person gestritten wird. Dieser Streit offenbart eine Kulturlosigkeit, die um so schwerer wiegt, als nicht einmal die Mitbetroffenen – eben die Künstler – bei dem unverantwortlichen Umgang mit Sprache und Denken Gewissensbisse haben.

Kein Wutschrei erhob sich, als der Verband deutscher Schriftsteller in Hessen die Preisvergabe »ein bedenkliches Symptom der geistigen Gesinnung« nannte. Wenn schon die Schriftsteller selber so argumentieren – oder dergleichen Argumentation in ihrem Namen stillschweigend hinnehmen –, dann dürfen sie sich nicht wundern, wenn Politiker, die's nicht anders wissen, bei ihnen Gesinnungsschnüffelei betreiben – mit den bekannten Urteilen vom »Pinscher« bis zum »Ungeziefer«.

Das Unglück der Deutschen beim Umgang mit ihrer Kunst ist, daß sie es einfach nicht hinnehmen können, sie als Herausforderung zu akzeptieren – als Herausforderung, die *ihnen* (jedem einzelnen) ein Urteil abverlangt. Statt dessen fordern sie von der Kunst die Urteile, zu denen sie selber nicht fähig werden, solange sie immer nur nach »Aussagen« gieren: nach Meinung, Standpunkt, schließlich Gesinnung. Dann fängt die Denunziation auf der einen und die Veredelungsakrobatik auf der anderen Seite an: In jedem Fall werden dann Künstler und Bürger, Inhalt und Form in Stücke gehauen, und jeder holt sich die schäbigen Brocken für seine Argumentation. Wenn Deutsche über Kunst diskutieren, hinterlassen sie allemal ein Trümmerfeld.

Daß Kunst ihre Moral in der Form hat, in der Verantwortlichkeit gegenüber den künstlerischen Mitteln, das will einfach nicht in deutsche Köpfe. Wir brauchen immer ein paar handfeste Sentenzen und Zitate, die wir dann handlich als Wortprügel gegen den anderen benutzen können. Statt uns mit widersprüchlichen Zusammenhängen *herum*zuschlagen, *zer*schlagen wir, was uns nicht paßt, und zertrümmern nach Barbarenart, was wir nicht verstehen und was uns unbehaglich ist. Auf diese Weise werden wir nie begreifen, wer wir sind; so werden wir nie erwachsen.

Wann begreifen wir eigentlich, daß Kultur, nach Nietzsches schon damals »*Unzeitgemäßen* Betrachtungen«, »vor allem die Einheit des künstlerischen Stiles in *allen* Lebensäußerungen eines Volkes« ist? Wohl nie, solange wir nicht die Einheit des Stils und also die moralische Auseinandersetzung damit suchen, sondern immer nur die Einheit der Meinung – die Einheitsmeinung.

Daß andererseits über die (Un-)Moral der Form hinaus, die wir uns hartnäckig weigern zu bestimmen, die Kunst auch die Auseinandersetzung mit der Meinung des anderen ist, das darf bei uns schon gar nicht sein. Statt dessen suchen wir in der Kunst ängstlich und neurotisch immer wieder nur das gleichförmige Gepräge unserer selbst – unserer eigenen, zur Gesinnung geronnenen Banausenmentalität. Aber nicht einmal das dürfen wir, beim Preis der Selbstachtung, uns eingestehen. Darum sorgen wir uns dauernd um andere, die von anderen Meinungen als der unsern verführt werden könnten.

So sind wir im Grunde sogar zu feige, uns die Angst vor der eignen Schwäche einzugestehen. Deshalb sind wir so aggressiv, wo's um die Herausforderung des Stils, so bigott, wo's um die Moral der Form geht. Aber Stil und Form sind unbestechlich, wenn auch mühevoll zu definieren in den Konsequenzen. Diese

Definition steht noch aus, was Jünger betrifft – und nicht nur
ihn. Den Streit darum verantwortlich zu führen müßte für jedes
Kulturvolk eine Lust sein. Aber im Land der Barbaren schnüf-
felt man weiter nach Gesinnung. Die dreiste Form- und Stil-
losigkeit, die dabei offenkundig wird, fügt sich nahtlos ein in
die lange Tradition eines Volkes, das noch immer nicht die
Einheit einer originalen Kultur gefunden hat. Statt dessen
verweist es auf seine Klassiker. Goethe war schon immer ein
gutes Alibi – für jede Gesinnung. *Peter Buchka*
Süddeutsche Zeitung. 28./29. 8. 1982.

September

● *3. 9. – Der neunte Stadtschreiber von Bergen – der zur Zeit in
West-Berlin lebende Jurek Becker – wurde als Nachfolger des
Schweizers Peter Bichsel in sein symbolisches Amt (insgesamt 24 000 DM Ehrensold, freie Dienstwohnung) eingeführt.*

Aus der Laudatio Adolf Muschgs: »Die deutsche Literatur ist
in einem Deutschland, das jahrhundertlang keine selbstver-
ständliche Sache werden durfte, nie unpolitisch gewesen. Öfter
als nicht, und vielleicht heute wieder, war sie Darsteller der
deutschen Nation, die es nicht gab, und Gegenspieler deutscher Reiche, die es nicht hätte geben dürfen: ein anstrengen-
der Beruf, bei dem sie sich immer wieder übernahm. Sie hatte
eine nationale Rolle wider Willen, meist gegen die Absicht und
den Wunsch der Autoren; sie war eine oft hohe und lächerliche
Schule der Träume und Utopien, eine dauernde Versuchung zur
Selbstüberschätzung, zu Mißgriff und Pose, ein anhaltender
Grund zur Verzweiflung, ein langes Drama des Exils, außerhalb
oder innerhalb deutscher Grenzen. Und doch kam sie nicht
daran vorbei, als Zeuge für Deutschland aufgerufen zu werden;
etwas zu repräsentieren, was entweder nicht da oder nicht das
Richtige war: eine deutsche Nation.«

Aus der Dankrede Jurek Beckers: »Aber ich will aufhören, noch länger zu behaupten, was ich gar nicht wirklich meine: natürlich glaube ich nicht an den Untergang der Literatur. Und zwar nicht als jemand, der an einer verlorenen Sache nicht beteiligt sein will und daher die Augen vor Tatsachen verschließt, sondern in der Gewißheit, daß Widerstände ihr, der Literatur, noch nie auf die Dauer schaden konnten. Immer sind ihr rechtzeitig Flügel gewachsen oder schnelle Beine oder Flossen, noch immer hat sie überlebt, indem sie zu überleben half. Sie hat so viele Leben, daß ihr nicht beizukommen ist. Wenn ›Schwierigkeiten haben‹ und ›untergehen‹ dasselbe wäre, mein Gott, dann gäbe es längst nichts mehr zum Untergehen. Vielleicht ist es meine Phantasielosigkeit, doch eine Welt ohne Literatur ist mir nur als Einöde vorstellbar, in der auch alles andere, was mit Menschen zu tun hat, nicht mehr existiert, die Menschen eingeschlossen.«

● *5. 9. – Im Deutschen Fernsehen wurde mit Fritz Lehners Verfilmung von Franz Innerhofers Roman »Schöne Tage« (Frankfurt a. M.: Suhrkamp, 1974) ein Beispiel für eine geglückte Fernsehfassung einer literarischen Vorlage gegeben.*

Ein Davonmüssen von sich selbst

Abstriche sind unumgänglich, wo immer ein Stück Literatur zum Film gerinnt. Allein quantitativ ist eine Abfolge von Bildern den Wörtern hoffnungslos unterlegen. Vom Reichtum der qualitativen Möglichkeiten ganz zu schweigen. Dies immer vorausgesetzt, ist es schlicht rühmenswert, was Fritz Lehners Fernsehfilm mit dem Roman »Schöne Tage« von Franz Innerhofer angestellt hat. Denn der Geist des Buchs blieb am Leben, die Absicht, bloß zu berichten und auf die pathetischen Töne der Anklage so gut wie möglich zu verzichten, wurde nicht optischen Suggestionen geopfert.

Ein Kind erlebt die Welt, in die es ungefragt gestellt wird, als einen einzigen Schrecken, als Welt der »hunderttausend Ungeheuerlichkeiten«. In der bäuerlichen Abgeschiedenheit Kärntens, man schreibt das Jahr 1950, gelten noch streng patriarchalische Gesetze: hier der Herr, dort die Abhängigen,

Knechte, Mägde, Taglöhner. Und am schlimmsten niedergedrückt werden jene, die man wie Leibeigene hält. Die Menschen werden nur im Zusammenhang mit Verrichtungen und Handgriffen gedacht, weil hinter der schweren körperlichen Arbeit kein Gedanke übrigbleibt an den Menschen. »Man konnte sich die Menschen als Menschen gar nicht vorstellen«, heißt es im Roman, »sondern nur als Verkrümmungen, als wehrlose Schreie, aus denen man Krüppel machte.« Die Arbeit wird folgerichtig als Herrschaftsmittel begriffen, den Selbstbehauptungswillen zu brechen: »Es war ein ständiges Fadensuchen und Fadenverlieren, ein Davonmüssen von sich selbst. Weil alle nur bis zu ihren Händen sehen konnten und alle in sich hineinschrien, blieben sie zeit ihres Lebens stumm.«
Dem Kind ist das alles fremd. Wo sich schon die Erwachsenen nicht artikulieren können, soll es eine Sprache finden für seine Not? Mit Augen, die die Furcht ganz weit hat werden lassen, erlebt es die Schufterei am Feld und im Hof, sieht den Ausdruck der Mühsal allüberall und begreift die auf Befehle oder Zurechtweisungen zusammengeschnurrten Worte nicht. Das Ungeheuerliche, dem das Kind nicht entrinnen kann und das es peinigt, geschieht nicht durch Bösartigkeit oder schlechte Menschen, sondern »weil alles so eingerichtet war, daß einer für den andern mehr Haß als Mitgefühl empfand«. Weit stärker als das Romangewebe muß der Film Episoden aneinanderreihen, aber er bewahrt den Sinn für die lähmende Folge immer derselben Ereignisse, während er zugleich zielgerichtet erzählt, wie einer, indem er sparsam mit der Hoffnung umzugehen lernt und die Angst zum Schwinden bringt, vom Vegetieren in die Rebellion findet. Und zum Glück erhalten in den Bildern bleibt das Gespür für Einzelheiten: Gesichter, Blicke, die schon allein die Seele ohrfeigen, Arbeitshände und wieder und wieder das Ritual der Pflichten. Nicht zu vergessen den harten Klang der Stimmen, was daher rührt, daß die meisten der Spieler, Laien allesamt, noch Slowenisch als Muttersprache gelernt haben. »Wir suchten Leute, denen man in ihrem Gesicht ansieht, daß sie Bauern sind und nicht nur Bauern spielen«, notierte der Regisseur im Produktionstagebuch. Er

hat sie rund um den Kärntner Flecken Ferlach gefunden und als sein größtes Kapital zu nutzen verstanden.
Die Eingriffe in das Gefüge des Romans hielten sich in Grenzen. Das Buch läßt das Kind ohne Vornamen, auch das ein Ausdruck der Entpersönlichung; im Film ging Lehner davon ab, wie er überhaupt mehr Anflüge von Zuneigung, kleine Gesten der Menschlichkeit zuließ. Vielleicht war dies als Tribut an die Laiendarsteller nicht zu vermeiden und mag auch die offensichtliche Zurückhaltung erklären beim Herzeigen jenes Gefühlsstaus, der sich in dumpfer Sexualität entlädt. Doch entscheidend waren diese schmalen Abweichungen nicht, zu denen auch der etwas gewaltsame Sprung vom Sechs- zum Sechzehnjährigen und dessen Gefühlsbindung an das Fürsorgeziehkind Maria gehören. Entscheidend für die Qualität von Lehners Arbeit wurde das Vermögen, sie freizuhalten vom Pathos des Darüberstehens und, obwohl Landschaft mitspielte und Natur, vom Schwulst der Heimatduselei. Hundertfünfzig Minuten dauerte der Film, und die hat er auch gebraucht.
Hans-Dieter Seidel
Frankfurter Allgemeine Zeitung. 7. 9. 1982.

● *9. 9. – Den mit zehntausend Mark dotierten Preis des Südwestfunk-»Literaturmagazins« bekam während der Sendung Franz Fühmann für »Der Sturz des Engels. Erfahrungen mit Dichtung« (s. »Neue Bücher«) überreicht. Das Buch stelle »eine Auseinandersetzung mit dem Werk Georg Trakls und zugleich eine politische Autobiographie« dar.*

● *20. 9. – Herbert Achternbusch gab seinen Austritt aus dem Verband Deutscher Schriftsteller (VS) mit der Begründung bekannt, er wolle nicht »der Masse der im Verband verbliebenen Schriftsteller angehören, die es ermöglicht, mit Arroganz über den Austritt einzelner Kollegen hinwegzugehen«. Neben Reiner Kunze (s. »Chronik«, 18. 8.) waren schon Horst Bienek, Jürgen Fuchs, Frank-Wolf Matthies, Gerald Zschorsch und Gerhard Zwerenz ausgetreten. Auf die Erklärung Kunzes hatte der Verband Anfang September u. a. mit der Formulierung reagiert, man sehe keinen Anlaß, sich »von den persönlichen Äußerungen Bernt Engelmanns anläßlich der ›Berliner Begegnung‹ zu distanzieren, wonach das Streben nach Wiedervereinigung in einem Bismarckschen oder Großdeutschen Reich unrealistisch und friedensgefährdend wäre«.*

Aus der Erklärung des Verbands Deutscher Schriftsteller (VS): »Wir bedauern jeden Austritt eines Mitglieds und respektieren seine Motive. Wir empfinden es jedoch als unkollegial, wenn Mitglieder ihren Austritt über die Presse erklären, ohne auch nur den Versuch einer innerverbandlichen Diskussion unternommen zu haben. Der VS hat seit seiner Gründung zu politischen Fragen Stellung genommen. Daher sind wir gemäß den Beschlüssen der Delegiertenkonferenzen und Schriftstellerkongresse für die Erhaltung des Friedens, für Abrüstung und gegen einen Rückfall in den kalten Krieg eingetreten. Wir halten es für unerläßlich, zu den Schriftstellerverbänden in sozialistischen Ländern Beziehungen herzustellen und so einen Beitrag zur Normalisierung zu leisten. Das gilt auch im Verhältnis zum Schriftstellerverband in der DDR. Im VS gibt es keine Diskriminierung von Autoren, die früher in sozialistischen Staaten gelebt haben.«

● *20. 9. – In West-Berlin hatte Walter Höllerers Theaterstück »Alle Vögel alle« (Buchausgabe: Frankfurt a. M.: Suhrkamp, 1978) am Schiller-Theater Premiere.*

● *23. 9. – Am Wiesbadener Staatstheater hatte Thomas Hürlimanns Erstling »Großvater und Halbbruder« seine deutsche Premiere.*

● *24. 9. – In einer von der »Zeit« veranstalteten Umfrage zum Bruch der sozialliberalen Koalition in Bonn äußerten sich u. a. Heinrich Böll, Günter Grass, Alexander Kluge, Franz Xaver Kroetz, Siegfried Lenz, Peter Rühmkorf und Martin Walser.*

Aus der Antwort Bölls: »Politischer Lektüre enthalte ich mich. Sofort nach Helmut Schmidts Rede habe ich mir Grimms Märchen vorgenommen, die ich immer griffbereit habe. Ich las

zuerst das Märchen ›Von einem, der auszog, das Fürchten zu lernen‹. Ich las es des Gruselns wegen. Dann las ich mir zum Trost ›Sechse kommen durch die Welt‹. Beide Märchen sind hochpolitisch und hochaktuell. Im übrigen meine ich, daß die SPD sich bald von ihrer Allergie gegen die Grünen heilen lassen sollte. Und umgekehrt.«
Aus der Antwort Lenz': »Eine neue Regierung, die wir ja vermutlich demnächst bekommen, wird sich angesichts unserer enormen Einbindung in internationale Pakte und Verträge auf relativ begrenzte Entscheidungsmöglichkeiten verwiesen sehen. Ich teile nicht die Ansicht, daß es außenpolitisch zu einer Isolierung der Bundesrepublik kommen wird. Wohl aber habe ich die Sorge, daß wir, innenpolitisch gesehen, mit einer zunehmenden Polarisierung in der Gesellschaft rechnen müssen. Demokratische Lagen sind ja in gewisser Weise immer auch kritische Lagen, und in diesem Sinne stellt sich mir Mut zur Zukunft als Mut zur Krise dar.«
Die Antwort Walsers: »Ich sag halt: schade. Jetzt hätten wir endlich mal einen Bundeskanzler gehabt, und nun haben wir Aussicht auf keinen.«

Oktober

● *1. 10. – Ihren vom Bundesministerium des Inneren mit zehntausend Mark dotierten Andreas-Gryphius-Preis 1982 verlieh die Künstlergilde (Esslingen/Neckar) in Düsseldorf an den Österreicher Franz Tumler. Je eine Ehrengabe von viertausend Mark gingen an Georg Drozdowski und Gerlind Reinshagen. Einen Förderungspreis, gleichfalls mit viertausend Mark verbunden, erhielt Einar Schleef.*

● *2. 10. – Am Württembergischen Staatstheater in Stuttgart wurde Friederike Roths »Ritt auf die Wartburg« uraufgeführt.*

● *5. 10. – Auf dem »Marburger Literaturtag« ging es weniger, wie geplant, um die DDR-Literatur als um die gesellschaftlichen Probleme ihrer (vertriebenen) Autoren. Man diskutierte kontrovers und offen über die beiden deutschen Friedensbewegungen sowie über die Rolle des Verbands Deutscher Schriftsteller (VS). Zu den Teilnehmern zählten viele Prominente, die aus der DDR in die Bundesrepublik übergesiedelt sind oder die DDR mit unbefristeten Visen verlassen durften (unter ihnen: Wolf Biermann, Dieter Eue, Jürgen Fuchs, Karl-Heinz Jakobs, Bernd Jentzsch, Erich Loest, Frank-Wolf Matthies, Helga M. Novak, Ulrich Schacht, Einar Schleef, Joachim Seyppel, Gerald Zschorsch und Gerhard Zwerenz). Von den eingeladenen DDR-Autoren sagten Hermann Kant und Stephan Hermlin sich aus ab. Lutz Rathenow und Sascha Anderson hatten, ohne Angabe von Gründen, keine Reiseerlaubnis erhalten.*

● *5. 10. – Nach der Herbstsitzung seines Kuratoriums konnte der Deutsche Literaturfonds in Darmstadt – 1980 mit dem Ziel gegründet, qualifizierte Autoren und bedeutsame literarische Modellvorhaben zu fördern – folgende Jahresbilanz vorlegen: Es wurden insgesamt vierundvierzig Arbeits- und Werkstipendien, mit einer Laufzeit zwischen sechs und zwölf Monaten, neu vergeben und vierzehn Projektzuschüsse gewährt, was mit insgesamt 1,2 Millionen Mark zu Buche schlug.*

● *7. 10. – Luise Rinser vergab den nach ihr benannten Preis für junge literarische Talente – vom Verlag R. S. Schulz 1980 gestiftet und mit zehntausend Mark dotiert – an Johanna Walser für ihr Buch »Vor dem Leben stehend« (s. »Neue Bücher«).*

Aus der Laudatio Luise Rinsers: »Schließlich aber wurde mir klar, daß die Arbeit dieser unpolitischen Johanna Walser in sich selbst ein Politikum ist: das Selbstgespräch einer Jugend, der man einen Knebel in den Mund gesteckt hat, der den Schrei nach Veränderung unserer Welt erstickt. Mit dem Knebel meine ich nicht einmal diese oder jene Art von Zensur, die wäre zu überschreien oder zu überlisten. Was soviel junge

Menschen unserer Zeit zum Verstummen bringt, ist die Hundeangst vor der Zukunft. Daß Johanna Walser den Mut aufbringt, wenn schon nicht zu schreien, so doch mit eindringlicher unüberhörbarer Stimme zu reden, das ist denn doch ein Politikum.«

● *8. 10. – Friederike Mayröcker erhielt in Frankfurt a. M. die mit zehntausend Mark dotierte und alljährlich vergebene Roswitha-Gedenkmedaille der Stadt Bad Gandersheim.*
Aus der Laudatio Gisela Lindemanns: »Die Lebendigkeit der Texte selbst beruht auf dem Aushalten der Widersprüche, auf dem Widerstand gegen ihre Planierung, sei es in Richtung Leben oder in Richtung Tod. Insofern sind sie unter anderem ein kräftiges Plädoyer gegen die lyrische Schönschreiberei. Es stehen da die Wörter Beton, Eisen, Plastik. Doch es stehen auch da die Wörter Traum, Schmetterling, Lebewesen. Etwas überlebt und wird beschworen, es möge lebendig bleiben. Wenn irgend etwas, so ist sicher am ehesten dies die Aufgabe der Kunst.«

● *12. bis 15. 10. – Die Darmstädter Akademie für Sprache und Dichtung vergab auf ihrer Herbsttagung (Thema: »Gespräche über Goethe«) ihre Auszeichnungen für das Jahr 1982: den mit zwanzigtausend Mark dotierten Georg-Büchner-Preis postum an Peter Weiss, »der in seinem weitgespannten Werk entschiedenes Engagement für die Sache der Unterdrückten in aller Welt mit hohem Kunstverstand und artistischem Wagemut vereint«; den mit zehntausend Mark ausgestatteten »Johann-Heinrich-Merck-Preis für literarische Kritik und Essay« an Albert von Schirnding »für seine literaturkritischen Arbeiten, die von umfassender Bildung und tief poetischem Einfühlungsvermögen zeugen und die von dogmatischer Starre frei sind«; den ebenfalls mit einer Gabe von zehntausend Mark verbundenen »Sigmund-Freud-Preis für wissenschaftliche Prosa« an Arno Borst, »der als Historiker in seiner Beschreibung des Mittelalters mit wissenschaftlicher Strenge und erzählerischer Kraft die Lebensformen der Vergangenheit in den Ausdrucksformen der Gegenwart zur Sprache gebracht hat«.*

Aus der Laudatio von Walter Jens für Peter Weiss: »Solitaire – solidaire, das heißt in der Nomenklatur der ›Ästhetik des Widerstands‹, jenes Spannungsverhältnis zwischen Sich-Öffnen und Sich-Verschließen zu leben und zu beschreiben, das in der Bereitschaft des Künstlers besteht, sich an jenem äußersten Punkt – und nicht wie früher! –, wo das drohende ›Versinken im Unbenennbaren‹ durch die heilsame, einen neuen Sozialbezug verbürgende Öffnung behindert wird, wieder der Welt zuzuwenden: errettet aus einem Sperrbezirk, den Weiss mit der Dürer-Chiffre ›Melancolia‹ bezeichnet, und zurückgegeben jenem Bereich, wo Pädagogik, Sinnstiftung und Verwertung von Erfahrungen aus der Zeit – erzwungener oder selbst auferlegter – Isolation in ihre Rechte treten, wo es um Aufklärung geht, um öffentliche, das Verhältnis der Kunst zur Gesellschaft betreffende Debatten – jene gewaltigen, von Kritiklust, Zweifel, Engagement und Perspektivenweite bestimmten Gespräche, die Peter Weiss in der ›Ästhetik‹, bei ständig wechselnden Frontstellungen, antizipiert: Diskussionen, die das Elend der realen binnensozialistischen Kunst-Diskussionen, dieser Schein- und Schaukämpfe, bei denen das Ergebnis von vorneherein feststeht, doppelt sichtbar machen: Erst wenn Bucharin und Trotzki, Münzenberg und Rosa Luxemburg zurückkehren, wird, mit Bloch zu sprechen, wieder Schach gespielt und nicht nur ein Mühlestein neben den anderen gesetzt.«

Aus der Laudatio Harald Weinrichs für Arno Borst: »Selbst die Geschichtswissenschaftler, deren Gegenstände sich doch erst durch ihre Erzählbarkeit konstituieren, haben sich vielfach von dieser radikalen Erzählkritik einschüchtern lassen und beeilen sich nicht selten, aus der leidigen Narration möglichst rasch in die wissenschaftlich unverfängliche Argumentation hinüberzuspringen. Diese Pervertierung des Geschichtsschreibens hat bei Arno Borst, der ein begnadeter Erzähler ist, nie Fuß fassen können, denn er weiß wohl, daß es gewisse Einsichten in die Conditio humana gibt, die nur erzählend und wiedererzählend und immer weitererzählend vermittelt werden können.«

● *15. 10. – Der Theaterkritiker Georg Hensel erhielt in Mainz – in Anerkennung seiner »Verdienste um die deutsche Sprache« – die Carl-Zuckmayer-Medaille.*

Aus der Laudatio Friedrich Lufts: »Hensel hat einen seiner besten Grundsätze frühzeitig formuliert – und hat ihn, auch das ist selten, bis heute eingehalten. Damals schrieb er, beim Leser wolle er spezielle Kenntnisse in keinem Fall voraussetzen. Er geht immer wieder mit der gleichen Unvoreingenommenheit ins Theater. Er reicht uns seine Kenntnisse fast wie heimlich und geplant unmerkbar zu. Er müht sich, jeden Theaterabend in jeweils neu zu erschaffender Naivität zu erleben. So hat er sich das Glück des Staunens bewahrt. Und auch, nebenbei gesagt: das Glück und die Schärfe des Staunens in der Negation.«

Aus der Dankrede Georg Hensels: »In unseren Tagen will man die Welt auf der Bühne nicht schöner machen, als sie ist. Doch irgendwann werden die Theater wieder entdecken, daß die Bühne nicht nur realistische Abbilder unserer Welt zeigen muß, daß sie auch poetische Gegenbilder unserer Welt zeigen darf. Solche Änderungen kann die Theaterkritik nur kommentieren, nicht bewirken. Die Produktionsprozesse gehen ohne die Kritiker vor sich. Für Zuckmayers Schaffen waren die Weinbauern seiner Heimat wichtiger als sämtliche Kerrs in Berlin. Die Kritik kann nur helfen, für die Produktionen ein empfindsames, ein reizbares Klima zu schaffen.«

● *15. bis 17. 10. – Auf der Tagung des Kulturkreises im Bundesverband der Deutschen Industrie (BDI) in Passau erhielt die mit zwölftausend Mark dotierte Ehrengabe für Literatur Hans Werner Richter, die mit achttausend Mark verbundene Fördergabe ging an Bernd Jentzsch.*

● *16. 10. – Den mit insgesamt fünfzehntausend Mark dotierten Karl-Sczuka-Preis des Südwestfunks erhielt – zusammen mit der amerikanischen Autorin Alison Knowles (»Bohnen-Sequenzen«) – auf den Donaueschinger Musiktagen Franz Mon für sein Hörstück »wenn zum beispiel einer allein in einem raum ist«, weil er, so die Begründung der Jury, »den durch das Radio vorgegebenen Hörraum mit allen sprachlichen, artikula-*

torischen und radiophonischen Konsequenzen auszumessen« versucht und »so eine psychologische und zugleich soziale Dimension« erreicht habe, »die betroffen macht« (Erstsendung: 2. November im WDR 3-Hörspielstudio).

● *27. 10. – Der Stadtrat der Landeshauptstadt München und der Verband der Bayerischen Verlage und Buchhandlungen verliehen den 1980 gestifteten, jährlich vergebenen und mit zwanzigtausend Mark dotierten Geschwister-Scholl-Preis dem Buch »Der Sturz des Engels« von Franz Fühmann (s. »Neue Bücher«).*

Aus der Begründung der Jury: »Der Konflikt, dem der Sozialist und der Dichter Fühmann sich stellen, ist der uralte Konflikt zwischen einer Doktrin, die sich absolut setzt, und einer Dichtung, die auszusagen hat, was Menschen leiden, gerade auch, wenn es die Leiden an einer Lehre sind, deren ursprünglicher Heilscharakter nicht von ihnen bestritten wird. Es macht die Würde und die Faszination der in Fühmanns Bekenntnisbuch beschriebenen Existenz aus, daß sie diesen Konflikt durchhält.«

● *29. 10. – Den zum ersten Mal vergebenen, mit zehntausend Mark dotierten Jean-Améry-Preis für Essayistik – von Frau Maria Améry (Brüssel) zum Gedenken an ihren Mann gestiftet, der am 31. Oktober siebzig Jahre alt geworden wäre – erhielt in Marbach am Neckar Lothar Baier. Gleichzeitig wurde eine Ausstellung »Jean Améry: Unterwegs nach Oudenaarde« im Schiller-Nationalmuseum eröffnet.*

Aus der Laudatio Günter Kunerts: »Der Essayist aber ist einer, der, dem Fachlichen gegenüber ohnehin skeptisch, in seiner Betrachtungsweise der Dinge Verbindungen und Zusammenhänge erkennt, wo sie übersehen oder vertuscht worden sind. Er besteht auf seiner Wahrheit, die mit dem Wort ›Erkenntnis‹ richtiger umschrieben wäre als mit dem Wort ›Wissen‹. Ein Wissen ohne vorangegangenes individuelles Erkennen ist, um es mit einer Formulierung Nicolas Borns zu sagen, ein Wissen, das sich selber nicht weiß.«

Aus der Danksagung Lothar Baiers: »Was mich angeht, so betrachte ich das Essayschreiben nicht als autonome, sondern als (verzeihen Sie den Ausdruck, aber ich weiß keinen treffenderen) intermediäre Arbeit, als Beteiligung an der laufenden Debatte, als Versuch, verstreute individuelle Erfahrungen zu bündeln und ihnen einen Sinn zu geben. Dieses Schreiben setzt die Kommunikation voraus, in die es eingreifen will. Es ist darauf angewiesen, daß die Wörter, die im Umlauf sind und mit denen es umgeht, eine Bedeutung haben. Fließt die Bedeutung aus den Wörtern ab, simuliert die Sprache mehr eine Kommunikation, statt sie zu verkörpern, dann greift dieses Schreiben ins Leere und wird, was es partout nicht mehr sein wollte, zur selbstgenügsamen Etüde.«

● *30. 10. – In Hamburg fand die deutsche Erstaufführung von Peter Handkes Stück »Über die Dörfer« (s. »Chronik«, 8. 8.) statt, eine Inszenierung des Schauspielhauses.*

Ein Halleluja für Peter Handke. »Über die Dörfer« – deutsche Erstaufführung im Operettenhaus
Mögen die Illusionslosen noch so böse grinsen, Peter Handke, der sensible Wanderpoet aus Kärnten, macht uns eine Illusion. Schluß mit der ewigen Selbstzerfleischung, dem endlosen Endzeitgefasel, den eitlen Weltschmerzposen, heißt seine Botschaft. Verwandelt eure Seufzer in mächtige Lieder. Wollet den Sprung. Geht über die Dörfer!
Seit dem Wochenende können auch die Hamburger an Handkes Hand »über die Dörfer« gehen. Nach der Uraufführung bei den diesjährigen Salzburger Festspielen hat sich jetzt Niels-Peter Rudolph an Peter Handkes dramatisches Gedicht gewagt. Die deutsche Erstaufführung im Hamburger Operettenhaus stieß zwar nicht auf einhellige Zustimmung beim Publikum, hat aber gezeigt, daß die komplizierten Wortorgien des unbehausten Dichters Handke durchaus auf der Bühne bestehen können.
Die Handlung ist schnell erzählt. Sie ist schlicht gestrickt. Das Lyrische überwiegt. Dramatisches bleibt zugunsten weitgespannter, phantastischer Wortgirlanden ziemlich ausgespart. Ein Schriftsteller ist aus Übersee in sein Heimatdorf zurückgekommen, um mit der Schwester und dem Bruder über den

geerbten Besitz zu verhandeln. Das Dorf, inzwischen von Baustellen durchwühlt und durch Supermärkte und Bankfilialen bereichert, ist ihm fremd geworden. Auch er ist ein Fremder für die Dörfler. Selbst mit den Geschwistern gibt es kaum Gemeinsames mehr. Man geht aufeinander zu und weicht sich trotzdem aus. Nichts mehr, woran noch zu glauben lohnte. Komplette Depression. Und in dieser scheinbar aussichtslosen Lage taucht Nova, ebenfalls eine Fremde, auf und macht denen, die sich längst aufgegeben haben, wieder Mut.
Novas Bergpredigt am Ende des Handke-Stücks ist die Achillesferse. An ihm scheiden sich die Geister. Will uns da einer den kritischen Blick vernebeln? Hat Handke den Mut vor der Realität verloren oder hat ihn auf seiner Kärntner Alm ein dichterischer Höhenkoller dermaßen erfaßt, daß er uns noch am Rande des Abgrunds empfiehlt, uns vor Blumen zu verneigen und unser Jahrhundertbett wieder frischzuschütteln? Angesichts globaler Umweltzerstörung und atomarer Weiterrüstung erinnert sein Rezept dann doch etwas an psychologische Heimwerkelei. Etwa nach dem Motto: Uns geht es gut, die Welt ist schön. Wenn wir's nur wollen – es wird schon weitergehn. Ein Halleluja für Peter Handke.
Aus berechtigter Furcht vor dem Predigerton hat Niels-Peter Rudolph diesem letzten in einer Reihe langer Monologe alles Verkündigungspathos genommen. Mit ihrem engen Rock und ihren hochhackigen Schuhen krabbelt Hildegard Schmahl während ihrer Rede, mit der sie zum sanften Aufstand der Sensiblen gegen die hartgesottenen Zerstörer unseres Erdballs aufruft, umständlich auf den Grabstätten des hoch über dem Dorf gelegenen Friedhofs herum. Kein Heilsarmeelächeln umspielt dabei ihre Lippen. Mit trotzigem, heiteren Vertrauen baut sie auf die Kraft ihrer Vision. Dem Zuschauer bleibt überlassen, ihrer Botschaft zu glauben oder nicht.
Ulrich Wildgruber spielt den Heimgekehrten. Eine heikle Rolle, verlangt sie doch vor allem, das Zuhörenkönnen zu demonstrieren, ohne dabei in Passivität zu verfallen. Weshalb der Dichter denn auch immer wieder einen Stuhl herbeiträgt, auf dem er, während die anderen Figuren des Stücks in aus-

schweifenden Monologen ihre Geschichte erzählen, Platz nimmt. Dieselbe Geduld und Konzentration verlangt Peter Handke auch von seinem Theaterpublikum. Sieht er doch in der Unfähigkeit, einander zuzuhören, eines der Krankheitssymptome unserer Zeit. Doch Ulrich Wildgrubers Gesicht spiegelt noch zuwenig wider von dem, was er hört. Es bleibt vorwiegend unbewegt. Kein Hauch kräuselt die Oberfläche des Sees.
Die schönste Szene der Aufführung, für die Niels-Peter Rudolph Wort für Wort des Handke-Stücks behutsam und mit zärtlicher Langsamkeit abgeklopft hat, ist die Begegnung des Heimkehrers mit seinem Bruder – Christian Redl ausgezeichnet diesmal als sensibilisierter Prolet – auf der Baustelle. Wenn die scheinbar hoffnungslos abgestumpften Bauarbeiter (Martin Pawlowsky, E. O. Fuhrmann, Rolf Mautz und Marlen Dieckhoff als Verwalterin der Baracke) nach und nach alle Schleusen ihrer hemmungslosen unendlich reichen und herrlich spinnerten Phantasie öffnen und dabei fast ein kleines dionysisches Fest improvisieren, ist dies einer der theaterwirksamsten Momente.
Fast in eine archaische Tragödie versetzt fühlt sich der Besucher, wenn Käthe Reichel als »alte Frau« auf die Bühne humpelt und aus zahnlosem Mund die Flüche gegen das Dorf, das schnöder Geschäftssinn für immer verschandelt hat, zischt und kläfft. Angelika Thomas zeichnet als des Dichters Schwester die sehr genaue Studie einer sich in liebloser Umwelt früh wundgelebten Frau. Peter Handke kann sich beim Hamburger Ensemble bedanken.
Mathes Rehder
Hamburger Abendblatt. 1. 11. 1982.

November

● *1. 11. – Der mit fünftausend Mark dotierte Georg-Mackensen-Preis für die beste deutsche Kurzgeschichte wurde Irene Östreicher zugesprochen: Die 1947 in Haringsee (Niederösterreich) geborene, heute in Wien lebende Autorin war bislang noch mit keiner Veröffentlichung hervorgetreten. Ihre Erzählung »Eine simple Geschichte ohne Anspruch auf Bedeutung« – eine von über eintausendfünfhundert Einsendungen – erschien in der November-Ausgabe von »Westermanns Monatsheften«.*

● *14. 11. – Der 1981 von sechs Kriminalschriftstellern (Richard Hey, -ky, Michael Molsner, Stefan Murr, Irene Rodrian, Friedhelm Werremeier) ins Leben gerufene und vom Heyne Verlag gestiftete »Krimi-Preis der deutschen Autoren« wurde zum ersten Male vergeben. Die Jury vergab unter rund hundert Einsendungen keinen ersten Preis (zehntausend Mark). Der zweite Preis, mit siebentausendfünfhundert Mark dotiert, ging an den in Berlin lebenden Schweizer Sam Jaun für sein Manuskript »Der Weg zum Glasbrunnen«. Den mit fünftausend Mark ausgestatteten dritten Preis bekam der Münchner Axel Winterstein für den Roman »Tod in der Dämmerung« (die preisgekrönten Manuskripte werden im Frühjahr 1983 vom Heyne Verlag veröffentlicht).*

● *15. 11. – Sibylle Knauss erhielt für ihr Buch »Ach Elise oder Lieben ist ein einsames Geschäft« (s. »Deutsche Literatur 1981«, S. 159) den von der Hamburger Neuen Literarischen Gesellschaft seit 1970 jährlich vergebenen und erstmals mit zehntausend Mark dotierten Literaturpreis »Der erste Roman«.*

● *16. 11. – Wolfgang Koeppen hielt an der Frankfurter Johann Wolfgang Goethe-Universität – im Rahmen der Stiftungsdozentur für Poetik – die erste seiner vier Vorlesungen über die Frage »Ist der Schriftsteller ein unnützer Mensch?« Parallel dazu lief eine Ausstellung der Stadt- und Universitätsbibliothek über Person und Werk dieses Autors (mit Begleitheft).*

● *18. 11. – Heinar Kipphardt starb in Angelsbruck (Oberbayern).*

Der Frager. Zum Tod von Heinar Kipphardt
Der Schriftsteller und Arzt Heinar Kipphardt hat in mancher öffentlichen Runde seine Stimme erhoben. Im Grunde aber hat

er nur Fragen gestellt. Er galt als links, weil er immer auf der Seite der ungemütlichen Opposition war, weil er seinen Marx kannte und stets die entsprechenden Zitate zur Hand hatte; er erschien manchem als ein ewig Aufmüpfiger, ja, man hat ihn – fünf Jahre ist es erst her – beschuldigt, jene »geistigen Sümpfe« mitgeschaffen zu haben, aus denen sich der Terrorismus entwickelt habe.
Er hat dies und einiges mehr mit einer großen Gelassenheit, mit der ihn kennzeichnenden Ruhe ertragen, wiewohl er von solchem Vorwurf nicht unberührt blieb. Er erschien als Dickhäuter, war empfindlich und hatte auch eine Fähigkeit zum Zorn. Das war die Voraussetzung dafür, daß er mit seinen Meinungen nicht zurückhielt. Diese Meinungen betrafen unsere Öffentlichkeit. Er rieb sich an ihr, er war, wie heil er auch immer erschien, ein Verletzter; und die erste seiner unverheilten Wunden rührte aus seiner Erziehung. Er war empfindsam gegen Gewalt, Herrschaft, politisches Schauspielertum und hielt damit nicht zurück. Diesen Furchen entsprangen seine Träume von der human zu ordnenden Welt.
Er war gleichwohl kein Illusionist in der politischen Wirklichkeit. Das medizinische Studium, seine Neigung zur Psychiatrie, seine Kenntnis der seelischen Arbeit haben ihn tief nachwirkende Einblicke in die Brüche, die Verwerfungen des Lebens tun lassen. Man stellte sich oft diese Frage: Wie kam dieser eher einem Handwerker, vielleicht dem biederen Friedrich Ebert ähnelnde gedrungen-stämmige Mann in die Kunst?
Auf ebendiesem Weg: aus den Verletzungen, aus der Beobachtung, daß wir alle der Reflex unserer Erlebnisse sind und der Geschehnisse, die wir zu verarbeiten haben. Die Kunst begann bei ihm mit den Träumen, in denen er die Wirklichkeit auf eine überwahre Art widergespiegelt sah. In der Reihe seiner Schriften findet sich ein Buch »Traumprotokolle«. Es enthält Zugänge zu seinem Leben und seiner Arbeit.
Sein Lebensweg ging hin und her zwischen der medizinischen Fragestellung und seiner Lust an der szenischen Darstellung öffentlicher Probleme. Dabei geriet er in die politischen Auseinandersetzungen. 1949 war der junge Arzt nach Ost-Berlin

übergesiedelt. Er bekannte sich zur DDR, war erst an der Charité, dann Dramaturg unter Langhoff am Deutschen Theater. Damals hörte man zuerst von ihm. Sein Stück »Shakespeare dringend gesucht« zeigte einen jungen Schriftsteller, der – von Brecht berührt – Fragen in die Zeit stellte. Es war ein Erfolgsstück. Fünf Jahre später hatte er seinen »Revisionismus«-Konflikt mit der DDR-Führung. Kipphardt kehrte in den Westen zurück – wo er zweiundzwanzig Jahre später wegen des Programmhefts zu Wolf Biermanns Schauspiel vom »Großen DRA-DRA« in einen ähnlichen Konflikt geriet. Entlassung aus der Dramaturgie der Münchner Kammerspiele, große Solidarität der Intellektuellen mit Kipphardt: er hatte damals keinen leichten Stand. Aber er war ein Durchsteher, denn er sah in allem, was mit ihm und um ihn geschah, den Stoff für seine Kritik.
Diese war manchmal ungerecht (wie im Falle des Vogel-Bildes im Programmheft), aber ihr Prinzip war immer achtbar. Kipphardt hatte den Stempel der Kriegsgeneration. Er war geprägt vom »Nie wieder Krieg«, vom selbstgegebenen Auftrag, nie mehr den Menschenmord zuzulassen.
Daraus machte er seine Stücke, die auf dem Theater reüssierten. Erst »Der Hund des Generals«, das Stück von 1962, geriet in jene damals sich formulierende Fragestellung nach dem Weiterleben der Vergangenheit, der Schuld, die ein neues politisches Drama hervorbrachte. Mit Walser, Hochhuth, Weiss fand er sich plötzlich in einem künstlerisch-politischen Zusammenhang. Sein Diskussionsstück »In der Sache J. R. Oppenheimer« zeigte, was seine Sache war: zu fragen, wie man sich in bedrängender Situation verhält, wie das Gewissen reagiert, wie man handelt. Kipphardt simulierte an Zwangslagen. So auch an seinem Stück »Joel Brand« über das Handelsgeschäft »Juden gegen Lastwagen« im Krieg. Und als Vermächtnis ist nun hinterlassen sein Stück über den Schreibtischtäter Eichmann, an dem er zwölf Jahre geschrieben hat. »Bruder Eichmann«, das Stück wird noch auf unsere Bühnen kommen. Kipphardt war bedrängt von der Frage, ob er selber ein Eichmann geworden wäre, wäre er unter ähnlichen Umständen aufgewachsen wie dieser.

In solcher sozialpsychologischer Fragestellung definierte er
noch einmal sein Weltbild. Kipphardt war Materialist, insofern
er die Verhältnisse als die prägende Kraft für unser Handeln und
Denken anerkannte, aber er war Idealist in der Folgerung, daß
die Verhältnisse deswegen andere werden müßten. Es war das
die Einsicht des Psychiaters, der zur Heilung der Verstörung
zunächst die Bedingungen der Umwelt verändern will, die die
Schäden verursachen. In seinem Roman »März«, der sein letzter großer Erfolg als Schriftsteller (und in der Dramatisierung
als Theaterautor) war, hat er diesen Zusammenhang deutlich
dargestellt. Der Roman war eine Frage an die Psychiatrie nach
den Methoden ihres Handelns.
So kam der Mediziner, der Schriftsteller, der politische Fragen-
steller in Kipphardt – die zunächst ganz voneinander getrennte
Personen zu sein schienen, immer deutlicher zusammen. Das
machte Kipphardt unverwechselbar. Was er in seinen Büchern
und Schauspielen durch seine künstlerische Kraft nicht erreichte,
trug ihm die Zeit zu, die erregt war von den Fragen, die er als die
seinen betrachtete. Er lebte zurückgezogen in seiner alten Mühle,
als habe er genug von der Welt, und schalt sich selbst oft
deswegen, aber er wurde immer wieder gepackt von dem, was
sich draußen vollzog. Er wollte auf tätige Zeitgenossenschaft zu
Lebzeiten nicht verzichten. *Günther Rühle*
Frankfurter Allgemeine Zeitung. 19. 11. 1982.

● *20. 11. – Eva Moldenhauer erhielt den mit zehntausend Mark
dotierten und alle zwei Jahre – in diesem Jahre zum dritten
Mal – vergebenen Helmut-M.-Braem-Übersetzerpreis »für ihre Übersetzungen wissenschaftlicher und literarischer Werke
aus dem Französischen, insbesondere der »Mythologica« und
der »Traurigen Tropen« von Claude Levi-Strauss, im Rahmen des fünfzehnten »Esslinger Gesprächs« in Bergneustadt.*

● *23. 11. – Wolfdietrich Schnurre erhielt »in dankbarer Würdigung seines literarischen Gesamtwerks« den mit zwanzigtausend Mark dotierten Literaturpreis der Stadt Köln.*
Aus der Laudatio Heinrich Vormwegs: »Die jungen Autoren
der frühen Nachkriegszeit – Wolfdietrich Schnurre als einer der

ersten, vielleicht der erste – suchten in dem Bewußtsein, daß
die Nazis gewaltsam auch ihre Sprache korrumpiert hatten, der
Wirklichkeit als sie selbst wieder auf die Spur zu kommen
durch Kahlschlag bei den großen Worten, den Scheingewißheiten, den zwölf Jahre lang eingeimpften Ideologismen. Klartext
als Kunst; es war gar nicht so leicht zu machen. Die Short-
Story wurde nicht nur für Schnurre zum optimalen Medium.
Und die jungen Autoren von damals bekämpften damit
zugleich eine Literatur, die noch immer meinte, abseits von
Geschichte und Realität im Elfenbeinturm zeitenthobener
Ästhetik überdauern zu können.«

● *25. 11. – Günter Grass nahm in Rom den mit 175 000 DM
dotierten Antonio-Feltrinelli-Preis entgegen.*
Aus der Dankrede von Günter Grass: »Alles, was mir bisher
zum Buch wurde, war der Zeit unterworfen und rieb sich an
ihr. Ich schrieb als Zeitgenosse gegen die verstreichende Zeit.
Die Vergangenheit verlangte, daß ich sie der Gegenwart,
damit sie stolpere, in den Weg warf. Zukunft konnte mir
nur aus vergegenwärtigter Vergangenheit einsichtig werden
[...]. Zwischen den Büchern gab ich der Politik, was mir
überschüssig und möglich war. Manchmal bewegte sich etwas.
Nach all den Erfahrungen mit der Zeit und ihrem gegenläufigen Verlauf schrieb ich mir ein langsames Tier ins Wappen und
sagte: Der Fortschritt ist eine Schnecke. Damals wünschten
viele – und auch ich wünschte –, es möge springende Schnecken
geben. Heute weiß ich und schrieb es zuletzt: Die Schnecke ist
uns zu schnell. Schon hat sie uns überrundet. Doch wir, aus der
Natur gefallen, wir, die Feinde der Natur, glauben immer
noch, der Schnecke voraus zu sein.«

● *25. 11. – Die Stadt Köln beschloß offiziell, Heinrich Böll das
Ehrenbürgerrecht zu verleihen. Der Rat änderte einen Beschluß des Hauptausschusses vom 15. November dahingehend ab, daß »dem meisterhaften Erzähler und Schriftsteller
von internationalem Rang« diese Auszeichnung »seiner Vaterstadt Köln« nicht nur »in Würdigung seiner Person und
seines literarischen Werdegangs«, sondern jetzt »in Würdi-*

*gung seiner Person sowie der gesamten Spannweite seines
literarischen Werkes und seines gesellschaftspolitischen Engagements, das auch in seinen Werken zum Ausdruck kommt«,
verliehen wird. Der Parteienstreit hatte sich an einer früheren
Fassung des Textes entzündet, die vom Kölner Kulturdezernenten Peter Nestler stammte und in Böll auch den »mutigen
Verteidiger der Freiheit und freien Meinungsäußerung« sowie
den »kritischen und engagierten Beobachter gesellschaftlicher
Fehlentwicklungen« ehren wollte. Die zweite Fassung dagegen war von Böll nicht akzeptiert worden; dem Kompromiß
stimmte er schließlich zu.*

- *28. 11. – Der als offener Wettbewerb ausgeschriebene Marburger Literaturpreis – die dreiköpfige Jury konnte aus vierhundert Manuskripten ihre Wahl treffen – wurde zum zweiten
Mal vergeben: Den mit fünfzehntausend Mark dotierten
Hauptpreis erhielt Ludwig Harig, die drei mit einer Gabe von
je siebentausendfünfhundert Mark verbundenen Förderpreise
gingen an Hans Georg Bulla, Tecer Kiral und Jürgen Fuchs.*

Dezember

- *9. 12. – In seiner Geburtsstadt Friedberg in Hessen starb der
Lyriker, Essayist und Übersetzer Fritz Usinger. Er wurde am
5. März 1895 geboren und war, nach dem Studium der
Germanistik, Romanistik und Philosophie in München, Heidelberg und Gießen, von 1921 bis 1949 als Gymnasiallehrer
im hessischen Schuldienst tätig gewesen. Ihm war 1946 der
Büchner-Preis verliehen worden. Er hatte sich nach dem
Kriege aktiv an der Arbeit der Mainzer Akademie (Vizepräsidentschaft) und des deutschen PEN-Zentrums (Schatzmeisteramt) beteiligt. Seine Bibliographie weist über achtzig
Buchtitel und über dreihundert Einzelveröffentlichungen auf:
u. a. »Zur Metaphysik des Clowns« (1952), die Essaysamm-*

lungen »Welt ohne Klassik« (1960) und »Dichtung als Information« (1970), die »Merkbücher 1950 bis 1975« (1976) und den Gedichtband »Gesänge jenseits des Glücks« (1977).

- *10. 12.* – *Die in Wien geborene und dort lebende Inge Merkel wurde in einer Sendung des Fernsehmagazins »aspekte« als dessen diesjährige Literaturpreisträgerin vorgestellt. Sie erhielt die für das beste erzählerische Erstlingswerk eines deutschsprachigen Autors bestimmte Auszeichnung, zusammen mit zehntausend Mark, für ihren Roman »Das andere Gesicht« (Salzburg: Residenz Verlag, 1982).*

- *13. 12.* – *Der Schriftsteller Peter Paul Zahl wurde nach Verbüßung von zwei Dritteln seiner fünfzehnjährigen Haftstrafe – zu der er verurteilt worden war, weil er bei dem Versuche, sich einer polizeilichen Personenkontrolle durch Flucht zu entziehen, einen Beamten lebensgefährlich verletzt hatte – auf Bewährung aus der Justizanstalt Berlin-Spandau entlassen. Seit 1981 absolvierte er als »Freigänger« eine Ausbildung an der Berliner Schaubühne.*

- *18. 12.* – *Am Wiener Akademietheater wurde Martin Walsers Eckermann-Drama »In Goethes Hand. Szenen aus dem 19. Jahrhundert« (s. »Neue Bücher«) uraufgeführt.*

- *Das Ausreisevisum Günter Kunerts, der im Oktober 1979 unter Beibehaltung seiner DDR-Staatsbürgerschaft in die Bundesrepublik kam und in Kaisborstel bei Itzehoe lebt, ist um ein Jahr bis zum Dezember 1983 verlängert worden.*

Neue Bücher

HERBERT ACHTERNBUSCH
1938 in München geboren, lebt in Buchendorf (bei München).

- »Die Olympiasiegerin«. [Prosa.] Frankfurt a. M.: Suhrkamp.

- »Revolten«. [Prosatexte, mit Photographien.] Frankfurt a. M.: Suhrkamp.
  Enthält die Prosatexte: »Hirsebrei«, »Sarglager«, »Kinderschuh«, »Der Depp«, »Windstille«.

JÜRG AMANN
1947 in Winterthur (Schweiz) geboren, lebt bei Zürich.

- »Die Baumschule«. Berichte aus dem Réduit. [Erzählungen.] München: Piper.
  Enthält 23 Erzählungen und kurze Prosastücke.

JEAN AMÉRY
1912 in Wien geboren, nahm sich 1978 in Salzburg das Leben.

- »Weiterleben – aber wie?« Essays 1968–1978. Herausgegeben und mit einem Nachwort versehen von Gisela Lindemann. Stuttgart: Klett-Cotta.
  Enthält die Aufsätze: »Reise ans Ende der Revolution«, »Die Widersprüche der Linken«, »Weiterleben – aber wie?«, »Zwischen Freud und Marx«, »Reformation oder Revolution?«, »Wir Helfershelfer«, »Leszek Kolakowski: Die Philosophie des Positivismus«, »Wider den Strukturalismus«, »Sartre: Größe und Scheitern«, »Der ehrbare Antisemitismus«, »Ein neuer Verrat der Intellektuellen?«, »Französi-

sche Tendenzwende?«, »Faschismus – Wort ohne Begriff?«, »Aufklärung als philosophia perennis?«, »Lessingscher Geist und die Welt von heute«, »In den Wind gesprochen«.

GÜNTHER ANDERS
1902 in Breslau geboren, lebt in Wien.

● »Ketzereien«. [Essayistisch-aphoristische Prosastücke.] München: C. H. Beck.

S. [SASCHA] ANDERSON
1953 in Weimar geboren, lebt in Dresden.

● »Jeder Satellit hat einen Killersatelliten«. Gedichte. Berlin: Rotbuch Verlag. Bisher keine Ausgabe in der DDR.

BIRGITTA ARENS
1948 im Sauerland geboren, lebt in West-Berlin.

● »Katzengold«.* Roman. München: Piper.

Die eiserne Lady als Scheherazade
Ein ernst zu nehmender Literaturkritiker muß heutzutage mit Eifrigkeit und dem von Karl Heinz Bohrer festgestellten »deutschen Mangel an Zynismus« ausgestattet sein. Ein träger Mensch wäre nicht lange Literaturkritiker. Zu rasch würde ihn die Abfolge ungewöhnlicher Debüts im Romanwesen, die man nur mit Hilfe der Eifrigkeit als solche erkennt, zermürben.
Der träge Mensch sagt immer häufiger schon nach Lektüre der ersten zehn Seiten erschöpft: »Mir wird so sonderbar matt. Hat mir vielleicht jemand ein Schlafmittel in meinen Nescafé getan? Ich kann mich gar nicht erinnern, aber wenn ich mich nicht sofort hinlege, so falle ich, wie ich da sitze, von meinem Sessel!«

* Ein Sternchen nach dem Titel markiert das literarische Debüt eines Autors.

Der Eifrigkeit der Literaturkritiker entspricht diejenige der Romanverfasser. Zur Zeit werden von mehreren tausend Enkeln und Enkelinnen, Söhnen und Töchtern sowie allgemein am Leben Seienden im Alten Land, im Vogelsberg, in Oberschwaben, in Hohenlohe, im Taunuskreis, auf der Baar, im Steigerwald, im Hümmling und natürlich auch im Sauerland ebenso viele Großmutter-, Väter- und Sterberomane verfaßt und in die Lektorate und von dort in die Zeitungs- und Zeitschriftenfeuilletons gebracht, wo sie von den Literaturkritikern schon am Eingang mit aufgeschlossenen Kritiken begrüßt werden.
Bei der Gratulation zu dem von außergewöhnlichem Mut zeugenden Thema bleibt es nicht; der Romancier seiner toten Großmutter kann in jedem Fall die Versicherung entgegennehmen, daß sein Debüt noch ungewöhnlicher ist als das von allen bisherigen Romanciers ihrer toten Großmütter gefeierte, die jetzt, verglichen mit dem Debütanten der Stunde, ein wenig zu altern anfangen, ein wenig gewöhnlich und unglücklich dastehen, weil sie, müssen die Kritiker ihnen nun sagen, »nur unverarbeitete Gefühle aneinanderreihten« oder – immer verglichen mit dem wirklich ungewöhnlichen Debütanten – »in deprimierender Einmütigkeit« und leider »nach der Manier heutiger Selbsterfahrungsliteratur« vorgegangen seien.
Wenn jedoch das wirklich ungewöhnliche Debüt noch nicht von einem weiteren zum Gewöhnlichwerden veranlaßt worden ist, lauten die Worte, mit denen es begrüßt wird, so: »So läßt sich diese Prosa auf keinen, und sei es nur lose, geknüpften Handlungsfaden bringen. Es passiert viel, doch was passiert, läßt sich nicht chronologisch verbinden, auch nicht, wenigstens nicht in der gewohnten Weise, kausal aufeinander beziehen.« Oder so: »Natürlich hat der Text etwas Beliebiges, aber gerade dieses Beliebige kommt in solchem Zusammenhang nicht von ungefähr, es hat konstitutiven Charakter.«
Überaus bekanntgeworden ist neulich erst der Roman »Katzengold« von Birgitta Arens. Er gehört allen drei Gattungen – Großmutter-, Väter- und Sterberoman – gleichzeitig an und ist wieder von allen auch nur einigermaßen eifrigen Kritikern sehr gelobt worden.

Nicht nur haben sie Arens Begrüßungsworte ähnlich den zitierten zugerufen; sie haben in ihrem Buch überdies Realitätsnähe und Phantasie, Lebendigkeit, wundervolle Gliederung, Märchenhaftigkeit, stilistisches Funkeln, Gefühl für rhythmischen Vortrag und Kunstverstand zu erblicken gewußt und in ihren jeweiligen Zeitungen und Zeitschriften offen eingestanden, daß sie das Buch sowohl bewundert als auch in mehrmaliger Lektüre genossen haben.

Mit an Gewißheit grenzender Wahrscheinlichkeit läßt sich jedoch »Katzengold« als ein ganz außerordentlich furchtbares und ungewöhnliches Buch bezeichnen. Vom Inhalt nichts weiter; auch die Kritiker haben, in aller ihrer Aufgeschlossenheit, von ihm kein Aufhebens gemacht.

Nur so viel: Die auftretenden Personen sind Großmutter Lina, Mutter Christine, Vater (Name ist mir wohl entfallen), Pastor Heitbreder, Bauer Hachmann, Irmi, der alte Antonius, Klauken Fidi, Otto, der blöde Walter, Fechners Karl, Herr Kraas, Kraas Gisela, Tante Leonore, Fräulein Gerhage, Gerken Rudi, der alte Beerenbaum und etwa 30 weitere Menschen, alle aus dem Familien- respektive Bekanntenkreis, die einen im Grunde nichts weiter angehen, man ist ja nicht der Herr Herold oder wer jetzt im Bundeskriminalamt sitzt und sich für sie interessieren könnte. (Sie scheinen sich aber alle recht unauffällig benommen zu haben oder zu benehmen.)

Sie waren oder sind noch alle in einer Ansiedlung beisammen, die Ulentrop heißt und die es vielleicht noch unter anderem Namen gibt, man ist ja auch kein Geograph; später eventuell Münster, und Leverkusen? Birgitta Arens tritt als Enkelin und Erzählerin auf; beide benützen abwechselnd die Ich-Form und die des Pluralis majestatis.

Die Autorin ist nicht nur die eifrigste, sondern auch die gewissenhafteste, ordentlichste, akkurateste und gebildetste. Wenn man ihr Buch liest, merkt man, daß sie sich nicht einen Augenblick darüber im unklaren war, wie sie es verfassen mußte, damit ihr die ernst zu nehmenden Kritiker Beifall zollten. Einer hat fast genau das darüber geschrieben, was sie selbst später im Rundfunk gesagt hat: daß der Vorgang des

Erinnerns keineswegs so ordentlich funktioniert, wie uns das die meisten Autobiographien glauben lassen – so der Kritiker; daß die Struktur der Erinnerung wichtiger ist als der Inhalt – so Arens.

Sie hat also ihre Erinnerung in ihrer Struktur so unordentlich gemacht, wie es nur eine außergewöhnlich ordentliche Autorin zuwege bringt, so daß der Kritiker dann wieder schreiben konnte, die einzelnen Episoden überzieh »ein kunstvoll komponiertes Geflecht von sich wiederholenden Themen, Motiven, Sätzen und Zitaten«, während sie selbst im Roman sagt, »daß die Bilder in unserem Kopf nur subjektive Widerspiegelungen der Wirklichkeit sind und in den seltensten Fällen wirklich mit ihr übereinstimmen«.

Dies kann sie aus Bruno Hillebrand, »Theorie des Romans«, überarbeitete und erweiterte Auflage, München 1980, Kapitel 9, »Romanpoetologie nach 1945«, gelernt haben, wo alle Romantheorien aufgelistet sind; sie kann es aber auch aus den Kritiken zu den ihrem Roman vorhergehenden Großmutter-Vater-Sterbe-Romanen gelernt haben, wo stets und nicht ohne Eifer von der »bewußten Subjektbezogenheit« und vom richtigen Mißtrauen gegen die »omnipotente Fiktionalität« gesprochen wurde.

Sie hat dann einen Roman geschrieben, wie man ihn nur schreibt, wenn man vorher genau gelernt hat, wie man ihn schreiben muß, um damit ein »sehr gut« zu erringen. Natürlich hat sie als erstes die Chronologie aus ihrem Buch entfernt und gerade durch dieses nicht von ungefähr, sondern aus eiskalter Erfolgsabsicht kommende Beliebige ersetzt.

Dann hat sie sich daran erinnert, daß seit einer Reihe von Jahren auch »wieder erzählt« wird, und sich mit einer Imposanz, über welche nur ein Hausmütterchen verfügt, zur Scheherazade aufgeworfen. »Wenn wir nicht sterben wollen, schreiben wir, dann müssen wir erzählen«, schreibt sie, um dann weiter nicht viel zu erzählen.

Doch hat sie in dieser auf Leben und Tod gehenden Ulentroper poetologischen Charta gleich noch eine weitere Aufgabe formuliert, deren Lösung sie den staunenden Kritikern vorzuführen gedachte, und tatsächlich ist ihr Roman auch das endgültige Nein zu der germanistischen Seminarfrage »Ist Wirklichkeitserfassung ohne Mitreflexion des Schreibvorgangs möglich?« geworden.

Schließlich muß ihr beim Verfassen des Buchs bewußt gewesen sein, daß sie als eine Frau die »Zärtlichkeit« oder den warmen Blick nicht nur einbringen, sondern ihr (ihm) mit aller Entschlossenheit und Härte zur Geltung verhelfen muß. Kurz: Sie muß sich, wie einen Computer, mit allen zur Zeit im Schwange befindlichen Vorstellungen von einem Roman des Jahres 1982 gefüttert und dann losgeschrieben haben, nicht ohne vorher Marx, Freud, Fromm, Horst-Eberhard Richter, Dutschke, Döblin und Handke studiert und ausgewertet zu haben. Denn nur so konnte ein Roman wie »Katzengold« entstehen, der so sorgfältig vom sanften Lächeln der Erbarmungslosigkeit überzogen ist.

Nie wurde das »bewußte« Beliebige so streng nach Vorschrift angeordnet; nie war ein Autor mit tödlicherem Ernst neckisch, traumwandlerisch und weich. Kein Buch, das vorgab, sich in die Unschärfen einer Familiengeschichte einzulassen, war je so porentief rein, nicht ist Gelassenheit schon so zwanghaft, Ironie so pedantisch, Erzählfreude so quälend erschrieben worden. Die Musterschülerin hat des Lebens Buntheit in ihren Klammergriff bekommen, die gelehrige Seminaristin mit eisernem Nachdruck die Leichtigkeit bewältigt. Die literaturtheoretische Gebildetheit hat die Verspieltheit als Folter entdeckt, ein Genie des Aufgreifens sich in Normerfüllung bewährt.

Die Familienangehörigen und Verwandten sind samt und sonders unter den Flugsand angewandter stilistischer Kenntnisse geraten und dabei natürlich unsichtbar geworden, wie es sich Vorwänden geziemt. Aber auch Herr Bechthold und Frau, die Ulentroper Juden vom Bewältigungsdienst, sind in der dortigen Reichskristallnacht zu Anlässen für formale Fingerübungen verkommen.

Es ist im Grunde nichts auszusetzen an dem Buch: Lethargie gleicht sich durch Hektik aus, Temperamentlosigkeit durch Turbulenz, Glanz- und Ereignislosigkeit durch Schelmerei. Es ist nur ebenso gespenstisch gelehrig, so abgesichert fortschrittlich, so verlogen ehrlich, so grausam sanft, so fühllos schmerzlich, so stählern weich, so grausam rehäugig, so pochend blutleer, so schrottreif reinlich, so bis ans Herz hinan herzlos, so krachend still, so gleichgültig engagiert, als stamme es nicht von einem Menschen, sondern von einem Computer, der Menschenleben simuliert.

Aber natürlich sieht das nur ein träger Mensch so. Wahrscheinlich tritt irgendwann einmal, eher früher als später, ein endgültiges Zerwürfnis zwischen den eifrigen Literaturkritikern und den eifrigen Romanverfassern einerseits und den trägen Menschen andererseits ein. Jene treten bei jedem neuen ungewöhnlichen Debüt, schon gar bei einem wie diesem, in den Himmel ein, erblicken dort das betreffende Buch und reichen es zart herum, so daß auch diese, die draußen bleiben müssen, es anfassen können. Diese sagen aber dann, indem sie schon wieder Karl Kraus zitieren: »Ich hab's noch nicht versucht, aber ich glaube, ich müßte mir erst zureden und fest die Augen schließen, um einen Roman zu lesen.« *Gunter Schäble*
Der Spiegel. 22. 11. 1982.

ERNST AUGUSTIN
1927 in Hirschberg (Schlesien) geboren, lebt in München.

● »Eastend«. Roman. Frankfurt a. M.: Suhrkamp.

ROSE AUSLÄNDER
1907 in Czernowitz geboren, lebt in Düsseldorf.

● »Mein Venedig versinkt nicht«. Gedichte. Frankfurt a. M.: S. Fischer.

WOLFGANG BÄCHLER
1925 in Augsburg geboren, lebt in München.

● »Nachtleben«. Gedichte. Frankfurt a. M.: S. Fischer.

Die Ruhe der Beharrlichkeit. Zu Wolfgang Bächlers neuem Gedichtband »Nachtleben«

Obgleich keine Gesamtausgabe geplant war, alle Gedichte, die Wolfgang Bächler von 1942 an bis heute geschrieben hat, liegen zur Zeit in neuen Ausgaben vor: Die ersten drei Bände (»Die Zisterne«, »Lichtwechsel«, »Türklingel«) im Sammelband »Die Erde bebt noch / Frühe Lyrik« im Bechtle Verlag; der Band »Ausbrechen« aus dem Jahre 1976 als S. Fischer Taschenbuch. Hinzu kommt eben der neue Band »Nachtleben«, der die Gedichte der letzten sechs Jahre enthält. Man kann so leicht die Kontinuität von Bächlers Lyrik überblicken; den Wechsel ihrer Thematik und Tendenz. Man wird aber auch erkennen: Bächler hat sich den Strömungen, die andere Lyriker mitzogen, nicht ausgesetzt. Er hat seine Sprache, Form und Metaphorik kaum variiert und sich aller »Beweglichkeit«, wie Karl Krolow sie gern postuliert, enthalten. Bächler vertritt die Ruhe der Beharrlichkeit.

Man kann aus den Gedichten der vierziger, fünfziger, sechziger Jahre gleichsam Linien weiterziehen zu den Gedichten im Band »Nachtleben«. Von jenen Reisegedichten zum Beispiel, die Bächler aus der Provence oder aus Spanien mitbrachte, zu den Gedichten, die in letzter Zeit Venedig, Olevano, Würzburg und Veitshöchheim angeregt haben. Auch das Natur- und Landschaftsgedicht kehrt wieder. Bächler stand Eich und Huchel näher als Benn oder Celan. Keines der neuen Gedichte jedoch, das vom Herbst, von den Flüssen, vom Englischen Garten oder der Ruhe auf dem Lande handelt, gibt sich mit dem idyllischen Eindruck zufrieden. Neben der »Natur« erhebt sich die »Unnatur«. Die Flüsse sind »reguliert« und »kanalisiert«. In der Meeresbrandung treiben »Planken, Blechdosen, / alte Matratzen, Fetzen von Kleidern und Segeln –«.

»Aalenerlaß« und »Ausbrechen« waren Ende der sechziger Jahre Bächlers Beiträge zum aktuellen und oppositionellen Gedicht. Oft wurden sie nachgedruckt. Ihnen entsprechen im neuen Band die Gedichte »Nachtleben« und »Treibjagd«. Was andere bei Tag erleben, vielleicht mitmachen, leidet der Dichter bei Nacht: »Nachts gärt die Zeit in mir, / kämpfen Partisanen in Gebirgen, / Dschungeln und Straßenschluchten, / marschieren Demonstranten durch meinen Körper, / flankiert von bewaffneten Polizisten, / wehen rote und grüne Fahnen über die Köpfe / und die schwarzen der Anarchisten –« Für wen nimmt der Dichter Partei? Er liegt schlaflos, den »Qualen der Selbstzerfleischung« ausgesetzt. Er selber erlebt sich als Opfer der »Treibjagd«: »und ließen mich blutend liegen, / im Ohr noch das Bellen der Hunde, / der Schüsse und der Kommandostimmen«.

Von Anfang an hat Bächler auch kurze Prosastücke geschrieben. Im Band »Stadtbesetzung« hat er sie 1979 gesammelt. Im Band »Nachtleben« stehen acht Prosastücke, ohne eigens deklariert zu werden, zwischen den Gedichten. Will er sie überhaupt als Prosa gewertet wissen? Wollte er ausbrechen aus der strengeren lyrischen Form? Nicht alle Prosastücke erzielen die gleiche Konzentration, doch Bächler kann die Gestalten oder Schauplätze direkter beschreiben; kann unverstellter sich bekennen. Seine Melancholie, seine Depressionen, seine Angst; seinen Drang, frei zu sein von Zwängen, wie sie Menschen den Menschen bereiten: »Menschen brauche ich. Aber mit Menschen habe ich's schwer.« Dort wie hier, in den Gedichten und Prosastücken, erkennt der, der genauer liest, die schwarze Schwermut, die Bächlers Beharrlichkeit, sein Dichter- und Menschentum grundiert. *Hans Bender*

Süddeutsche Zeitung. 15. 5. 1982.

WOLFGANG BAUER
1941 in Graz geboren, lebt dort.

● »Woher kommen wir? Wohin gehen wir?« Dramen und Prosa mit bisher unveröffentlichten und neuen Stücken. München: Wilhelm Heyne.
Enthält neben älteren Arbeiten unter anderem die Theaterstücke: »Magnetküsse«, »Memory Hotel« und »Woher kommen wir? Was sind wir? Wohin gehen wir?«
Uraufführung von »Woher kommen wir? Was sind wir? Wohin gehen wir?«: s. »Chronik« (27. und 28. 8.).

JÜRGEN BECKER
1932 in Köln geboren, lebt dort.

- »Fenster und Stimmen«. [Gedichte. Mit Bildern von Rango Bohne.] Frankfurt a. M.: Suhrkamp.

JUREK BECKER
1937 in Lodz (Polen) geboren, lebt (mit DDR-Visum) in West-Berlin.

- »Aller Welt Freund«. Roman. Frankfurt a. M.: Suhrkamp. Bisher keine Ausgabe in der DDR.

Hoffnung aus dem Mißlingen. Jurek Beckers fünfter Roman: »Aller Welt Freund«
Karl Corino forderte in einem 1974 geführten Gespräch (abgedruckt in der »Deutschen Zeitung« vom 15. März) den Autor mit der richtigen Behauptung heraus, daß sein zweites Buch (»Irreführung der Behörden« war 1973, vier Jahre nach »Jakob dem Lügner« erschienen), »sowohl in moralischer wie auch in ästhetischer Hinsicht«, an »die Qualität des ersten« nicht heranreiche. Jurek Becker antwortete, daß ein Buch »vermutlich mehr als ein ausschließlich von ästhetischen Wertvorstellungen her zu klassifizierendes Ding« sei. Das erste Buch sei »in der Regel mit Herzblut ... geschrieben«. Dann, nach einem Erfolg in der Öffentlichkeit, setze »etwas sehr Seltsames« ein. Das Publikum, und auch man selbst, erwarte ein zweites Buch, dessen Konzeption einem plötzlich die Frage beschere: »Was schreibst du jetzt?« Becker bekannte, sich bei einem zweiten Male »erheblich befangener« zu fühlen. Besitzt diese klare (Selbst-)Diagnose – fortdauernde Produktion und zunehmende Professionalisierung gehe mit hoher Bewußtheit und ausgedehnter Verwicklung der Person einher – für den »Boxer« (1976), die »Schlaflosen Tage« (1978), die Geschichten aus »Nach der ersten Zukunft« (1980) Gültigkeit? Wie steht es mit Beckers jüngstem, dem ersten in der Bundesrepublik Deutschland entstandenen Buch?
Der Einfall zu »Aller Welt Freund« kann eine reizvolle Origi-

nalität, seine narrative Umsetzung und formale Bewältigung kühle Souveränität beanspruchen. In dreizehn Kapiteln berichtet ein Ich-Erzähler, der nur seinen belanglosen Nachnamen preisgibt, von den Folgen des Scheiterns »Der Sache«. Welcher »Sache«? Sie zieht durch den bestimmten Artikel und seinen Großbuchstaben gespannte Aufmerksamkeit auf sich. Kilian definiert sie, indem er seine Absicht eingesteht: »Ich wollte die Jalousie ein für allemal runterlassen.« Auch mit seinem Schreibmotiv hält er nicht hinter dem Berg: »Immer wenn etwas schiefgeht, bin ich groß im Erzählen«. Wir erleben, rückblickend zu Beginn, wie Kilians Suizidunternehmen auf eine grotesk-lustige Weise mißlingt. Er dreht alle Gashähne auf, setzt sich mit einem Stuhl auf den Küchentisch und erwartet, sein Lieblingsbuch, Chandlers »The long Good-bye« auf den Knien, seinen baldigen Tod. Doch der Vorhang senkt sich nicht über dieses Trauerspiel, er hebt sich zu einem neuen Stück, nennen wir es eine Tragik-Komödie. In demselben Augenblick, da er vom Stuhl fällt und sich den linken Arm bricht, kehrt seine Zimmerwirtin unerwartet zurück. Sie rettet ihrem Untermieter, einem Mann von dreißig Jahren, das Leben und uns das Vergnügen. Denn wir dürfen von nun an ihn auf den verschlungenen Pfaden seiner physisch-psychischen Rehabilitation begleiten.
Nach Hause und zur Selbstfindung entlassen – behindert bei allem, was er tut, von dem Gedanken »Wozu noch?«–, empfängt Kilian Besuche. Zuerst einen kleinen Herrn (»Herr Alptraum«), der im Auftrag einer Behörde die Gefahr prüft, die dem Gemeinwesen von jemandem drohen könnte, bei dem »das System der Strafe« nicht mehr greift, später von Mutter und Freundin (»einander ... verflucht ähnlich«). Während Sonja, von der es heißt, sie nehme manchmal das Leben von einer Seite, die es überhaupt nicht habe, im Handumdrehen ihrer Traurigkeit Herr wird, gerät er mit Sarah in Streit: Sie, der der männliche Erzähler unterstellt, daß sie die Sorgen über ihr Make-up über die Sorge um die Zukunft der Menschheit stelle, beschuldigt ihn, in einer »Form von Größenwahn«, »jedes, was auf der Welt an Schlechtigkeit geschieht« (ein Deutschlehrer zückte bei dieser Formulie-

rung seinen Rotstift), auf sich zu beziehen. In der Tat: Dieser Vorwurf scheint berechtigt. Denn in seiner Arbeit als politischer Redakteur fühlt Kilian sich seit langem verfolgt: »Die vielen kleinen Kriege... haben mich zu ihrem Mittelpunkt erkoren und fressen sich von allen Seiten auf mich zu. Ich werde krank vom Zeitunglesen und höre nicht auf damit, ich habe haargenau den richtigen Beruf.«
Drei volle Kapitel schildern Kilians Treffen mit seinem Zwillingsbruder Manfred. Ihr feucht-trauriger Gang durch die Kneipen, mit allerlei Erkenntnisgewinn gesegnet, bildet den eigentlichen Höhepunkt dieser Ich-Heimreise. Der Schluß – eine heikle, doch von Becker raffiniert gelöste Aufgabe – versammelt noch einmal die wichtigsten Motive und knüpft die einzelnen Stränge zu einer lockeren Schlinge: Sie liegt bereit, zu- oder aufgezogen zu werden.
Beckers fünfter Roman erreicht fast den respektablen Rang seiner »Irreführung der Behörden«. Die in manchen seiner Bücher aufgeschwemmte Sprache hat sich zur alten Magerkeit von Ellipse und Lakonie heruntergehungert. Sein Ernst überzeugt und sein Witz zündet, seine Stilmischung stimmt. Die Offenheit seines Erzählens öffnet der Phantasie des Lesers Tür und Tor, erlaubt ihr das Schweifen und Spazierengehen in freien Räumen.
Die wenigen Bedenken richten sich gegen Passagen des zweiten Teils, in denen der Interpret Becker mit dem Erzähler Becker in Konflikt gerät. Wenn in dem Gespräch der beiden Kiliane Manfred bei seinem Bruder ein übertriebenes Harmoniebedürfnis konstatiert, von dessen Unvermögen spricht, »Störungen und Turbulenzen von seinem Inneren fernzuhalten«, sein Verhalten tadelt, aller Welt Freund zu sein und auf eine »unheimlich stille« Art alle Kränkungen, bis zum lebensgefährlichen Kollaps, in sich hineinzufressen, bloß weil er nicht der »kalte Hund« sei, der zu werden er sich offensichtlich vorgenommen habe, dann ersetzt an dieser zentralen Stelle die bloße Aussage die konkrete Gestaltung. Die logische Erklärung fällt hinter die künstlerische Komplexität zurück. Der Autor ist hier der Versuchung erlegen, statt eine genaue

Deskription von Krankheitssymptomen zu liefern, zum Rezeptblock zu greifen und fix irgendwelche Heilmittel zu verordnen. Hier erschließt die – zugegeben virtuose – Sprache keine Wirklichkeit, sondern verschließt sich vor ihr. Sie bezeugt Beckers bekannte Schwäche, um den Preis innerer Auszehrung rhetorische Perfektion zu erreichen.
Dagegen bewährt sich Beckers Kniff, mit einem (mißglückten) Selbstmord die scheinbar Nichtbetroffenen herauszufordern, um so die Trostlosigkeit der Tröster und das Verschwinden des menschlichen Selbst hinter der sozialen Rolle zu geißeln. Kilians Drama spielt in einer modernen Gesellschaft, die dennoch kein nationales Kennzeichen trägt. Ein Niemandsland also, das der gegenwärtigen Situation Beckers entspricht, zwischen den beiden Deutschländern leben zu müssen. An gleichnishaften Parallelen zwischen dem fiktiven Geschehen und der realen Biographie ihres Erfinders mangelt es nicht, doch sollten sie nur mit Vorsicht nachgezeichnet werden.
In »Aller Welt Freund« probt ein Ich in der Kunst-Wirklichkeit seine gesellschaftliche (Wieder-?)Auferstehung. Vielleicht erlangt es, durch das positive Ergebnis beflügelt, die notwendige Entschlossenheit, einen solch mutigen Versuch auch in der Realität zu wagen, das Abenteuer aus dem Kopf auf die Beine zu stellen. Es ist ein ganz privates Erlebnis, das in Kilian Wünsche und damit Zukunft weckt. Seine Hoffnung reicht nicht weiter, als daß diesen bewegten Tagen des 13. bis 18. Oktober 1980, deren Augenzeuge wir waren, ein 19. folgen möchte: Es wäre ein Sonntag, der das Doppelgesicht eines lösenden Endes oder lockenden Anfangs trüge. Oscar Wilde bezeichnete einmal den Selbstmord als das schönste Kompliment, das man einer Gesellschaft machen könnte. Becker widerlegt dieses mauvais mot nicht der korrumpierten Gesellschaft wegen, sondern weil er die Partei des Einzelnen ergreift: Ihm will er die winzige Möglichkeit verteidigen, daß der Himmel allgemeinen Verhängnisses für einen kurzen Moment aufreißen könnte: »Wenn ich noch etwas lebe, les ich es« (Rühmkorf).
Adolf Fink
Lesezeichen. Herbst 1982.

ULI BECKER
1953 in Hagen (Westfalen) geboren, lebt in West-Berlin.

● »Daß ich nicht lache«. Gedichte. Reinbek bei Hamburg: Rowohlt.

ULLA BERKÉWICZ
1951 in Gießen geboren, lebt in Frankfurt a. M.

● »Josef stirbt«.* Erzählung. Frankfurt a. M.: Suhrkamp.

Der Tod ist kein Mythos
Auf einen Schrei habe ich beim Lesen gewartet, auf einen Entsetzensschrei, einen Ausbruch hilflos-wütenden Mitleids. So unmenschlich schien die Gefühlskälte, so erbarmungslos, so zynisch und detailbesessen die Optik, mit der eine junge Frau das qualvolle Sterben ihres Vaters beschrieb, daß irgendwann die Grenze des Erträglichen erreicht sein mußte.
Endlich kam der Schrei. Die Tochter schlägt die Bettdecke zurück. Der Arzt hat dem neunzigjährigen sterbenden Vater, »weil sonst die Blase zerplatzt«, einen Katheder verpaßt: »Sie haben ihm den Schlauch durch das Loch im Schwanz gestoßen! Da liegt er nackt mit zwei angewinkelten Beinen wie ein Bauchkind, eine Geburt aus dem Feuchten.« Der Schrei der Tochter: »Herrgott! Müssen sie dich so verhunzen. Herrgott! Macht ihn doch gleich tot, daß er nicht so kaputt geht wie ein Käfer, wie ein Ding, ein Dreck!«
Ein Ausbruch sinnloser Empörung, der verrät: Diese Erzählung schlägt mit ihrer gedrosselten Emotionalität kein voyeuristisches Kapital aus der anrüchigen und schauerlichen Faszination des Sterbens. Sie ist vielmehr – gerade in ihrem oft grausam anmutenden Realismus – Totenbeschwörung durch das nackte Aussprechen verschwiegener oder euphemistisch verklärter Tabus. Hier versucht eine Autorin, das Entsetzen in Sprache zu bannen.
Keine Sentimentalität wie in den »Vater«-Büchern der letzten Jahre, keine Abrechnung mit einer autoritären Vatergestalt,

kein postum ausgetragener Generationenkonflikt wie bei Elisabeth Plessen oder Ruth Rehmann, kein »Suchbild« eines ideologisch verirrten Vaters wie bei Christoph Meckel, keine »nachgetragene Liebe« wie in Peter Härtlings Vater-Buch, keine Suche nach der in »langer Abwesenheit« verlorenen und verdrängten Liebe wie bei Brigitte Schwaiger.
Statt dessen: Reduktion der Beschreibung auf den Prozeß des Sterbens, Überwindung anfänglicher Berührungsangst durch Annäherung an den in Agonie liegenden Vater, Anfassen seines Körpers, in dem es zu »gären und zu jauchen« beginnt. Und schließlich: die Halluzination einer über den Tod hinausgehenden nekrophilen Vereinigung.
Als die Tochter von der Mutter zu dem Sterbenden gerufen wird, hat sie Angst. Sie nennt ihn Josef, sie ist nicht seine leibliche Tochter. Auch die Mutter hat Angst: Nachts kriecht der Alte zitternd zu ihr ins Bett. Der Sterbeort ist ein Zimmer in einer kleinen Wohnung im 12. Stock eines Hochhauses.
Die Familie hatte Josef schon fortschaffen wollen zum Kliniktod. Doch jetzt darf er zu Hause sterben. Wache am Sterbebett. Nachts die Tochter, tagsüber die Mutter. Eine Brustkrankheit, sagt die Mutter, eine »hitzige«, in der alten Brust treibt was. Wächst neben dem Herzen, drückt es ab, nistet im Weichen, brütet im Schleim.«
Drei Tage und drei Nächte dauert das Sterben, Zeit, sich dem Dahinsiechenden zu nähern. Nur ein paar Lebensdaten weiß die Tochter vom Alten: Josef hat als Ackermann im Böhmerland einst bessere Zeiten gesehen, bis er hierher kam, von 50 bis 65 auf fremden Höfen schuftete. Dann blieb ihm nur noch die Rente.
Die Tochter wäscht ihn, gibt ihm Bier zu trinken, schleppt ihn huckepack zum Sessel, legt ihn trocken wie einen Säugling. Sie registriert die »bläulich zersetzten Füße« und die schwarzen Flecken auf den Händen, sie preßt ihn, als der Atem stocken will, sie führt ihm den Katheterschlauch ein. Und sie wird Zeuge der grausamen Entwürdigung und Entmündigung eines Noch-nicht-ganz-Toten durch die Familie.
Klage der Mutter, daß der Josef die Zwetschgenknödel nicht

mehr mag, »wo's doch sein liebstes Mahl gewesen«. »Gewesen«, sagt sie, obwohl der Alte dabeisitzt. Er ist schon tot vor dem Tod. Aber als Besuch kommt, wird ihm das Gebiß, das man ihm schon fortgenommen hatte, noch einmal in den wunden Mund gestoßen. Die Mutter bessert den schwarzen Anzug aus, den er im Sarg tragen soll, und hängt ihn vorsorglich an den Mantelhaken im Flur.

An einem Sonntag. Josefs letzte Atemzüge: »Nochmal saugt sein Mechanismus, was er kriegen kann, und stößt es gleich wieder von sich und endet. Alles steht gespannt und zählt. Sein Gesicht wird schmal, ich kann zusehn dabei. Fest hält seine Hand an meiner fest. Noch ein Luftzug. Alles fährt zusammen. Ich schreie nach der Mutter. Sie kommt. Jetzt gibt er seine letzte Luft ab. Die vielen kleinen roten Adern vergehen. Das Blut fließt aus allen Enden zusammen und sammelt sich in der Mitte zu einer Lache. Das Blut bleibt stehen.«

Mit brutaler Routine bindet Lotte, die »Sohnesfrau«, Nachtschwester von Beruf, das Kinn der noch warmen Leiche mit einem Streckverband hoch, »bis daß am Ende da ein Komiker mit Zahnweh liegt«.

Der Zimmermann kommt mit dem bestellten Sarg. Ein weißes Hemd ziehen sie Josef an, der Kragen wird mit Hansaplast um den Hals herum geklebt, »damit er nicht absteht, denn er ist gestärkt und liegt doppelt«. Als die Leiche in die Kiste gelegt wird, hängt ein Bein raus. Es wird zurückgeschlagen »wie ein Stoffende«.

Der Blick der Tochter registriert alles, unnachsichtig, neugierig, aber auch zärtlich. Ihre Augen verfolgen die »Arbeit« der grobschlächtigen Leichenbestatter, fixieren den schwarzen Blutstropfen am Hodensack der Leiche, bleiben aber auch hängen an der aus der Kindheit erhaltenen Impfnarbe am Oberarm des toten Vaters.

Als die Leiche aus dem Haus ist, kehrt die Tochter noch einmal zurück ins Sterbezimmer. Die letzte Totenwache, die ihr die Verwandten streichen wollten, hält sie selbst. Das Bett hat noch Josefs Geruch, im Laken sind noch die Blutstropfen. Was jetzt folgt, ist eine Vereinigung mit dem herbeihalluzinier-

ten Körper, eine Nacht mit Josef, auf dessen Sterben sich die junge Frau mit aller seelischen und physischen Kraft eingelassen hat.
»Ich löse meine Kleider und die Strümpfe und steige ins Sterbebett und lecke ihn auf und nieder und vom Kopf bis zu den Füßen wie ein neugeborenes Kalb. Wir schlafen bis in die Puppen.«
Schlafen bis in die Puppen – die Sprache, die den Schrecken und die Erbärmlichkeit des Sterbens bis ins letzte Detail beschrieben hat, verfällt nun in einen fast heiteren, unbeschwerten Ton. Eine Vereinigung hat stattgefunden, ein Abschied vom Toten, eine Befreiung von der Angst vor dem Sterben. Draußen geht der Alltag weiter: »Es ist Montag. Die Eierfrau kommt. Die Mutter nimmt nur halb so viele Eier.«
Ich kenne kein Buch aus der »Väter«-Literatur der letzten Jahre, in dem das Sterben in seiner physischen Widerwärtigkeit, Sinnlosigkeit und tragikomischen Banalität so kompromißlos und eindringlich geschildert worden ist, wie in der Erzählung von Ulla Berkéwicz.
Was diese Prosa auszeichnet, ist ihre kalkulierte Emotionslosigkeit, ihre Deutungsabstinenz, vor allem aber ihre Bildkraft, mit der die Atmosphäre überscharf, in geradezu halluzinatorischer Intensität wahrgenommen wird. Ein magischer Realismus beherrscht dieses Buch. Es ist eine Totenbeschwörung von beklemmender Authentizität. Was angesichts des Todes nicht mehr sagbar erscheint – hier ist es artikuliert.
Ulla Berkéwicz' Erzählung löst kraft ihrer Sprache das ein, was an einer Stelle lapidär als Thema anklingt: »Der Tod ist kein Mythos, er tritt tatsächlich ein.«   *Paul Kersten*
Der Spiegel. 4. 10. 1982.

THOMAS BERNHARD
1931 in Heerlen (bei Maastricht) geboren, lebt in Ohlsdorf (Oberösterreich).

● »Beton«. Erzählung. Frankfurt a. M.: Suhrkamp.

- »Ein Kind«. [Fünfter Band und der Chronologie nach erster Teil der Autobiographie der Jugendzeit.] Salzburg: Residenz Verlag.

- »Wittgensteins Neffe«. Eine Freundschaft. [Autobiographische Erzählung.] Frankfurt a. M.: Suhrkamp.

Ein paar Totenköpfe. Thomas Bernhards »Beton«
Thomas Bernhard hat in den zwanzig Jahren, die seit seinem ersten Auftreten vergangen sind, einen erstaunlichen Weg zurückgelegt. Auf die »tödlichen Prozeduren« seiner Romane und Erzählungen ließ er ein mehrteiliges autobiographisches Werk folgen, das seinerseits von einer rasch anwachsenden dramatischen Produktion kontrapunktiert wurde. Was in beiden Fällen zunächst nur eine Art Abstecher zu sein schien, erwies sich bald als für die Entwicklung des Autors höchst bedeutsam. Der Zwang, sich als Autobiograph den Fakten des eigenen Lebens stellen zu müssen, kam auch dem Stil zugute. Von Band zu Band wich der obsessive Monologcharakter seiner Prosa einer immer stärker objektivierenden Darstellungsweise und damit einer entspannteren Erzählhaltung.
Andererseits: Je energischer der Erzähler seinen Hang zu monologischen Ausschüttungen zügelte, desto ausschweifender befriedigte er ihn als Stückeschreiber; ja, er kaprizierte sich geradezu auf ein zwar nicht neues, in solcher Ausschließlichkeit bisher aber kaum genutztes dramaturgisches Dessin: den Quasi-Dialog zwischen einem unaufhörlich Redenden und einem, der dazu ebenso hartnäckig schweigt. Zugleich aber erlaubte ihm die szenische Perspektive, das »tägliche Existenzspiel« nicht nur mit Ingrimm, sondern auch ironisch distanziert zu sehen und so dessen immanente Komik aufzudecken. Was in seinen Prosatexten schon immer latent vorhanden war, die hinter jeder Übersteigerung lauernde Möglichkeit eines Umschlagens ins Lächerliche, das wurde nun von dem Szeniker Bernhard bewußt praktiziert. Der nicht ganz geheure Spaßmacher, der – auch – in diesem finsteren Rhetoriker steckt, kam

zum Vorschein, die Nestroy-Komponente seines Wesens und seines Talents.
Dennoch bleibt es zu bedauern, daß der Anteil der imaginativen Prosa an seinem Gesamtwerk während der letzten Jahre spürbar zurückgegangen ist. Denn nur in ihr finden wir kompromißlos und unverfälscht das, was das Außergewöhnliche an diesem Autor ist, die Fähigkeit nämlich (folgen wir seiner eigenen Definition), »in die Menschen hineinzugehen..., wie man in die Städte hineingeht«, sie in den Schlupfwinkeln ihres Inneren aufzuspüren, um die »phantastische Geometrie der Zerwürfnisse«, die ihre Existenz ausmacht, ans Licht zu heben und sie in stürmische Sprachbewegung, in ein kunstreich organisiertes System von verbalen Verströmungsprozessen zu übersetzen.
Während Bernhards Theatergeschöpfe nicht selten bloß schwadronieren, ist in seinen erzählerischen Texten alles (oder doch fast alles) seelische Bewegung aus dem Zentrum der jeweils unter Äußerungszwang stehenden Figur. Es bedeutet daher eine nicht geringe Genugtuung, mit der Erzählung »Beton« einmal wieder ein Stück Bernhardscher Prosa vor sich zu haben, das mehr enthält als nur eine vage Erinnerung an das Ungestüm, die affektive Hochspannung, die Unbedingtheit seiner Anfänge. Ein Stück Prosa überdies, das so etwas wie eine Synthese der vom Verfasser seither entwickelten Stilfiguren ist. Das Vulkanische der frühen Höhepunkte, die gebändigte Fülle der autobiographischen Phase, das selbstparodistische Komödiantentum der szenischen Etüden – sie stehen in dieser Erzählung nicht neben- oder gar gegeneinander, sondern sind in der Person des Ich-Erzählers auf das perfekteste ausbalanciert.
Dieser, ein Mann in mittleren Jahren und nicht unvermögend, lebt, durch Krankheit zu moderater Lebensweise genötigt, ausschließlich seinen musikwissenschaftlichen Liebhabereien. Er hat versucht, über Schönberg, über Reger, über Michael Haydn zu schreiben, ist indes über klägliche Anfänge nie hinausgekommen. Nun konzentriert er seit einem Jahrzehnt alle Kräfte auf das Studium Felix Mendelssohn-Bartholdys. Auch

über ihn plant er eine Schrift, aber der erste und, wie er hofft, »alles Weitere auslösende« Satz ist nach all den Jahren noch immer ungeschrieben. Bernhard wird nicht müde, immer neue und immer lächerlichere Störungsfaktoren zu ersinnen. Über weite Strecken hin ist die Erzählung ein einziges Pandämonium meist eingebildeter Hindernisse – Tragödie und große Komödie in einem.

Man sieht, wir haben es wiederum mit einer typischen Bernhard-Situation zu tun. Einer will das Höchste, sehnt sich nach Vollendung im »Geistesprodukt«, doch die gemeine Menschennatur ist nicht danach. Unbarmherzig verweist sie ihn wieder und wieder auf seine Grenzen und überantwortet ihn dem »Selbstgelächter«. Man denkt an den Zirkusdirektor in der Komödie »Die Macht der Gewohnheit« und sein unablässiges, vergebliches Üben des Forellenquintetts. Vor allem aber denkt man an Konrad, den Helden des Romans »Das Kalkwerk«, der eine wissenschaftliche Studie fertig im Kopf hat, ohne sie je niederschreiben zu können. Gerade der Vergleich mit dieser Arbeit aus dem Jahre 1975 macht jedoch deutlich, wieviel freier, souveräner, man ist versucht zu sagen: glücklicher, der Autor inzwischen geworden ist.

»Das Kalkwerk« war – thematisch wie stilistisch – ein labyrinthisches Buch; die Erzählung »Beton« ist geradliniger und durchsichtiger als nahezu alles, was Bernhard auf diesem Gebiet bisher gelungen ist. Sie verzichtet auf das Verwirrspiel des gleitenden Perspektivenwechsels, des konjunktivischen Erzählens, der mehrfach gebrochenen indirekten Rede, der syntaktischen Verschachtelungen und rhetorischen Zwischenschaltungen. »Beton« ist reine, unangefochtene Rollenprosa. Rudolf, dieser Sisyphus der Musikschriftstellerei, berichtet direkt und authentisch von sich und seinen Schwierigkeiten; und er tut das auf eine Art, die anzeigt, wie gut dem Erzähler Bernhard die Erfahrungen sowohl auf dem Felde des Theaters als auch auf dem der Selbstbiographie getan haben.

Das Perpetuum mobile der tödlichen Reizbarkeiten rotiert nach wie vor mit unverminderter Hartnäckigkeit, aber ihm sind

neue Kräfte der Einsicht, des Abstandnehmens von sich selbst, ja, einer zuweilen beinahe graziösen Selbstverspottung zugeordnet. Dazu gehört auch, daß es in diesem Buch, und das ist keine geringe Überraschung, neben monomanischen Eingleisigkeiten dann und wann ein den querulantischen Absolutheitsanspruch wohltuend relativierendes Einerseits-Andererseits gibt. Wenn es auch nicht an den gewohnten Ekeltiraden und Schimpflitaneien mangelt – ihr Themenkatalog ist wohlbekannt und unerschöpflich –, so läßt der Autor sein Alter ego doch gelegentlich Abscheu sogar vor dem »eigenen entsetzlichen Redeschwall« empfinden und den der Menschheit eingeborenen »stumpfsinnigen Verdammungstrieb« beklagen.
Trotzdem – das versteht sich – bleibt Thomas Bernhard ein Virtuose auf dem Instrument des Ekels und der Verwünschungen. Nur: Stärker noch als bisher spüren wir die vitale, die – paradoxerweise – positive Kraft in der Verneinung. Wir erkennen, daß man auch durch Ekel dem Leben verbunden sein kann und daß auch Zorn eine Form der Hinwendung ist. Wem die Welt so viel bedeutet, daß er sie zum Gegenstand einer derart vehementen Kritik macht, ist noch nicht ganz für sie verloren. So ist es nur konsequent, daß der Schlußteil der Erzählung uns den Misanthropen und Egomanen Rudolf als einen Menschen vorführt, der – trotz allem – fähig ist, aus seiner Gebundenheit herauszutreten. Nicht Mendelssohn verhilft ihm dazu, sondern die Erinnerung an eine junge Frau, der er vor anderthalb Jahren auf Mallorca (wo er den idealen Ort für die Arbeit an seiner Schrift gefunden zu haben glaubte) begegnet war.
Jetzt ist er wieder dort, um einen neuen Schreibanlauf zu nehmen. Doch die Geschichte jener Anna Härdtl ist noch nicht zu Ende, sie läßt ihm keine Ruhe, er muß ihr weiter nachgehen. Es ist eine Geschichte voller Not und abgründiger Verzweiflung, und das Reizwort »Beton« als das schlechthin Menschenfeindliche spielt darin eine vielsagende und schreckliche Rolle. Also abermals eine Störung des so sehnlich herbeigewünschten Schaffensprozesses – oder doch nicht? Der Autor zeigt, wie er bei anderer Gelegenheit selbstironisch bemerkt,

wieder einmal »ein paar Totenköpfe« und »droht ein bissel«. Aber diese Drohung hat eher wohltätige Folgen, sie bricht eine Kruste auf, weckt in einem In-sich-Verkapselten mitmenschliches Interesse, tätige Anteilnahme, und sei es auch nur in dem nicht ganz selbstlosen Verlangen, sich an fremdem Unglück über das eigene zu trösten.

Am Schluß ist die Schrift über Mendelssohn immer noch ungeschrieben, und der Ich-Erzähler liegt verstört in seinem Hotelbett: und doch ist dies im Grunde ein, wenn auch nicht eben strahlendes Happy-End: Wir haben – unter Schmerz und Gelächter – einer Menschwerdung beigewohnt.

Günter Blöcker
Frankfurter Allgemeine Zeitung. 25. 9. 1982.

PETER BICHSEL
1935 in Luzern geboren, lebt in Bellach (Solothurn).

- »Der Leser. Das Erzählen«. Frankfurter Poetik-Vorlesungen. Darmstadt/Neuwied: Luchterhand.
  Enthält fünf Vorlesungen, die Bichsel zwischen dem 12. 1. und dem 9. 2. 1982 gehalten hat: »Geschichten über Literatur«, »Das Lesen«, »Wie beginnen – über Inhalte«, »Joyce zum Beispiel«, »Geschichten, die das Leben schrieb«.

HORST BIENEK
1930 in Gleiwitz geboren, lebt in München.

- »Erde und Feuer«. Roman. [Vierter und letzter Band der Oberschlesien-Chronik nach »Die erste Polka«, »Septemberlicht«, »Zeit ohne Glocken«.] München: Hanser.

WOLF BIERMANN
1936 in Hamburg geboren, lebt dort und in Paris.

- »Verdrehte Welt – das seh' ich gerne«. Lieder, Balladen, Gedichte, Prosa. Köln: Kiepenheuer & Witsch.

Wolf Biermann, das Weite suchend. Seine neuen Gedichte und Lieder: »Verdrehte Welt – das seh' ich gerne«
Vor fünf Jahren war Wolf Biermann, der plötzlich heimatlose Liedermacher, in aller Munde, und seither ist vieles über seinen besonderen Kommunismus und weniges über seine Poesie gesagt worden. Dafür oder dagegen: der Courage hat es Biermann nie ermangelt, selbst wenn er sie im Scheinwerferlicht darzustellen liebte, und seine neue Publikation zeigt, daß ihm auch, gerade heute, die Courage zu nüchterner Selbstprüfung nicht fehlt, und die ist ja die schwierigste und kühnste.
Das Publikum, und nicht nur seines, besteht nun einmal auf der strahlenden und bequemen Unwandelbarkeit seiner Fernsehlieblinge und Stereo-LP-Heroen und will sich nicht gezwungen sehen, langgehegte und wohlerprobte Erwartungen und Wunschbilder revidieren zu müssen. Je typischer sich einer gibt, ob als Schnulzen-Tenor im Frack oder als Revoluzzer-Prolet mit kostbarer Gitarre, desto weniger verzeiht man ihm, wenn er aus der Rolle fallen will. In den Blättern heißt es dann, es sei still um ihn geworden, oder er selbst sei still geworden – wie in einem Interview mit ihm (mit den Schlüsselworten »Schweigen« und »Mondlicht«) vor gar nicht allzu langer Zeit zu lesen war. »Im Garten ist es still geworden, das Dunkel hat alle Farben und Konturen aufgesogen, die Kerzen sind in sich ertrunken«, so lyrisch geht es also neuerdings bei den Biermanns, Vater und Kindern, zu, und wir wären fast beim älteren Rilke zu Gast, wenn's nicht der fünfundvierzigjährige Wolf Biermann wäre. Da weiß man nicht, ob man lachen oder weinen soll.
Ja, darf denn ein Liedermacher nicht auch einmal in Ruhe über seine Arbeit nachdenken, ohne gleich von den Medien in ein Entweder-Oder zwischen Schallplattenindustrie und mondbeglänztem Hintergärtchen getrieben zu werden? Hat er kein Recht auf Haltepunkte, Zwischenstationen, einen Augenblick des Atemholens, ohne jede Melodramatik? Wolf Biermanns neue Sammlung von Balladen, Liedern und Prosatexten wird alle jene enttäuschen, die glauben, der revolutionäre Ikarus sei

nun endgültig in den Ozean des kleinbürgerlich Privaten abgestürzt, und allen jenen gemischte Freude bereiten, die es nicht aufgeben wollen, den fragilen Poeten hinter dem roten Polit-Schreck zu wittern.

Das Persönliche und das Politische sind jedenfalls im Begriffe, neue Verbindungen einzugehen; die politische Analyse, nicht eben Biermanns glänzendste Begabung, hat sich in die vielen Prosatexte und Kommentare zurückgezogen (wo die Prosa prosaisch widerlegt werden darf), und in den gelungenen Gedichten, etwa in der »Ballade vom wiederholten Abtreiben« oder in »Menschentiere« (um nur zwei von vielen zu nennen), ist die Poesie so politisch und das Politische so poetisch, daß man das Gedicht in Fetzen reißen müßte, um diese Elemente zu trennen.

Die vier Teile der neuen Sammlung sind in einem Wechsel von meditativen und polemischen Texten angeordnet: im ersten und dritten Teil, »Von den Menschen« und »A Paris« benannt, spricht Biermann von sich selbst, von seinen Freunden (hier die Totenklagen über Robert Havemann und Rudi Dutschke) und von seinem Versuch, der deutschen Philister-Enge (links) in das blühende Frankreich Mitterrands zu entfliehen. Im zweiten und vierten Teil, betitelt »Im Tagesdreck« und »Gott in Polen«, herrscht das Politische und Polemische vor, das Gespräch mit den »Grünen«, die traditionellen Attacken gegen Strauß (die auch durch ein verstecktes Paul-Celan-Zitat nicht raffinierter werden) und Biermanns Antwort auf den Versuch der polnischen Armee, die Spontaneität der Arbeiter zu unterdrücken (diese Antwort wird Biermann wieder vom Gros der SPD-Intellektuellen und der Friedensbewegten trennen, die ihren Träumen von der Détente um fast jeden Preis nachhängen).

Am auffälligsten ist die irritierte Distanz, aus der Biermann auf seine jüngste Vergangenheit blickt und aus der auch seine Fans nicht gut wegkommen. »Ein politischer Knallfrosch in Westeuropa«, so nennt er sich selber, gesteht ganz offen und ehrlich ein, lange »der Droge Publikum« verfallen gewesen zu sein (besonders nach den Jahren der Isolation in der Ostberliner Chausseestraße 131), der »Open-air-Singerei«, dem »Auftritt vor 40 Tausend im Fußballstadion von Athen«. Er freut sich über einen Augenblick im menschenleeren Bahnabteil, »zu müde für die endgültige Lösung sämtlicher Menschheitsfragen«. Er macht sich keine Illusionen mehr über seine Alibi- und Ersatzfunktion im Dienste des »eigentlich unpolitisch politischen Pöbels«, der Eintrittsgeld zahlt und dann nichts anderes vom politischen Sänger will, »als daß er auf der Bühne aus echten Wunden sich ins Parkett verblute« – ja, er warnt seine »faulen Fans« vor seinem »Liederschnuller«, der sie in tatenlose Hörer verwandelt, denn selbst »der Liedermacher macht aus rotgetünchten Triefgestalten / keine Barrikadenkämpfer / die die Rote Fahne halten«.

Biermann möchte gerne zu sich selbst fliehen und findet sich, wie seine vielen Vorgänger aus Deutschland, freier, ungehemmter und vergnügter in Paris; der Unterschied zwischen seinen Vorgängern und ihm besteht darin, daß sie vor amtlichen Widersachern, in Polizei und Regierung, über den Rhein flohen, er aber vor den »Pressetrotteln«, die ihn einst so verzärtelten, und den »frechen Ablaßhändlern / in der bundesdeutschen Linken«. Er flüchtet sich in eine französische Glückslandschaft von seliger Lebendigkeit, buchstäblich das Weite suchend, »blauer Himmel, über dem sich / Hoch die Federwolken fächern / Und ein kurzer Sommerregen / Hat die Stadt schon blank gewaschen / und schon dampft der Regen wieder / himmelwärts von Schieferdächern . . .«

Das heißt aber noch lange nicht, daß sich Biermann den Forderungen des deutschen Alltags für immer entziehen will. Seine Ein-Mann-Orthodoxie, robust und »blauäugig« (so nennt er sie selber), ist allerdings in den meisten seiner polemischen Gedichte nicht von einer schwärmerischen Rot-Front-Nostalgie zu unterscheiden, die ihre Thälmann-Mütze von 1929 noch immer so trägt, als wäre sie der neueste Hut.

Das Lied von Schmidt und Strauß markiert den absoluten Tiefpunkt, tiefer geht es nicht mehr, und nicht nur aus tagespolitischen Gründen. Zwischen Schmidt und Strauß, so singt er allen Ernstes, gibt es gar keine Unterschiede; sie beide »treten an / fürs Kapital«, beide sind »machtbesoffen«, beide plädieren

für nukleare Waffen (sagt Biermann, der sich über Mitterrands Nuklearpolitik gründlich ausschweigt).
Anderswo hofft Biermann auf »die sanfte Gewalt der Vernunft«, und man wünscht nur, er hätte sich ihr auch im Alltäglichen verschrieben; das S+S-Lied, das sich so fortschrittlich gebärdet, ist nichts anderes als ein sentimentaler Rückfall in jene Epoche, in der die alte Weimarer KPD (der Biermann immer noch als letztes und loyalstes Mitglied angehört) die Sozialdemokraten als »Sozialfaschisten« verdammte, mit bekannten Konsequenzen.
Das sprachlich Problematische dieser Agitprop-Übungen aus Großvaters Zeiten wird dann in der Schlußstrophe sichtbar, in welcher der Sänger seinen Meister Heine um politischen Rat fragt oder wie Biermann sagt, »Eizes für die Wahlen«, und Heine antwortet, der eine Kandidat sei »nebbich« wie der andere. Biermanns Gedicht hat also Heines berühmte »Disputation« zwischen Kapuzinern und Rabbinern zum Vorbilde, in der allerdings auch die Rabbiner rhythmisiertes Hochdeutsch sprechen. Unverständlich, warum Biermann (der in einem anderen Gedicht seines in Auschwitz getöteten Vaters inständig gedenkt) in seinem polemischen Gedicht zu sprachlichen Bierhallen-Effekten greifen zu müssen glaubt. *Müssen* denn alle Juden wieder mauscheln?
Es wäre alles viel einfacher, wenn sich die gelungenen Gedichte in den privaten und die problematischen in den politischen Abschnitten fänden, aber so ist es eben nicht. Biermanns verletzliche Poesie zeigt sich in den Todesklagen, Elegien und privaten Konfessionen ebenso wie in manchen Balladen, vor allem aber im französischen und polnischen Teil. Ich finde Biermanns Lieder für seine Kinder Marie und Til, »Wir müssen vor Hoffnung verrückt sein« und »Der kleine König auf seinem Sack«, nicht weniger einfach und kunstvoll als seine Variationen auf das französische Widerstandslied »Zeit der Kirschen« oder die »Idylle«, die gar keine Idylle ist, sondern vom Schnee aus Polen spricht, rhythmisch von unablässiger Strenge (wie der Traum-Monolog Johannas in Brechts Chicago-Stück) und von einer Intensität, die keinen Widerspruch duldet. »So grüßt der

Schnee aus Polen, Gruß / von den vielen zehntausend Proleten / stacheldrahtumgürtet auf offenem Feld / bekleidet mit den Klamotten, die sie / gerade trugen bei der Verhaftung...«
Das produktivste und widersprüchlichste Lied der Sammlung ist »Aber vorher«, weil es den suchenden, ungewissen, tastenden Teil seiner Kunst eher ausspricht als die Fertigware. Ein Gedicht der unlösbaren Konflikte: im Eingang und in der Schlußstrophe, ein Symbol der Freiheit, der Schuldlosigkeit, Vollendung und Ungeschichtlichkeit, Störche über den masurischen Seen, »hoch über Federwolken« hinsegelnd, »kreisend im Aufwind / lassen sich die gefiederten Flieger / hochtragen ins Licht«. In der schwereren Mitte des Gedichtes, deutlich abgesetzt von den Bildern des Lichts und der Leichtigkeit, das Land Polen, in seiner Geschichte, und die Frage, was »besser« sei in diesem Augenblick seiner Geschichtlichkeit, die reine Idee oder die Widersprüche, »laß man, ja, laß« Karl Marx *und* die Schwarze Madonna?
Ich lese dieses Gedicht als Frage ohne Antwort: ist Schönheit, Freiheit und Vollendung nur in einer Sphäre ohne Geschichte möglich, über den Federwolken, und nicht drunten, wo die historischen Interessen aufeinanderschlagen? Sind die Störche, die »gefiederten Flieger«, wirklich frei, und nicht der Mensch? Anstatt der üblichen Parolen also Kontraste der Bilder: die glänzende Figur der Vögel, die »sich den Augen entwinden«, und die bedrängten Menschen in ihrer Geschichte, »Polen und Polen / Bauern und Priester«, dem Leser ohne Trost entgegenstarrend. Das ist ein Lied, das wir lange nicht vergessen werden, ebensowenig wie das wunderschöne Gedicht über die Pariser Bièvre, die unterirdisch durch »Trümmer verflossener Zeiten« sickert, um endlich in die Seine zu münden, »das eben will ja und muß / Ich lernen: ins Offene und geräuschlos leben / – so wie die Bièvre, der elende Fluß.«
Und dieser Autor, der so begabte, klagt über sein Publikum, das einen »Hanswurst« aus ihm machen und nicht den »Dichter« hören will? Ich glaube, es kommt nur auf ihn an, nur auf ihn.
Peter Demetz
Frankfurter Allgemeine Zeitung. 6. 11. 1982.

HEINRICH BÖLL
1917 in Köln geboren, lebt bei Köln.

- »Das Vermächtnis«. Roman. Bornheim-Merten: Lamuv.
  Wiederaufgefundenes Manuskript, das wahrscheinlich 1948
  verfaßt wurde; 1981 schon in kleiner Auflage als Privatdruck
  erschienen.
- »Vermintes Gelände«. Essayistische Schriften 1977–1981.
  Köln: Kiepenheuer & Witsch.
  Enthält 41 Beiträge.

ROLF DIETER BRINKMANN
1940 in Vechta (Oldenburg) geboren, 1975 in London gestorben.

- »Der Film in Worten«. Prosa, Erzählungen, Essays, Hörspiele, Fotos, Collagen / 1965–1974. Reinbek bei Hamburg: Rowohlt.
  Die Sammlung enthält (als erster Band einer auf vier Bände geplanten Edition der Prosa) u. a. folgende bisher nicht gedruckte Texte und Collagen: die Hörspiele »Der Tierplanet« und »Besuch in einer sterbenden Stadt«, das Prosastück »Work in Progress. Mai 1973«, den Essay »Notizen und Beobachtungen vor dem Schreiben eines zweiten Romans«, die Fotofolge »Chicago« und eine veränderte Fassung der Bildsequenz »Wie ich lebe und warum. 1970/1974«.

HERMANN BURGER
1942 in Burg (Schweiz) geboren, lebt in Brunegg (Aargau).

- »Die Künstliche Mutter«. Roman. Frankfurt a. M.: S. Fischer.

Geburt zum Tod. Hermann Burgers neuer Roman »Die Künstliche Mutter«
In der Erfindung ist der neue Roman Hermann Burgers »Die Künstliche Mutter« gewaltig. Wohl auch gewalttätig in seinem

Ingrimm, seiner barocken Wildheit, seinem Sprachkrampf und seiner Sprachvirtuosität, in seiner psychedelischen Sichtschärfe und seinem aggressiven Furor. Da stellt einer nicht mit sorgsamem Fleiß die bekannten Realitäten nach, so brav illusionistisch, sondern reißt sie auseinander, baut sie mit verzerrten Konturen wieder auf, setzt sie in verblüffenden Kombinationen neu zusammen. Und was dann dasteht, ist nicht etwa eine Konstruktion aus gänzlich Unbekanntem und daher Unverbindlichem; was da aufragt, ist vielmehr eine grausig düstere, aber auch grotesk witzige Architektur aus vielen, meist vertrauten Elementen – gewissermaßen ein ungewohntes Schweizerhaus in manieristischem Stil.

Um schweizerische Themen geht es zentral. Held ist ein männlicher Schweizer, der die Männlichkeit in diesem männlich bestimmten Land nicht mehr aushält: Wolfram Schöllkopf. Er ist denn auch krank an männlichster Stelle: »ein Engerling um den zentralen Penisschmerz gekrümmt«. Seit zehn Jahren ist er, von Beruf Dozent für deutsche Literatur und Glaziologie an der »Eidgenössischen Technischen Universität«, auf Odyssee von Sprechzimmer zu Sprechzimmer, »hindurchscheiternd« zwischen Labor und Labor wie zwischen Skylla und Charybdis. Dieser »Stafette von Fehl- und Halb-, Pseudo- und Hyperdiagnosen« will er nun ein Ende bereiten und sich in die Therapie der Künstlichen Mutter nach Göschenen begeben, in die in den Gotthard eingelagerte Auer-Aplanalpsche Heilstollenklinik. Im »Granitschoß der Helvetia«, im kalten Wiegenareal der Eidgenossenschaft, will der »Omnipatient«, dieses »Zentralmassiv von Depressionen«, neu zur Welt kommen, lustvoll diesmal und nicht eingepreßt in Schuldgefühle.

Wie ein ausgelieferter, scheinbar schwacher, innerlich aber doch lebensfähiger Märchenprinz versucht er eine erste Eroberung des Zauberbergs: »Auf dem Trassee der Steglaufiflanke ... gelangte ich an ein vernageltes und vergrastes Seitenportal, in das eine genicktiefe Tür eingelassen war, daneben eine lila fluoreszierende Nachtglocke, gegen die ich mich fallen ließ, als gelte es, mit der Klingel den ganzen Gotthard einzurennen. Sesam öffne dich, meine Notfallexistenz verschwor sich zu dieser Formel, und der Verschlag ging auf, eine Hand zog mich hinein in einen euterwarmen Höhlenraum...« Eine Wärterin, ein Unterweltsweib, das zunächst an die bedrohliche Abwartin in »Schilten« erinnert, »küßt ihn nieder« mit einer Glut, wie sie Schöllkopf höchstens auf Bildern von Edvard Munch gesehen habe. Er bekommt dann die Diagnose zu hören: »Das Muttermal bedeckt den ganzen Körper.« Gegen solche Muttermale, in anderen Worten gegen Gebresten, die natürliche Mütter verursacht haben, hat Auer-Aplanalp »das epochale Konzept der Künstlichen Mutter« entwickelt. Damit er von der Frau erlöst werde, die ihn »in die Welt und auf den Nachttopf gesetzt hat«, muß Schöllkopf einen stufenreichen Stationenweg in die Tiefe absolvieren – einen Stationenweg, der erst mühsam und schmerzensreich ist, dann aber immer mehr der hemmungslosen Verwirklichung üppiger Männerphantasien gleicht.

Die »Migräne- und Eismutter«, die »schrecklich gute Mutter, immer Tränen in den Augen«, der Liebes- und Lebensverrat, den die Söhne in dieser Mutterfinsternis erleiden: das gibt den einen Themenkreis des Romans ab. Dahin gehört der ausführliche »Brief an die Mutter«, ein als »Maleskript« bezeichnetes Schriftstück, worin nicht weniger eindringlich abgerechnet wird als in Franz Kafkas berühmtem »Brief an den Vater«. Direkte Adressatin ist Schöllkopfs Schwester, die er als Konkurrentin haßt und gleichzeitig inzestuös liebt. Anhand verschiedenster Kindheitserinnerungen wird das »Kapitalverbrechen der Sexualerziehung, wie unsere Generation sie genossen hatte«, erläutert. Er schreibt seiner Schwester: »Ihre Mutter sicherte sich die Nutznießung meiner Sexualität, ohne von ihrem Recht Gebrauch zu machen; schlimmer: um sie dergestalt der totalen Veruntreuung preisgeben zu können. Darum, Schwester aus der Stief-Parentele, werden wir, der Gotthard und ich, diese Geburt annullieren, mit einer amtlichen Ungültigkeitserklärung besiegeln, aus der Irreversibilität herausoperieren. Wir werden noch einmal, und zwar lustvoll, zur Welt kommen. Wir werden Berge versetzen und alle Teufelssteine aus dem Weg räumen, um nie mehr von der granitenen Schädelstätte herab fluchen zu müssen.«

Mit dieser freudlosen Mutterwelt, die keine Nächstenliebe, das heißt keine reale, auch körperlich fühlbare Liebe, sondern nur christliche »Übernächstenliebe« kenne, hat der zweite Themenbereich des Buches zu tun: die Misere der Männer in dieser mutterlosen Gesellschaft. Günter Grass, einer der literarischen Väter Hermann Burgers, hat solches Männerelend im »Butt« nicht greller angeleuchtet. Wir erfahren von beinahe todbringenden Karriere- und Ausbootungsmanövern an der »Kombinierten Abteilung für Geistes- und Militärwissenschaften« der ETU. Eine »Altherrenmeute« aus Luzern, »Durchschnittsniveau unserer Ärzte und Juristen, Redaktoren und Nationalökonomen«, hält dann ihre Jahresversammlung in Göschenen ab, Ehrgeizlinge mit dem Lebensmotto: »Bücken, wo es nötig ist; drücken, wo man sich's leisten kann.« Ihre Unterhaltung: »Zote um Zote ein Landesverrat an der Weltweiblichkeit.« Das Thema maskuline »Freiheit und Schweizheit« wird in allen nur denkbaren Variationen abgehandelt. Schöllkopf berichtet unter anderem auch von einem Brauchtum in seiner Heimat: Da knattere anläßlich der Geburt eines Buben im Dorf die Schweizerfahne im Wind, im anderen Fall »begnüge man sich mit der Aargauerfahne auf Halbmast«. Groteske Szenen gipfeln im Schrei einer Unterweltsschwester der Klinik: »verschont uns mit eurem Maskulinismus, man muß ihn umbaun den Mann, von Kopf bis Fuß.«

Die Heilstollen-Erosklinik erweist sich dann unversehens als österreichische Enklave, die älter sei als die Alte Eidgenossenschaft, und hier setzt denn auch die Heilung von landesüblicher Kälte, chronischer Gehirnfröni, von Mutterentbehrung, genannt »multiple Matrose«, ein. Die ganze verkrampft havarierte Schöllkopfsche Existenz wird angeschlossen an einen magischen Frauenkreis, den Circulus vitalis, der in Anlehnung an Renners »Goldenen Ring über Uri« »Frauen-Spektral-Ring unter Uri« genannt wird. Die ARD-Sprecherin Dagmar Dom, eine blonde Tagtraumgestalt, bemüht sich leibhaftig nach Göschenen und vollendet den Genesungsprozeß. Freie Mutterwahl hat stattgefunden, und Schöllkopf stößt durch den

Gotthard hindurch ins Tessin, wo er – nun chronisch gesund – unter dem Namen Armando eins und zwei ein von Sehnsucht befreites Leben führt. Böse Erinnerungen, Körperqualen, Wunschträume von Weltweiblichkeit, ja von einer Universitas mundi der Frauen sind aus seiner Existenz verbannt. Die peinvolle Lebenssuche gerinnt zu makellosem Sein. Der zermürbende Kampf macht der totalen Freiheit und dann der Leere Platz.

Das ist nun das Irritierende von Burgers Botschaft, daß die Arbeit an der Befreiung von Ängsten, Zwängen, Leiden nichts als einen todähnlichen Zustand bringt. Der Held behauptet, so habe er an sich den Nord-Süd-Konflikt gelöst: Eine als südlich definierte, völlig über- oder außerindividuelle Existenzform ersetzt die gefühlsverzerrte nordalpine Individualitätspsyche. Ohne Leidens- und Liebeszentrum im Innern seiner selbst beginnt Schöllkopf – gleichsam ein schönes Menschending – den übrigen schönen Dingen zu gleichen, mit denen er nun da ist in voller Gegenwärtigkeit, ohne Vergangenheits- und Zukunftsperspektive. Die Heilung ist also vertrackt. Die Qualifikation der neuen als einer »künstlichen« Mutter ist ernst zu nehmen. Der Totenmaske des Helden am Schluß von »Schilten« entspricht hier die Glättung zu ewiger Schönheit oder Klassizität. Das Schlußkapitel heißt denn auch »Tod in Lugano«.

Das eigentliche Grauen, das über dem Buch liegt, kommt wohl weniger von den bös attackierten Verhältnissen als von dem Wahnhaften, das durch das Faktum des Todes in allem festsitzt, in allem Streben, aller Mühsal, in jeder Auflehnung, aber auch – und da noch deutlicher – in jeder Heilung und jeder Selbstfindung. Ob qualvolles Geborenwerden durch eine gesellschaftsgeschädigte natürliche Mutter oder künstliche Neugeburt gemäß eigenen Idealen: alles wird letztlich illusorisch. »Mutter, warum läßt du mich im Stich«, warum werde ich geboren, wenn ich ja doch sterben muß: So lautet zu guter Letzt die Kernfrage dieses mit barocker Grundsätzlichkeit verfaßten Buches. Und so muß sich auch der Leser gegen Ende einen ungewöhnlichen Angriff auf seine ganze Existenz gefallen lassen: »Oft, wenn ihr ein Buch aus der Hand legt, fragt ihr euch – und bildet euch obendrein noch was ein auf euren Scharfsinn –: Mußte es denn geschrieben werden? Ihr habt euch kaum überlegt, daß auch das Buch zu fragen das Recht hat: Mußte der Leser gelebt haben? Die Antwort lautet beide Male: Nichts Seiendes muß müssen. Das Leben beginnt affirmativ, toi-toi-toi, und endet mit dem dreifachen Terminato-terminato-terminato. Ihr dürft ein paar Sekunden lang staunen, das ist alles.«

Die Häufung von abenteuerlichen Konstruktionen mit ihrer Überfülle hyperrealistischer Details wird manchen Leser dieses Romans verunsichern. Auch ist eine Identifikation mit der aus tausenderlei Ichs zusammengesetzten Hauptfigur kaum möglich. Wie Oskar Matzerath aus der »Blechtrommel« oder Armin Schildknecht aus »Schilten« ist Schöllkopf bald von innen (als »ich«), bald wieder von außen (als »er«) gesehen. In sich gespaltene Sätze wie etwa der folgende verbieten jedes traurig-fröhliche Einschwingen: »Es gibt für den chronischen Somatopsychopathen und Infausten ein an höchste Weisheit grenzendes Stadium ... einen allerletzten Aggregatzustand der Verzweiflung, da er wie ein hilfloses Kind alles befolgt, was ... auch nur entfernt therapieverdächtig ist, und so schob ich denn den Schöllkopfschen Brestnam bis zum Hals in den Gipsofen, spürte, wie allmählich der Schweiß ausbrach ...«

Das unheimliche Sprachgebaren voller Wortgewucher und verbaler Neubildungen, aber auch voller Anspielungen auf schweizerische Mythen, auf Literatur (von Ingeborg Bachmann, Grass, Arno Schmidt, Kafka, Goethe, Gotthelf, Inglin bis zu Ernst Zahn), auf magisch Sagenhaftes oder Religiöses verbürgt keine gemächliche Lektüre. Vielmehr gleicht dieses Jagen von einer Episode zur anderen dem Verfahren in einem verwirrenden Schelmenroman, wobei es den Helden hier statt in die Weite in die Tiefe zieht. Bei soviel innovatorischer Leistung, was Fiktion und Sprache, die ganze monströse Bilderwelt betrifft, wird eine literarkritische Wertung gemäß den herkömmlichen Kategorien schwer. In sich stimmt die Konstruktion des Romans, samt ihrer beißend-sarkastischen Darstellung von helvetisch gefärbtem Männlichkeitswahn und von Frauenverachtung, samt ihrer bewußt vorgezeigten Bruchstelle zwischen Krankheit im Leben und Heilung zum Tod, zwischen natürlicher Mutter und Künstlicher Mutter. Das genügt für die Qualifikation: außerordentlich.

Beatrice von Matt
Neue Zürcher Zeitung. 2. 10. 1982.

MICHAEL BUSELMEIER
1938 in Berlin geboren, lebt in Heidelberg.

● »Radfahrt gegen Ende des Winters«. Gedichte. Frankfurt a. M.: Suhrkamp.
Enthält Gedichte, die in Einzelausgaben schon publiziert wurden, und neue Texte.

MARTIN R. DEAN
1955 in Menziken (Aargau) geboren, lebt in Basel.

● »Die verborgenen Gärten«.* Roman. München: Hanser.

INGEBORG DREWITZ
1923 in Berlin geboren, lebt in West-Berlin.

● »Eis aus der Elbe«. Roman. Düsseldorf: Claassen.

ANNE DUDEN
1942 in Berlin geboren, lebt in London und West-Berlin.

● »Übergang«.* Prosa. Berlin: Rotbuch Verlag.

GISELA ELSNER
1937 in Nürnberg geboren, lebt in München.

● »Abseits«. Roman. Reinbek bei Hamburg: Rowohlt.

Die Bovary aus der Trabantenstadt. Gisela Elsner öffnet unsere Realität mit Flauberts Schlüssel

Die Geschichte, die Gisela Elsner in ihrem Roman »Abseits« erzählt, ist seit nunmehr fast genau 125 Jahren bekannt. Es ist eine berühmte Geschichte. Mehrere Generationen schon haben in ihr fasziniert oder empört die Heillosigkeit des Lebens in der bürgerlichen Provinz wiedererkannt. Gisela Elsner verheimlicht es nicht. Wem es bis dahin nicht aufgefallen sein sollte, dem gibt sie auf Seite 208 ihres neuen Romans, auch wenn beiläufig, einen ausdrücklichen Hinweis. »Auch las sie«, heißt es da von ihrer Heldin Lilo Besslein, die sich wegen Tablettensucht vorübergehend in einer psychiatrischen Klinik befindet, »gelegentlich ein paar Seiten des Romans, den ihr Irene Dülfer geschenkt hatte, Flauberts ›Madame Bovary‹.« Obwohl es mit ihr inzwischen rapide abwärts geht, merkt Frau Besslein allerdings nicht, was sie da liest.

Es ist verblüffend, ja schockierend und wäre eine spezielle Analyse wert, wie gut das betagte, von Gisela Elsner weitgehend übernommene Ereignismuster noch paßt, wie aktuell es noch ist. Dies bedeutet nicht mehr und nicht weniger, als daß jene »niedere Wirklichkeit« fortwest, der Flaubert sich in seinem Roman »Madame Bovary« so mühevoll, doch mit wachsender Selbsterkenntnis konfrontiert hat, um ihr die Wahrheit abzupressen. Nicht mehr allein für das individuelle und soziale Leben auf dem flachen Lande allerdings ist sie weiterhin repräsentativ – Gisela Elsner verifiziert die entsprechenden heutigen Zustände in einem jener Wohnsilos aus den frühen sechziger Jahren, in denen sie seit ihren Anfängen die Stoffe gefunden hat. Die Ehebrecherin und Selbstmörderin Lilo Besslein, Frau des Angestellten Dr.-Ing. Ernst Besslein, lebt in einer der vielen Zweieinhalb-Zimmer-Wohnungen der Trabantenstadt Lerchenau im Süden der Großstadt M., die als eine von deren besseren Wohngegenden gilt.

Mit Kamerablick nähert die Beschreibung sich aus der Totalen zunächst dem »knallend azurblauen« Wohnblock und dringt dann ein in die in einem »kompromißlos modernen Stil« ausgestattete Wohnung der Bessleins. Im Augenblick ist sie leer. Noch befindet sich Lilo in einer Frauenklinik, eben – wie an entsprechender Stelle ihres Romans einst Emma Bovary – von einer Tochter entbunden. Besslein besucht sie und findet in Lilos Zimmer auch seine und ihre Eltern. Lilo war morgens schon wieder beim Friseur, der in der Eingangshalle der Klinik zu Diensten steht, sie trägt einen neuen Hausanzug, den sie in der ebenfalls in der Eingangshalle befindlichen Boutique gekauft hat, und ist frisch geschminkt. Besslein versetzt insbesondere Lilos Mutter in wütende Erregung, als er mitteilt, Lilo habe für ihr Töchterchen den ungewöhnlichen Namen Olwen gewählt. »Die Kinder werden sie auslachen ...«

Fast monoton, wie teilnahmslos, doch genau, wendig, rasch die Fakten addierend, pegelt die Erzählung sich nunmehr ein auf Lilo Besslein als den Mittelpunkt jener Welt, die zu spiegeln ist. Lilo gibt nur vor, glückliche Mutter zu sein. Sie hat Besslein nicht aus Liebe geheiratet, sondern weil sie unbedingt weg wollte von ihren Eltern, weil eine frühere Verlobung geplatzt war und, so hübsch sie ist, außer ihm niemand um sie geworben hat. Längst ekelt sie Bessleins konventionelle, dickliche Bravheit nur noch an, obwohl sie versucht, dieses Gefühl zu bekämpfen. Lilo findet keine Beziehung zu ihrem Kind. Die Angst vor der Verantwortung, das Gefühl, in eine Lage geraten zu sein, aus der sie nicht mehr fliehen kann, plagen sie. Zugleich verursachen all diese Reaktionen ihr Schuldgefühle. Noch in der Klinik verschreibt der Arzt ihr ein »stimmungsaufhellendes Beruhigungsmittel«. Schon bald nach ihrer Rückkehr kann sie ohne es nicht mehr leben, und wie von selbst steigert sich ihr täglicher Bedarf.

Was Lilo Besslein von ihrem literaturhistorischen Vorbild unterscheidet, ist, daß ihre Wunschvorstellungen, ihre Erwartungen noch weit unbestimmter und inhaltsloser sind als einst jene der Madame Bovary. Ganz sicher weiß Lilo nur, daß sie ein Leben als brave Wohnsilo-Witwe mit Kind nicht ertragen kann. Eine Alternative sieht sie allerdings nicht. Also probiert sie herum, während Ernst Besslein sich bewährt als liebevoller Vater. Immer wieder kauft sie zwanghaft irgendwelche »Anziehsachen«. Ohne eigentlich Lust dazu zu haben,

geht sie mit dem scheinbar linken, gänzlich erfolglosen Maler Fred Meichelbeck ins Bett. Ihr Zigarettenkonsum steigt, und außer ihren anregenden Beruhigungstabletten braucht sie immer öfter auch mal eine Flasche Martini. Gegen den Widerstand der ganzen Familie sucht sie eine Teilzeitarbeit als Apothekengehilfin und findet sie auch. Dann verliebt sie sich in den Germanistikstudenten Christian Blome. Aber sie ist schon nicht mehr fähig, tatsächlich über ihr Leben zu entscheiden.
Einigermaßen wohl fühlt Lilo sich nur in den Wochen, die sie in der offenen Abteilung einer psychiatrischen Klinik verbringt. Sie hat ihrem Mann die Sucht gestanden und sich von ihm zu einem Arzt bringen lassen, der sie einweist. Bei den Untüchtigen und Abhängigen ist Lilo ihrer selbst etwas sicherer. Aber es bringt nur eine Atempause. Als eine Kollegin in der Apotheke ihr erzählt, wieviel besser es ihr geht, seit sie in der Gewerkschaft mitarbeitet, ist sie längst taub für solche Botschaft. Die Angst vor dem Leben wuchert über die Angst vor dem Tod hinaus.
Gisela Elsners neuer Roman ist in seinem fast gefühllos tausend beliebige Einzelheiten in einen Ablauf von zwanghafter Folgerichtigkeit raffenden Registrierstil unverkennbar realistisch. In ihren früheren Romanen hat sich diese Autorin von ihrem Interesse an der sozialen Realität immer wieder in groteske Bilder treiben lassen. Vielleicht hat in »Abseits« die alte Geschichte, die neu erzählt ist, eine ähnliche Funktion wie zuvor das Groteske, denn was der Roman nachweisen will, ist ja grotesk: daß seit Flauberts Zeiten die bürgerlich-provinzielle Existenz, sich immer breiter ausdehnend, bei gleichgebliebenen Ansprüchen immer weiter heruntergekommen ist.
Das wird man nicht gerade gern, nicht ohne Widerspruch zur Kenntnis nehmen. Aber die Bestätigung, die Gisela Elsner in ihrem Roman »Abseits« intendiert, hat ihre eigene böse, aus ihr selbst kaum zu widerlegende Konsequenz – übrigens durchaus im Zusammenhang von Gisela Elsners erzählerischem Konzept seit den »Riesenzwergen«. Ich habe den Roman mit

irritierter Spannung gelesen, gefesselt und abgestoßen von Lilo Bessleins Krankheit und Ende, von all der Banalität, all den Deformationen, die da in ein altes Muster gerafft sind. Das geht jedermann an. Lilos Geschick ist ein Produkt der zunehmenden Inhaltslosigkeit bürgerlich-kleinbürgerlicher Existenz heute. Es demonstriert, daß diese banale Inhaltslosigkeit, mit der so viele sich einverstanden zeigen, etwas Unmenschliches hat.

Eigens anzumerken ist, daß die Bezugnahme auf Flaubert, auf einen der exemplarischen Romane der Weltliteratur niemals stört. Es liegt vermutlich daran, daß Gisela Elsner nicht etwa versucht, Flaubert zu übertreffen, sondern nur, erneut und für diese Gegenwart zu verifizieren, was Flaubert herausgearbeitet hat. Ihr Roman ist eine ungewöhnliche Hommage, kein Konkurrenzunternehmen. Aber Gisela Elsner benutzt Flaubert auch nicht einfach, lehnt sich nicht einfach an, wie das heute bei anderen Werken der Literaturgeschichte so oft geschieht. Der Schlüssel zur Wirklichkeit ist von Flaubert. Die Wirklichkeit selber, die bedrückend zur Erscheinung kommt, aber ist von heute. *Heinrich Vormweg*

Süddeutsche Zeitung. 1. 4. 1982.

Sprache im Abseits
Es war eine Dummheit von Verlag und Autorin, den Roman eine »moderne Madame Bovary« zu nennen. Nach solcher Erregung hofft man, es mögen einen etliche der versprochenen literarischen Gaben treffen, schon wegen der 30 Mark für einen Band, der nach Umschlag und Format kaum mehr ist als ein Taschenbuch. Die Erinnerung an den Weltroman des französischen Romanciers Gustave Flaubert, einen der größten Pingelköpfe der Literaturgeschichte, erweckt wieder das Verlangen nach dem seltenen Genuß, der entsteht, wenn wir die doppelte Portion bekommen: Stil und Story; wenn eine starke Handlung durch Sprachmeisterschaft noch wilder in uns hineinfährt. Man sieht einer Textlukulle entgegen, aufmunternder Vokabelraffinesse und bis in die Silben gehender Ökonomie.

Neue Bücher 153

Die Anbieter liefern nichts davon, nicht einmal durchgehend richtiges Deutsch (»Mal wusch sie in der Waschmaschine Wäsche«; »...stellte sie Schallplatten an«; »gehobenste Ansprüche«; »am bloßstellendsten«). Was der Verlag dem Publikum übergeben hat, sind Blätter mit einem Hutzel-Idiom. Man fragt sich, ist der grobe Umgang mit der Sprache, ist das Überbleibseldeutsch die skurrile Art der Elsner – die durch ihre Romane »Der Punktsieg« und die »Riesenzwerge« einen furiosen Einstand gefeiert hatte –, uns anzukündigen, daß sie jetzt aufhören wird zu schreiben? Hat sie eine Wut auf ihre Muttersprache?

Daß die Kollegin mit einem dünnen Wörterbuch arbeitet, bedeutet nicht, daß ein dünnes Werk herausgekommen wäre. Was ihr an Breite des Vokabelfächers fehlt, gleicht sie durch Wiederholung aus. Sie gewinnt manche Seite, indem sie Blindsilben einflicht, zum Beispiel 93mal »wiederum«.

Der Handlungsablauf lugt hervor unter der doppelten Anzahl von »während«; durch 117mal »denn«, 170 »dann«; 102 »daraufhin«; 88mal »voll« und »voller«. Und Aberhunderten von »keineswegs«, »lediglich«, »gänzlich«, »geradezu«, »nahezu«, »ausgesprochen«.

Wörtergruppen erscheinen wieder und wieder wie Fertigbauteile: »sie verstummte abrupt. Denn ...« Das Wort »Koffer« verursacht leichtes Herzklopfen, man weiß, zwei Zeilen weiter wird man »Anziehsachen« (27mal) lesen.

Die Endsilbe »licht« überzieht den Roman wie Schimmelpilz. Auf vielen Seiten kommt es zu Störgeräuschballungen, als hätte man an einem Radio den Sender verstellt.

Ihre Zeit- und Eigenschaftswörter stammen meist aus dem Sperrmüll. »Wie ein Ölgötze saß er da und starrte«; auf jeder elften Seite »starrt« jemand. »Er würdigte sie keines Blickes«; »sie zischte haßerfüllt«. »Eine heftige Scham übermannte sie«, es wird neunzehnmal »übermannt«. Das Kind schreit stets »aus Leibeskräften«, man langweilt sich natürlich »tödlich« und küßt sich »voller Leidenschaft«. Nichts zwingt Autoren, immer »stürzen« zu sagen, wenn es jemand eilig hat. Es heißt, das Handwerk aufgeben, wenn man die Wörtererwartung der

Leser nicht unterwandert, wenn man nur vollzieht, was diese vorausbören.

Mit großen Schritten zieht die Verfasserin die Hauptfigur in »Abseits« dem Gift-Selbstmord entgegen, durch eine Ehe, durch eine Liebschaft und durch stoßartige Kauf-Räusche. Ihr Mann ist ein phantasieloser Spießer, der, wie die anderen Personen des Romans, aus sklerotisch verhärtetem Sprachmaterial gemacht, zu stark auf Karikatur reduziert ist. Gisela Elsner hat etwas zu sagen, aus Mangel an Brennschärfe ihrer Wörter sagt sie es aber nicht.

Es sieht aus, als wollte das Lektorat die Autorin ins Messer laufen lassen, anstatt ihr beim unschuldig-aufrechten Marsch über den Gemeinplatz in den Arm zu fallen. Einige Absätze von zehn, fünfzehn Zeilen knapper, genauer, unaufdringlicher, klassischer Erzählweise zeigen, daß sie mehr kann.

Sowohl der Lektor wie die Begabung Elsner erliegen der Art, wie bei uns Bücher hergestellt werden. Die Verleger, die den Markt mit Lawinen minderwertiger Neuerscheinungen zugeschüttet haben, jammern, literarische Werke seien fortschreitend schwerer zu verkaufen. Das ist, als beklagte sich ein Trinker darüber, daß seine Leber den Alkohol weniger vertrage.

Gisela Elsners nächster Roman ist schon fertig, sagt sie. Es ist abzusehen, daß wir bald nicht mehr nur Erdgas, daß wir auch die solid gearbeitete Prosa aus dem Osten importieren müssen.   *E. A. Rauter*

Stern. 6. 5. 1982.

MICHAEL ENDE
1929 in Garmisch-Partenkirchen geboren, lebt in Campagna (bei Rom).

- »Das Gauklermärchen«. Ein Spiel in sieben Bildern sowie einem Vor- und Nachspiel. [Theaterstück.] Stuttgart: Edition Weitbrecht.
  Uraufführung: für Frühjahr 1983 in Heidelberg geplant.

RIA ENDRES
1946 in Buchloe geboren, lebt in Frankfurt a. M.

- »Milena antwortet«.* Ein Brief. [Prosa.] Reinbek bei Hamburg: Rowohlt.

HANS MAGNUS ENZENSBERGER
1929 in Kaufbeuren (Allgäu) geboren, lebt in München.

- »Politische Brosamen«. [Essays.] Frankfurt a. M.: Suhrkamp.
  Enthält die Essays: »Das Ende der Konsequenz«, »Eurozentrismus wider Willen«, »Das höchste Stadium der Unterentwicklung«, »Unentwegter Versuch, einem New Yorker Publikum die Geheimnisse der deutschen Demokratie zu erklären«, »Unregierbarkeit«, »Blindekuh-Ökonomie«, »Die Installateure der Macht«, »Wohnkampf. Eine Talkshow«, »Plädoyer für den Hauslehrer«, »Armes reiches Deutschland«, »Von der Unaufhaltsamkeit des Kleinbürgertums«, »Zur Verteidigung der Normalität«, »Zwei Randbemerkungen zum Weltuntergang«.

ELKE ERB
1938 in Scherbach (Eifel) geboren, lebt in Ost-Berlin.

- »Trost«. Gedichte und Prosa. Ausgewählt von Sarah Kirsch. Stuttgart: Deutsche Verlags-Anstalt.

DIETER EUE
1947 in Berlin geboren, lebt seit 1982 in West-Berlin.

- »Ketzers Jugend«. Roman. Hamburg: Hoffmann und Campe. Keine Ausgabe in der DDR.

JÖRG FAUSER
1944 in Bad Schwalbach (Untertaunus) geboren, lebt in München und West-Berlin.

● »Mann und Maus«. Erzählungen. München: Rogner & Bernhard.
Enthält die Erzählungen: »Du liebst mich nicht«, »Zuhause hab ich keine Zeit«, »Das Oberland von Burma«, »Die Bornheimer Finnin«, »Das Weiße im Auge«, »Sommeranfang«, »Nur dein Blut«, »An der Grenze«, »Der Anwalt des Volkes«, »Requiem für einen Goldfisch«, »Ich war da«, »Das Tor zum Leben«, »Mann und Maus«, »Miramare«, »1968«, »Das Glück des Profis«, »Wenn er fällt, dann schreit er«.

JÜRG FEDERSPIEL
1931 in Winterthur geboren, lebt in Zürich.

● »Die Ballade von der Typhoid Mary«. [Erzählung.] Frankfurt a. M.: Suhrkamp.

Respekt vor Mary Mallon
Balladen, haben wir im Deutschunterricht gelernt, erzählen von einem handlungsreichen, schicksalsvollen Geschehen. Auf das Leben der Mary Mallon angewendet, klingt diese Festlegung wie eine Untertreibung. Denn die – von außen betrachtet – unauffälligen, alltäglichen Handlungen dieser Frau entschieden so viele Schicksale, daß selbst viktorianische Autoren vor diesem Stoff den Hut gezogen hätten.
Jürg Federspiel hat Marys Lebensgeschichte nachgezeichnet: 1867 segelte das Auswandererschiff *Leibnitz* von Cuxhaven nach New York. Die Lebensbedingungen an Bord sind katastrophal, zahllose Passagiere siechen dahin, verhungern, verdursten oder sterben an Typhus. Zu den Toten zählen auch Marys Eltern und der Schiffskoch, der sich des dreizehnjährigen Mädchens angenommen hatte.
Der Koch Mallon macht aus dem Schweizer Emigrantenkind

Maria Mary Mallon, und er unterweist sie im Kochen. An diesen zwei Bestimmungen hält sich Mary ihr Leben lang fest: »Mein Name ist Mary Mallon, ich stamme aus Irland«, behauptet sie störrisch, trotz ihrer überdeutlich unirischen Aussprache, und: »ich kann kochen«, denn das Kochen ist genauso ein Teil ihrer Identität, die sie – wenn auch meist vergeblich – gegenüber all denen zu verteidigen sucht, die in ihr nur das Objekt ihrer schweinischen Begierden sehen.

So wie das Leben, präziser vielleicht: die Gesellschaft, in jedem Falle aber der Chronist die Rollen verteilt haben, kann sich Mary aus der Bestimmung, Objekt zu sein, nur in Ausnahmefällen befreien. Andere Menschen handeln an ihr, sie reagiert. Doch in ihr wirkt eine innere Kraft, die schicksalsbestimmend ist. Eine Kraft namens Typhus.

Mary ist nämlich an Bord der *Leibnitz* zur Typhusüberträgerin geworden. Sie selbst leidet nicht unter den Symptomen der Krankheit, aber ihre Kontaktpersonen – und als Köchin genauso wie als (meist unfreiwillige) Geliebte hatte sie viele Kontakte – rafft der Typhus dahin; nicht alle, so leicht läßt sich das Schicksal nicht ausrechnen, doch genug, um eine breite Spur in der New Yorker Gesellschaft der Jahrhundertwende zu hinterlassen.

Einige besonnene Mitglieder dieser Gesellschaft nehmen diese Spur auf, sehr spät übrigens, und diese Verzögerung hängt wiederum sehr eng mit der Art und Weise zusammen, in der diese Gesellschaft der Mary Mallon gegenübertritt: Die Symptome des Typhus halten Marys »Kontaktpersonen« für Nachfolgelasten der Lust. Und damit trauten sich damals nur wenige vor den Arzt.

Jürg Federspiel hat die Geschichte der Mary Mallon meisterhaft aufbereitet, meisterhaft, weil die historische Figur mit beständigem – und das schließt auch ein: sprachlichem – Respekt behandelt wird, ohne vorgeführt zu werden. Ein im Urgrund kreuzmoralisches Stück, wie geschaffen, die Schattenseiten frühkapitalistischer Doppelmoral auszuleuchten, tut eben dies, ohne kreuzmoralisch zu sein. Wüßten es unsere Literaturwissenschaftler nicht – wie immer – besser, man könnte aus dem schwarzen auch einen Schweizer Humor machen. Und wenn die Ballade ein Tanzlied ist, dann hat in diesem Buch der Ragtime den Rhythmus geschlagen. *Tilman Spengler*

Süddeutsche Zeitung. 8. 5. 1982.

LUDWIG FELS
1946 in Treuchtlingen geboren, lebt in Nürnberg.

● »Kanakenfauna«. Fünfzehn Berichte. [Prosastücke.] Darmstadt/Neuwied: Luchterhand.
Enthält die Prosatexte: »Jemand aus der Familie«, »Heimatfront«, »Arbeitsalltag«, »Mitteilungen aus dem Landleben«, »Schwarzer Schlaf«, »Anschläge«, »Zwangsurlaub«, »Traum Nr. 190«, »Eisträume«, »Wahngeschichten«, »Sportspot«, »Ayatollah Efjotes oder die weißblaue Dampfnudel«, »Die Erprobung des Herzstichs«, »Abschiedsbrief«, »273 Grad Celsius unter Null, im Schatten noch kälter« sowie »Schlußsatz«.

ERICH FRIED
1921 in Wien geboren, lebt in London.

● »Das Unmaß aller Dinge«. Erzählungen, Berlin: Wagenbach.
Enthält 35 Erzählungen.

MAX FRISCH
1911 in Zürich geboren, lebt in Berzona (Tessin) und in New York.

● »Blaubart«. Erzählung. Frankfurt a. M.: Suhrkamp.

Vom Schuldgefühl des Mannes. Max Frisch verurteilt in der neuen Erzählung »Blaubart« seinen Helden
Ein vollkommen klares, durchschaubar scheinendes, knappes Alterswerk. Verzweiflung, völlig unsentimental, hinter lakonischen Dialogen und eleganten Blackouts versteckt.

Wir begegnen, im Zusammenhang mit einem Dirnenmordprozeß vor dem Schwurgericht, Frischs Leid- und Leitmotiven. Dr. Felix Schaad, Internist, 54jährig, steht unter Anklage, weil seine ehemalige Gattin, Rosalinde Z., die als nobles Callgirl arbeitete, mit einem Schlips erwürgt worden ist. Folge: reale Verhöre vor Gericht. Später, nach dem Freispruch mangels Beweisen, der Schaads berufliche Existenz zerstört, weil die Öffentlichkeit zuviel über sein Privatleben erfuhr – imaginäre Gespräche. Befragungen. Nicht gelingende Ablenkungsversuche.

Die Geschichte liest sich weithin spannend wie ein Kriminalroman, hängt nur in der Mitte, um Seite 67, ein wenig durch, wenn der Held sich über seine Träume verhört glaubt. Aber die Erzählung bezieht ihre eigentliche Spannung nicht aus der vordergründigen Frage nach dem Täter. Denn daß Felix Schaad es nicht gewesen ist, liegt infolge einer auch von Max Frisch eingehaltenen Krimiregel offen zutage: Figuren dürfen sich im Selbstgespräch – und daran halten sich faire Krimiautoren – nicht selber belügen. Daß aber der Verdacht gegen Schaad »falsch« ist, sagt Schaad sich selbst.

Freilich, diese Prozeß-Situation, auch diese Bewußtseins-Prozeß-Situation beim späteren einsamen Durchspielen erdachter Gespräche, das ist hier nur souverän entworfene Erzählungsdramaturgie. Ans Licht kommen dabei die Liebschaften, die sechs Gattinnen des Dr. Schaad. Alle diese partnerschaftlichen Verhältnisse gingen auseinander. Mit seiner vorletzten Gefährtin, Rosalinde, kann Schaad tatsächlich erst dann entspannt freimütig zusammensein, nachdem sie sich von ihm getrennt hat, Edelnutte geworden ist – wenn also Klarheit herrscht und alle quälende Eifersucht dank der Callgirl-Eindeutigkeit erstarb. Die letzte Gefährtin, man entnimmt es ihrer Prozeßaussage, wendete sich allerdings unverhohlen von Schaad ab, eines Kameramannes wegen.

Lauter prägnant mitgeteilte Zweier-Situationen. Wer nichts von Max Frisch gelesen hat, begegnet hier mithin einem melancholisch-intelligenten Lebens- und Eheleidens-Abriß. Wer aber das Werk schon kennt, kann diese Kurzszenen auffüllen mit Unvergessenem und Bereicherndem. Da kommt manches aus dem »Stiller« wieder, einzelnes aus dem »Grafen Öderland«, das Ende des »homo faber«, der Spätstil von »Der Mensch erscheint im Holozän«.

Brillant neu ist freilich das kurze, enorm komische Porträt eines jovial selbstbewußten Freundes, eines heiteren Angebers namens Neuenburger, der überhaupt nicht merkt, wie phantastisch kränkend er daherredet und sich dabei herausstreicht.

Was an dem Büchlein nun aber beklemmend, wenn nicht gar ergreifend wirkt: Hier gibt jemand seinem Helden, seinem Alter ego, schuld. Gewiß, es hieß schon früher bei Max Frisch, auch ein »Vater« sei nicht immerzu Vater, sondern daneben schließlich Staatsbürger, Künstler, sich produktiv selbst entwickelnder Mensch – so wie hier der »Blaubart« meint, sein Verteidiger hätte nicht nur nach entlastenden Aussagen ehemaliger Ehegattinnen fahnden, sondern ruhig auch die selbstlosen und beeindruckenden Leistungen Schaads bei Namen nennen sollen. »Schließlich besteht eine Biographie ja nicht bloß aus Ehen.«

Aber im Mittelpunkt dieses Indizienprozesses, wo zu klären ist, ob der Beklagte dazu neigt, sich gewalttätig gegenüber dem anderen Geschlecht zu verhalten, steht unvermeidlich der partnerschaftlich-soziale Charakter des Angeklagten – also doch sein Verhältnis zu Frauen. Hier nun nimmt der Autor Max Frisch entschieden Partei. Und zwar gegen seinen Helden. Der bezichtigt sich zum Schluß sogar (keineswegs nur symbolisch) des Mordes, den ein anderer beging. Dr. Schaad, alias Blaubart, ahnt in seinem Verhältnis zu Frauen das Unverhältnis.

»Ich möchte den Angeklagten fragen, ob er der Meinung ist, daß er je eine Frau verstanden hat. Denn das scheint mir nämlich nicht der Fall zu sein, Herr Doktor, denn immer rätseln Sie an den Frauen herum, und wenn eine Frau sich nicht an Ihre männliche Deutung hält, was dann?«

Ja, was dann? Daraus folgt – und nie las man es so deutlich, bitter und calvinistisch bei Max Frisch – ein umfassendes

Schuldbewußtsein. Ein Schuldbewußtsein, das weit über verständnisvolles (unverständiges) oder verständnisloses (einleuchtendes) Verhalten zu Frauen hinausreicht bis in die Tiefe des Geschlechts. Es ist ein Schuldgefühl wegen des Sexus selber. Das hat mit »Mißverständnissen«, damit, daß es »kein gemeinsames Gedächtnis« gibt – ehemalige Ehepartner erinnern sich höchst verschieden –, wenig zu tun. Es quillt vielmehr aus dem Bewußtsein und Eingeständnis geschlechtlicher Urschuld. »Seit meinem vierzehnten Lebensjahr habe ich nicht das Gefühl, unschuldig zu sein.« Anders: In diesem Menschen herrscht seit dem Beginn der Geschlechtsreife, des Begehrens, seit der sogenannten Männlichkeit – ein Schuldgefühl!

Die letzten drei Prosabücher von Max Frisch – »Montauk«, 1975; »Der Mensch erscheint im Holozän«, 1979; und dieser »Blaubart« – sind meisterhaft, antimysteriös und folglich, wie man vorschnell urteilen könnte, leicht überschau- und konsumierbar, also irgendwie »simpel« geschrieben. Weil Frisch »vom Geheimnis nicht geheimnisvoll« redet, provoziert er dazu, ihn zu unterschätzen. Ihn – jetzt wäre ein milderes Wort für »banal« zu finden –, ihn, sagen wir's vornehm für *vorhersehbar wagnisarm* zu halten.

Aus eigener, betroffener Erfahrung mit dem späten Frisch warne ich vor solchen vorschnellen Flott-Urteilen. Offenheit, Überschaubarkeit, sanft-genau charakterisierende Witzigkeit: Das sind Darstellungsweisen, die nichts über den Wert des in dieser Art Beschriebenen besagen. So können überflüssige Bücher geschrieben sein – aber auch Meisterwerke.

Darum Vorsicht. Beim Wiederlesen von »Montauk« und dem »Holozän«-Einsamkeits-Text überwältigt nämlich die Haltbarkeit, die vollkommene Plastizität von Frischs Sprache. Deshalb seien alle schlauen Leser gewarnt, diesen Blaubart-Prozeß zu unterschätzen, bloß weil sie jedes Wort verstehen, weil sie in Frischs Problemen auch die eigenen wiedererkennen, und weil sie begreifen, daß es sich hier jemand unterhaltsam schwermacht, ohne mit Tiefsinn zu protzen. *Joachim Kaiser*
Süddeutsche Zeitung. 1. 4. 1982.

Mit einem Freispruch zu leben ist schwer. Darstellung einer kunstvoll nachgewiesenen Nichtigkeit: Max Frischs »Blaubart«

Max Frischs Bücher werden mit den Jahren immer einsilbiger, kürzer, lapidarer. Er »erzählt« im herkömmlichen Sinne nicht mehr. Er schematisiert sein Generalthema auf den jeweils kürzesten Nenner. Er läßt alles novellistische Flickwerk mit Fleiß fallen. Er verlegt, was da passiert, neuerdings in nur eine Gestalt. Ihr Reflex wird untersucht. Daraus ergibt sich (oder soll sich ergeben) der Konflikt mit einer ganzen Umwelt.

Frisch variiert auch hier sein altes Thema der »Selbstfindung«. So sehr modisch oder verbraucht diese suchende Bezeichnung inzwischen auch geworden sein mag: Er wendet sie für sich und seine Figuren in immer neuer Versuchsordnung an. Das Thema der neuerlichen Suche nach dem wirklichen Selbst ist schon auf der zweiten Seite dieses kleinen Buches angeschlagen und festgelegt: »Freispruch mangels Beweises. Wie lebt einer damit?«

Ein Mann, landläufiger Arzt, sonst kaum mit besonderen Charaktereigenschaften ausgestattet, stand unter Mordverdacht. Eine seiner sieben, nacheinander gehabten Frauen wurde zu einer Edelprostituierten. Er hat sie wieder besucht. Sie wurde an jenem Abend ermordet. Die Krawatte des Arztes wurde bei ihr gefunden. Mit ihr wurde die Frau, scheint es, erwürgt. Er kann beweisen, daß er den Mord nicht beging. Zeigt sich: Wie schwer es ihm wird, mit dem Freispruch zu leben.

Dies ist kein Krimi, der geschickt die Lösung trügerisch von vornherein verschenkte. Frisch geht seinem trübseligen Vorgang der Selbstfindung immer nur in rekapitulierten Reminiszenzen des Verdächtigten nach. Teile der Gerichtsverhandlung hört und wiederholt der Betroffene immer wieder. Der abgeschlossene Fall bleibt für ihn selber quälend offen. Er ist wahrhaft betroffen. Seine Existenz ist, seit der immer neu und quälerisch durchgespielten Gerichtsverhandlung, gänzlich vernichtet. Die Patienten bleiben aus. Der Freigesprochene wird von der Umwelt keineswegs freigesprochen. Er verludert bürgerlich. Er geht Nebenbeschäftigungen nach. Er spielt Billard.

Er wandert. Er lungert herum. Er erinnert sich seiner sieben, teils trostlosen, allesamt wenig beglückenden Ehen.

Er war, obgleich siebenmal verheiratet, im Grunde wahrlich kein »Blaubart«. Er hat unerheblich gelebt, merkt er jetzt selber. Er war der Liebe, stellt sich heraus, gar nicht fähig, der Leidenschaft eigentlich auch nicht. Sein Dasein verlief, wenn es auch Schreckliches bewirkte, im Grunde sinnlos. Er blieb menschenfremd. Es war im Grunde ganz unpersönlich, erwies sich als sinnlos, so scheinbar aufregend und abenteuerlich es anderen auch scheinen mußte.

Der Mann kommt der eigenen Leere auf den Grund. Er versucht am Ende, dies leere Dasein aufzulösen und wegzuwerfen. Er hat sich selber, scheint es, in einer Art serieller Selbstprüfung und an Hand von rückerinnerten Dialogen, Gerichtsprotokollen, Reminiszenzen grausam selbst durchschaut. Er will das leere Ende am Ende selber beenden. Auch das mißlingt ihm. Er muß weiterleben. Er ist gerettet – und ist zutiefst verloren, obgleich am allerletzten Ende sogar der eigentliche Mörder seiner erwürgten Gattin einer längst vergangenen Ehe tatsächlich gefunden wurde. Er wäre tatsächlich freigesprochen. Er ist es nicht. Er lebt weiter. Aber wie wird ein solcher überhaupt weiterleben können? Nun erst recht?

Wenn ein so erheblicher und bohrender Prozeß der Selbstverwirklichung am Ende gar nichts findet, das überhaupt einen Lebenssinn und einen Grund zur Existenz auch nur beiläufig ergeben könnte – was dann? Ein trostloseres Ende läßt sich nicht denken. Frisch, sich mit diesem kleinen Buche vorgefaßt in fast schrecklicher Erkenntnis von der Daseinsleere übend, gibt uns, wie im Nebenher, zum Schluß die weitaus trübseligste Lösung eines Versuches der »Selbstfindung« bekannt: Da ist gar nichts! Da war nichts! Da wird auch in Zukunft kaum etwas sein!

Frischs Beweislegung ist formal raffiniert und in der Kargheit der Preisgabe seines negativen Helden von einer kunstvollen Geschicklichkeit und dauernd enervierenden Verschwiegenheit. Ein trauriges Buch. Eine, wenn die Bestandsaufnahme überhaupt lohnte, eher bedrückende Bestandsaufnahme. Kein

Licht fällt auf diese Seiten – oder strahlt von ihnen zurück. Wenn etwas bewiesen wird, dann nur die alte, böse Erkenntnis des Propheten aus dem Alten Testament, daß das Leben leer sei und im tiefsten Sinne müßig, von eher schäbiger Beschaffenheit. Trost ist hier nicht zu finden. Trost will Frisch, muß man mutmaßen, diesmal uns auch gar nicht suggerieren. Er hat ein Dasein kalt skelettiert. Er gibt es in seiner totalen Nichtigkeit preis.

Anmerken aber darf man doch bedauernd, daß ein so vitaler und erfindungsreicher Autor in seinem 70. Lebensjahre bei der Darstellung einer kunstvoll nachgewiesenen Nichtigkeit angekommen ist; daß er soviel kalten Augenmerkes der Enthüllung einer schmerzlichen Lebensleere kunstvoll zuwendet; daß ein früher oft bewunderter Autor der angewandten, sicher immer schon skeptischen, aber doch deutlichen Lebensliebe nun mit einem so eigentlich schrecklich leeren Buche das Handtuch wirft.

Das ist einem leid und macht einen für den bedeutenden Dichter Max Frisch brüderlich bedenklich. *Friedrich Luft*

Die Welt. 17. 4. 1982.

BARBARA FRISCHMUTH
1941 in Altaussee (Steiermark) geboren, lebt in Wien.

● »Die Frau im Mond«. Roman. Salzburg: Residenz Verlag.

HANS J. FRÖHLICH
1932 in Hannover geboren, lebt in München.

● »Mit Feuer und Flamme«. Roman. München: Hanser.

FRANZ FÜHMANN
1922 in Rokytnice (ČSSR) geboren, lebt in Ost-Berlin.

● »Der Sturz des Engels«. Erfahrungen mit Dichtung. [Autobiographische Prosa.] Hamburg: Hoffmann und Campe.

ROBERT GERNHARDT
1937 in Reval (Estland) geboren, lebt in Frankfurt a. M.

● »Ich Ich Ich«. Roman. Zürich: Haffmans.

RALPH GIORDANO
1923 in Hamburg geboren, lebt in Köln.

● »Die Bertinis«.* Roman. Frankfurt a. M.: S. Fischer.

Warnung vor Deutschblütlern
Dieses Buch war notwendig, es hat gefehlt; es bietet Rückblick auf die unsäglichen Folgen des Rassenwahns, es kommt in einem Augenblick, wo Begriffe wie »reines Blut« oder gar »deutsches Blut« wieder zu spuken beginnen und Angst verbreiten; wo Sündenböcke für das schwindende Wachstum, fürs verblassende Wunder gesucht werden. Diese Reinblüter haben noch nicht begriffen, daß Reinheit des Blutes nur in Laboratorien festgestellt werden kann. Wie sieht jüdisches, türkisches, italienisches Blut unter dem Mikroskop aus? Gott und die freiheitlich-demokratische Grundordnung mögen uns vor den Deutschblütlern bewahren!
Ralph Giordano legt die Leidensgeschichte einer Familie italienisch-schwedisch-jüdischer Herkunft vor, die sich letzten Endes als deutsch, ganz gewiß als hamburgisch erweist, und Hamburg liegt ja mit einiger Wahrscheinlichkeit in Deutschland. Angst, Bedrohung, Schrecken, Verfolgung setzten für die Bertinis pünktlich Anfang Februar 1933 ein. Sie haben überlebt, welchen Umständen und Opfern mußten sie sich aussetzen, nur, weil in ihrer Familie die Kategorien »Volljüdin« (die Mutter), »Halbjuden« (die Söhne), »jüdisch versippt« (der Vater) vertreten waren?
Auch dieses Buch, »Die Bertinis«, ist ein Buch der Empfindsamkeit, ist voller Weh, hat keinen Platz für Wehwehchen. Empfindsamkeit ist die Voraussetzung für die Fähigkeit, alle Varianten der Feindseligkeiten, des Rassenwahns, des Opportunismus, auch des Widerstands und des Hasses auf dieses

verfluchte Nazisystem nicht nur zu registrieren, sondern auch sprachlich zu verkörpern und an Personen zu fixieren. Kommt jenes Etwas, das man Witterung nennen kann, hinzu, dann erkennt einer die »Speckrolle«, den nationalistischen deutschen Studienrat, der da seine »Itzigs« so rasch registrierte, auch heute noch, wo er möglicherweise in einer demokratischen Partei seinen Eifer gegen die Feinde der FDGO entfaltet.

Herkunft und sozialer Hintergrund der Bertinis werden von Giordano bis zum Jahre 1933 auf 150 Seiten mit Tempo, sie werden furios an- und ausgelegt. Italien, Schweden, Galizien. Ein armer sizilianischer Junge entflieht dem Elend, erlernt die Schneiderei, *ist* aber und wird Musiker. In seinem Leben mischen sich komische Oper und tragische Operette. Bei offenbarer Begabung scheitert er an sich selbst und an jenem Zeitgeschehen, das da Krieg heißt, Weltkrieg, Erster. Als Schneider beschließt er sein Leben: Giacomo Bertini, der eine heimatlose Schwedin auf Hamburgs Straßen aufliest, zu seiner Frau macht; die ihm den Sohn Alfredo, genannt Alf, gebiert.

Den anderen Großvater, Ahab Seelmann, biederer, rundköpfiger Kurzwarenvertreter jüdischer Herkunft aus Holstein, führt es auf seinen Reisen weit in den Osten Europas. Er wird Augenzeuge eines Pogroms. Ahnungsvolle Angst befällt ihn, als im Jahre 1875 von seiner Frau Kezia (Zimtduft) eine Tochter geboren wird, die schöne, resolute, nörglerische, keineswegs zimperliche Recha, die unehelich von einem galizischen Schönling Lea zur Welt bringt, die später Alf Bertini heiraten wird.

Zwischen 1875 und 1933 bestätigen sich die angstvollen Ahnungen des Ahab Seelmann nur in Andeutungen: da bekommt seine Enkelin Lea für einen Aufsatz, obwohl sie, wie der Lehrer ihr sogar ausdrücklich klarmacht, *eigentlich* eine Eins verdient hätte, eine Drei, weil sie eine »Jiddsche« ist. Vorzeichen einer merkwürdigen Eigentlichkeit. Für Lea wird das zum unvergessenen Urerlebnis.

Ohne Tempoverlust führt der Autor die Exposition über 150 Seiten hinweg. Es fehlt auch keineswegs an *Innerlichkeit*. Was

geht in einem zehnjährigen Jungen vor sich, dessen Volksschullehrer anläßlich des Reichstagsbrandes seiner Mutter zur Emigration rät? dem am ersten Schultag in der Sexta des vornehmen Hamburger Johanneums eben jene »Speckrolle« einprägt, daß er zu den »Itzigs« gehört? Einem Jungen außerdem, der keine soziale Sicherheit spüren kann? dem die extrem behütende Mutter immer nur Verstecke, Flucht bietet? Liegt die Ängstlichkeit von Lea Bertini in der Drei begründet, die *eigentlich* eine Eins war? Was wird in Kindern angerichtet mit solchen Bemerkungen? Was treibt Lea Bertini dazu, ihre Kinder möglichst im Hause und dort möglichst im Bett zu halten, während Alf, ihr Mann, der Vater, auf allen Ebenen seiner Existenz – beruflich, charakterlich, geistig – Windigkeit verbreitet?
Innerlichkeit genug. Alf Bertini, von seinem pathetischen Vater zum Wunderkind geradezu verflucht, hängt dieser Fluch, dem er nie gerecht werden kann, sein Leben lang an; diese verfluchte Gewißheit, zu höherem musikalischem Tun geboren, ja bestimmt zu sein, während er dazu verdammt ist, in Stummfilmkinos schäbigster Sorte Klavieruntermalung zu liefern. Eine extreme Familie, extrem familiengebunden, in Extremen zwischen wirtschaftlicher Not und Anspruch lebend, hin und her geworfen und gerissen in jenem explosiven Dreieck:
Bohème-Kleinbürgertum-Proletariat, schwankend zwischen Lea, der Übermütterlichen, Ängstlichen und Liebevollen, und dem wunderkindfluchbeladenen, absolut gescheiterten, menschenfeindlichen Vater.
In diese Unsicherheit hinein, die man noch als soziale bezeichnen kann, kommt nach der Emigrationswarnung des Lehrers Blaß, nach der Itzig-Registrierung der »Speckrolle«, morgens um 5, zur rechten Gestapozeit, die »Melone«, ein Gestapobeamter, der die Bertinis auf Grund einer Denunziation aufscheucht. »Mit dieser kalten Morgenstunde beschlossen Roman und Cesar Bertini ihre Kindheit, die einzige und kurze Phase ihres Lebens, in der sie eine heimatliche Ahnung verspürt hatten...« Und wenige Zeilen weiter heißt es: »Hier

endet das, was die Bertinis später die ›unpolitische Vorgeschichte‹ nennen werden, und es beginnt ihre Geschichte: Die Apokalypse.«

Von da, von Anfang 33 an, braucht sich der Autor um »Spannung«, die er 150 Seiten lang furios durchgehalten hat, nicht mehr zu sorgen: die Zeitgeschichte lieferte sie ihm; Jüdin, Halbjuden, jüdisch versippt – das genügte damals, um einen »in Atem zu halten« bzw. jene Atemlosigkeit zu bieten, die diesen umfangreichen Roman von knapp 800 Seiten bis zum Ende beherrscht. Berufsverbot für Lea, die ihre größere Begabung dem peinlichen Alf zuliebe geopfert hat, der ihr aber immerhin in seiner genialen Herablassung gestattet hat, durch Klavierunterricht ein Zubrot zu verdienen.

Nein, gemütlich wird's in diesem Roman nie wie in manchem Riesenschinken, in dem man sich's behaglich machen kann. Schulschwierigkeiten, Berufsschwierigkeiten – letzten Endes verlassen die Brüder Bertini das hochvornehme Gymnasium, schikaniert, entsetzt über die blutigen Schikanen an jüdischen Mitschülern. Der einzig einsichtige, empfindsam-widerständige Lehrer, Studienrat Freund, wird verhaftet, Opfer der »Speckrolle« und der zeitgemäßen »Stimmung«. Durchwursteln in ungeliebten Berufen, Bombardierung der trotz allem geliebten Wohnung, denn wieder einmal gibt's da ein Zeitgeschehen, das Krieg heißt, Weltkrieg, Zweiter, bösartige Nachbarn, hilfreiche.

Immer bedroht, immer in Angst – wer sagt da, daß Angst irrational ist? Die Nürnberger Gesetze waren Anlaß für durchaus begründete Angst. Sollte, dürfte man die Familie Bertini Globke-Opfer nennen? Weiß da noch einer, wer Globke war, und weiß etwa einer, daß er der Grund dafür war, warum so wenig emigrierte Schriftsteller in die Bundesrepublik zurückgekehrt sind?

Dieser brave untadelige Mensch von einwandfreier Konfession, der (für ihn) ungemütliche Zeiten in frommer Verborgenheit verbrachte, prompt zur Stelle war, als man ihn (wozu?) brauchte, hat möglicherweise mehr Schaden angerichtet als die gegenwärtige Opposition wahrhaben möchte. Ich weiß, Globke allein war es nicht, nein, es waren viele – und keiner hat's gewußt. War er möglicherweise das *missing link* zwischen Besinnung und totaler Restauration? Hat einer gewußt oder geahnt, wieviel Todesurteile, wieviel entsetzliche Ängste sich hinter den Nürnberger Gesetzen verbargen? Die Bertinis haben es erfahren, sie haben es *erlitten,* und wer Leid für ein zu pathetisches Wort hält, mag sich überlegen, wie schrecklich er *leiden* muß, wenn da einer an seinem Auto herumkratzt. Ausgebombt, verschlagen in ein Dorf in der Altmark, wo sie überraschend viel Hilfe erfahren, ständig unter Todesangst, denn da gibt's den Gemeindediener Theodor Wandt, in dessen *Hand* ihr Schicksal liegt. Weiß einer, was es bedeuten kann, wenn Leben oder Tod in der *Hand* eines Menschen liegen?

Kluge Leute beklagen immer, *der* Roman der Epoche sei noch nicht geschrieben. Die klugen Leute vergessen, daß der Roman der Epoche von vielen geschrieben wird, nicht von einem geschrieben werden kann. Was wäre die von Thomas Mann beschriebene Epoche, der er sich mit *seinen* Mitteln von *einer* Seite näherte, ohne Heinrich Mann, Alfred Döblin und viele andere, die kaum aufzuzählen wären, die sich ihr mit *ihren* Mitteln von *anderer* Seite genähert haben? Giordanos Roman ist eine notwendige Ergänzung zum »Kindheitsmuster« und zur »Blechtrommel«, zum »Heimatmuseum« und »Tadellöser & Wolff«, zu vielen anderen autobiographisch eingefärbten Romanen über die Epoche, die 1933 begann und 1945 endete. Authentische Lebensberichte, Gedichte, historische Analysen gehören ebenfalls zum »Roman« der Epoche.

Die Bertinis haben überlebt. Nach Hamburg zurückgekehrt in einem Trümmerloch von Wohnung, in den letzten Kriegsmonaten in einem wahren Rattenloch von Versteck, untergetaucht nach Zwangsarbeit und totaler Unsicherheit. Diese Fünf-nachzwölf-Periode deutscher Geschichte ist ja noch nicht erschöpfend beschrieben. Welche Ewigkeit lang diese fünf Minuten gedauert haben, wieviel Tote sie gekostet haben: Juden, Kommunisten, Deserteure, Flüchtlinge? Fünf Minuten nach Stalingrad – das waren fast zweieinhalb Jahre zuviel, wo die vorausge-

henden zweieinhalb Jahre schon reichlich waren. Diese fünf Minuten waren für die Bertinis die Hölle, Inferno, Apokalypse.
Sie hatten Freunde, Helfer, Gesinnungsgenossen – Erich Snider und Erika Schwarz, diese große proletarische Heldin, die weder bedankt noch besungen werden wollte; Helene Neiter, Lutzmann und die Mitschüler Peter Togel und Walter Janns, in dem man unschwer den überraschend akrobatisch begabten Walter Jens erkennen kann, Todesnachrichten aus Auschwitz erreichen sie früh genug, um ihnen klarzumachen, was ihnen bevorstehen könnte.
Sie haben überlebt, aber unter welchen Gefahren für sie und die, die ihnen halfen! Ist dem großen Flüchtlingsretter Dönitz je eingefallen, wieviel Flüchtlinge er hätte retten können, wenn er wenigstens nach Stalingrad erkannt hätte, wie lange fünf Minuten dauern können?
Überraschend – und das erhöht die Wichtigkeit des Romans –, daß die Bertinis keineswegs so ungeheuer sympathisch herauskommen: der peinliche Alf, der etwas dumpfe Cesar, der zusätzlich, seinem Geschlechtstrieb ziemlich ungehemmt folgend, auch noch die schreckliche Drohung der »Rassenschande« über die Familie und seine beglückten Partnerinnen bringt; der kalte Ludwig, der ein wenig zu schöne Held Roman, Organisator der Rettung, *eigentlich* ein Romantiker; der immer seinen »Schau heimwärts, Engel« von Thomas Wolfe mit sich herumschleppt: in Frieden und Krieg, in Dreck und Elend, in der Vorhölle und der Hölle – und so ist denn auch mehr als ein Hauch von der sehnsüchtigen Bitterkeit des »Schau heimwärts, Engel« in die Bertinis eingedrungen, nicht zu ihrem Schaden. Schließlich Lea, *die* Mutter: willig, ängstlich, ergeben, immer im Küchendrill, sie war doch zu Besserem geboren.
Heimwärts – wohin führt das? Emigration wird erwogen, fast beschlossen, aber es ist ausgerechnet »Jack the Socialist«, ein englischer Soldat jüdischer Herkunft, der den Bertinis klarmacht, daß sie *Deutsche* sind. Zumindest Hamburger, und Hamburg liegt ja in diesem merkwürdigen Deutschland, in dem die Nürnberger Gesetze nicht nur *möglich* waren, in dem sie auch ausgeführt wurden.

Es gab ja genügend »Speckrollen«, ausreichend Theodor Wandts, scharenweise »Melonen«, und auch Eitel-Fritz Hattenroth, dieser stramme Monarchist, der die »Braunen« so sehr verachtete und doch die Bertinis als Juden denunzierte, weil er gedachte, in ihrer Wohnung Quartier zu nehmen – auch er war kein einzelner.

Schließlich den lieben und feinen, freundlichen, großzügigen Herrn Mörtling, der ungefähr sechs oder sieben Minuten nach zwölf dann die Bertinis in seine Villa aufnahm, weil »solche Leute« in diesen Geschichtsminuten ihm durchaus nützlich erschienen. Lange haben diese Minuten nicht gedauert, »solche Leute« waren nicht sehr lange wirklich »nützlich«, ganz abgesehen davon, daß solche Leute wie die Bertinis mit ihren Lebensgewohnheiten nicht sehr gut in eine Patriziervilla paßten.

Familienromane bringen gewöhnlich Ärger, auch wenn die »Buddenbrooks« nicht »Mann«, die »Bertinis« nicht »Giordano« heißen. Ich kann nicht beurteilen, ob bei letzteren ausreichend »verfremdet« worden ist, ob sie gar Porträts enthalten, möglicherweise sogar zutreffende; Zutreffendes kann ja auch kränkend sein oder wirken, und in der möglichen Gekränktheit gleichen sie sich, ob sie nun »Clan« oder »Mischpoke«, »Sippe«, »Stamm« oder einfach »Familie« heißen.

Heinrich Böll
Der Spiegel. 3. 5. 1982.

HENNING GRUNWALD
1942 in Bremen geboren, lebt in Erlangen.

● »Der Narr wirds schon reimen«. Gedichte. Stuttgart: Klett-Cotta.

PETER HÄRTLING
1933 in Chemnitz geboren, lebt bei Frankfurt a. M.

● »Die dreifache Maria«. Eine Geschichte. Darmstadt/Neuwied: Luchterhand.

PETER HANDKE
1942 in Griffen (Kärnten) geboren, lebt in Salzburg.

● »Die Geschichte des Bleistifts«. [Prosaaufzeichnungen.]
Salzburg: Residenz Verlag.

Langsame Himmelfahrt. Peter Handke: »Die Geschichte des Bleistifts«

Das Zeitalter der Kritik ist zu Ende. Ein neues Zeitalter beginnt, und der Dichter Peter Handke ist sein Prophet. Am Ende des Romans »Langsame Heimkehr« (1979) erlebt der Naturforscher Sorger in einem New Yorker Coffee Shop plötzlich einen Augenblick inniger Verbundenheit mit allen Menschen und ihrer Geschichte. Er notiert dieses Erlebnis:
»Was ich hier erlebe, darf nicht vergehen. (...) Meine Geschichte (unsere Geschichte, ihr Leute) soll hell werden, so wie der Augenblick hell war; – sie durfte bisher ja noch nicht einmal anfangen: als Schuldbewußte zu niemandem gehörend, auch nicht zu den anderen Schuldbewußten, waren wir außerstande, in der friedlichen Menschheitsgeschichte mitzuschwingen, und unsere Formlosigkeit bewirkte nur immer neue Schuld. Zum ersten Mal sah ich soeben mein Jahrhundert im Tageslicht, offen zu den anderen Jahrhunderten, und ich war einverstanden, jetzt zu leben. Ich wurde sogar froh, ein Zeitgenosse von euch Zeitgenossen zu sein, und ein Irdischer unter Irdischen: und es trug mich (über alle Hoffnung) ein Hochgefühl – nicht meiner, sondern menschlicher Unsterblichkeit. Ich glaube diesem Augenblick: indem ich ihn aufschreibe, *soll er mein Gesetz sein.* Ich erkläre mich verantwortlich für meine Zukunft, sehne mich nach der ewigen Vernunft und will nie mehr allein sein. So sei es.«
Also sprach Peter Handke.
Am Ende seines kürzlich in Salzburg uraufgeführten Theaterstückes »Über die Dörfer« steigt Nova, die Künderin von Handkes Botschaft, auf die Friedhofsmauer und rät uns Menschen zu Glaube, Liebe und Hoffnung:
»Aus mir spricht der Geist des neuen Zeitalters (...) Schüttelt euer Jahrtausendbett frisch. Bewegt euch. Die lebenslang Sie-

chen, das seid nicht ihr. Eure Kunst ist für die Gesunden, und die Künstler sind die Lebensfähigen – sie bilden das Volk. Übergeht die kindfernen Zweifler. Wartet nicht auf einen neuen Krieg (...) Übt, übt die Kraft der schönen Überlieferung – damit das Schöne nicht jedes Mal wieder nichts war. Erzählt einander die Lebensbilder. Was gut war, soll sein. Verlangsamt euch mit Hilfe der Farben – und erfindet: seht das Grün und hört das Dröhnen, und verwandelt eure unwillkürlichen Seufzer in mächtige Lieder. Ja, in den wahrhaften Momenten entsteht ganz natürlich das Gebet zu den Göttern: der Himmelsschrei ist die Form, und die Form zeigt im Raum die Arkade: unsere Kunst muß aus sein auf den Himmelsschrei!«

In seinem jüngsten Buch »Die Geschichte des Bleistifts«, einem Journal aus den Jahren 1976 bis 1980, bestehend aus Beobachtungen, Maximen und Reflexionen, notiert Peter Handke: »Wie ansteckend sind die Stumpfsinnigen, die Uninteressierten, die alles Abwehrenden; wie schwer ist es, neben ihnen auf dem Erlebnis und der Begeisterung zu beharren.« Und an anderer Stelle: »Tatsache ist, daß ich nichts lesen mag, was ›kritisch‹ ist.« Von ihrer Mauer herab höhnt Nova über »die Illusionslosen«, »die Freudeverderber«, »die unernsten Spötter«.

Was soll ich dazu sagen? Muß ich an den Himmelsschrei glauben? Der Rezensent ist Kritiker. Der Kritiker analysiert, nimmt auseinander, sucht nach der Schwäche, nach den Fehlern, weniges nur ist ihm heilig, er traut nicht dem schönen Schein, er glaubt nicht, sondern er zweifelt, er freut sich am Mißglücken ebenso wie am Geglückten, die Polemik ist seine Waffe.

Vielleicht ist der Kritiker ein elendes Geschöpf, böse, weil glaubenslos. Aber ist nicht jeder Intellektuelle auch ein Kritiker, also ein »Freudeverderber«? Müssen wir uns jetzt schämen, weil wir in Handkes Botschaft vom neuen Zeitalter so schlecht wegkommen? Oder sollen wir lachen und spotten, weil Handke so inbrünstig die alten, verstaubten, längst sinnlosen Begriffe entdeckt? »Die Menschheit« und »das Volk«, »die

Liebe«, »die Dankbarkeit« und den »Jubel«, »das Schöpfungsrätsel« und »die Wahrheit«? Ja, lachen könnte man schon darüber, aber es sollte kein höhnisches, besserwisserisches Lachen sein, sondern ein verwundertes, ungläubiges Lachen. Denn Handke meint es ernst, und wovon er spricht, das ist ernst.
Zu den Standardzitaten, auf die sich Kritiker und Schriftsteller oft berufen, gehört Erich Kästners Gedicht über das »Positive«: »Und immer wieder schickt ihr mir Briefe, / in denen ihr, dick unterstrichen, schreibt: / ›Herr Kästner, wo bleibt das Positive?‹ / Ja, weiß der Teufel, wo das bleibt.« Kästner gab diese Antwort 1930, in einer Zeit, als gegen die Intellektuellen und Schriftsteller gehetzt wurde und das Wort von der »zersetzenden Kritik« umlief. Durchaus möglich, daß solches sich irgendwann oder bald wiederholt. Gegenwärtig jedoch ist die Berufung auf Kästner ein bißchen einfach, und viele leichtgewichtige Leute haben das Instrumentarium der Kritik zu bloßem kritischem Geklapper verkommen lassen. Die Literatur schwelgt in Metaphern der Finsternis, der Verzweiflung, des Weltuntergangs, und die Kulturkritik folgt ihr schwungvoll nach. Die Apokalypse ist wohlfeil geworden. »Global 2000« und »Die Grenzen des Wachstums« beherrschen die Partys, und jeder Schwätzer kann mitreden.
Insofern ist Peter Handkes entschlossene Hinwendung zur Menschenfreundlichkeit und zur Daseinsfreude ein mutiger Einzelfall. Ein problematischer, gewiß. Aber dadurch, daß er seine Botschaft so seltsam einzelgängerisch und trotzig gegen eine Welt des Mißvergnügens setzt, gewinnt sie oppositionelle Qualität. Nahezu alles, was Handke in den letzten Jahren geschrieben hat, ist geprägt von einem unbedingten Willen zum Positiven. »Die Lehre der St. Victoire« (1980), eine Poetik, beschreibt den Weg, den Handke ging. Es war wirklich ein Weg, nämlich hinauf auf jenen Berg, den Cézanne so oft gezeichnet und gemalt hat. In diesem Buch heißt es: »In Grillparzers ›Armem Spielmann‹ las ich dann: ›Ich zitterte vor Begierde nach dem Zusammenhange.‹ Und so kam wieder die Lust auf das Eine in Allem. Ich wußte ja: Der Zusammenhang ist möglich.«

Handke versucht hier eine pantheistische Versenkung in die Natur. In der »Geschichte des Bleistifts« notiert er: »Manchmal hebt sich in mir, strebt in mir ein Jubel nach außen, einfach über die verschiedenen Gegenden der Erde und will aus mir heraus (ein Jubel über das Fließen dieses Flusses, über den Verlauf dieses Bergrückens) ...« Er spricht auch von der »Lust, sich in die Landschaft zu verwandeln«, und ein andermal heißt es: »Ich spüre immerhin schon die Biegung einiger Flüsse der Erde in mir. Zeit, verjüngendes Licht!«
Es ist wirklich nicht immer leicht, diese Überschwenglichkeit nachzuvollziehen. Aber möglicherweise kommt es darauf nicht an. Vielleicht ist die Distanz, die Handke mit solchen Sätzen zwischen sich und dem Leser bekräftigt, gewollt und nützlich. Daß manche Notizen einfach lächerlich klingen, ist ein Risiko, das Handke bewußt in Kauf zu nehmen scheint. Immerhin bleibt dieses Buch, im Gegensatz zu dem Journal »Das Gewicht der Welt« (1977), nicht im Privaten stecken. Mit einer alles umgreifenden Gebärde zielt es auf das Allgemeingültige. Goethes »Maximen und Reflexionen«, oft zitiert und weitergedacht, sind das Vorbild, ebenso Goethes Farbenlehre und Naturanschauung. Stifter, Nietzsche, Spinoza, Heidegger, Thukydides, Homer – mit diesen Denkern und Schriftstellern setzt sich Handke so ernsthaft auseinander, daß man ihm den Satz abnimmt: »Die Klassiker: ich habe meine Genossen gefunden.«
Gefunden hat Handke nicht nur die Bausteine einer positiven Weltdeutung, sondern auch (was mir wichtiger scheint) ein poetisches Verfahren, sich Natur anzueignen. Schon die »Langsame Heimkehr« begann mit Landschaftsbeschreibungen, die an die Minimal Music erinnern: immer neue, minuziöse Variationen einer geheimnisvollen, kargen Naturszenerie. Die Landschaftsbeobachtung verlangsamt sich kontinuierlich bis zum Stillstand. Jenes »Nunc stans«, das Handke in der »Lehre der St. Victoire« näher beschreibt (auch in der »Geschichte des Bleistifts« kehrt es immer wieder), also der Stillstand von Zeit und Raum im Augenblick der sich völlig hingebenden, sozusagen leeren Wahrnehmung – dies hatte er schon in der »Langsamen Heimkehr« dargestellt.

Die etwa zwanzig Seiten umfassende Landschaftsvision »Der große Wald« aus der »Lehre der St. Victoire« ist eine wunderbar minimalistische, an Stifter erinnernde Studie. Auch in diesem neuen Buch sind einige solcher Prosafragmente. Die Beschreibung eines allmählich einsetzenden Regens oder der verschiedenartigen Geräusche, die der Wind in den Blättern der Bäume erzeugt – dergleichen kann niemand so wie Peter Handke.
»Der Regen fiel immer schneller, als würde er im Lauf der Zeit schwerer, und die Blätter bewegten sich jetzt nicht mehr vom Wind, sondern nur noch vom darauffallenden Regen. Ein einzelnes Blatt erzitterte zweimal, von einem Doppelschlag, der es fast gleichzeitig traf, und dann fiel ein Tropfen auf den Blattstiel, unmittelbar am Blattansatz, als ein ganz starker Hieb. Manchmal geschah eine Zur-Seite-Bewegung des Baums im ganzen, ein Auspendeln der Zweige unter den Tropfenschlägen: große Anmut des jungen Baums im geschwindfallenden Regen.« Handkes Sprache versenkt sich derart erfindungsreich in die Erscheinungen der Natur, daß bewegte Gemälde entstehen. Sein Ziel, er möchte »nicht als Schriftsteller bekannt sein, sondern als ein Sachverständiger, der seine Sache liebt«, hat er hier wirklich erreicht.
So bewunderungswürdig und empfindlich Handkes Sprachgefühl in solchen Momenten ist, so sehr verläßt es ihn dann wieder, wenn er als Botschafter des neuen Zeitalters auftritt. Das zeigt sich zum Beispiel an der überaus subtilen Verwendung von Anführungszeichen. In der »Geschichte des Bleistifts« können sie vielerlei bedeuten. Ein Zitat, eine Distanzierung, den ironischen Gebrauch eines Wortes, aber auch die eigentliche, besonders eindringliche Verwendung eines Wortes. Manchmal bezeichnen sie auch einen Wechsel in der Erzählhaltung.
Dies alles ist ein Ausweichen vor dem Wörtlichen, vor dem Benennen. Handke zuckt wohl selber manchmal zurück vor dem gigantischen Vokabular, in dem seine Botschaft einherschreitet. »Ich will die Weltherrschaft: um alles lieben zu können.« – »So oft glaube ich mich ganz nah an der Lösung des

Schöpfungsrätsels.« – »... ich möchte die ganze Menschheit mitnehmen.« – »Wenn ich die Harmonie finde, ist es die Harmonie der ganzen Welt.« – »Das Schöne, das ich erlebe, will dargebracht werden; dargebracht werden wem? Dargebracht werden.«

Das Problem bei solchen Sätzen ist weniger, daß sie den Leser völlig ratlos lassen. Das wäre nicht schlimm, denn ein Merkmal dieses Buches ist ja das tastende Suchen nach neuen Einsichten, das Noch-nicht-Fertige. Nein, diese Sätze klingen plötzlich hohl, es dröhnt ziemlich dumpf aus irgendwelchen Tiefen.

Was hier so dumpf dröhnt, sind Handkes Mystifikationen. »Meine Flucht – wenn es eine ist – ist eine Flucht hin zum Geheimnis«, notiert er einmal. Geheimnis ist aber nur das, was sich unserem Verstand wirklich entzieht, und sicherlich nicht das, dem sich unser Verstand entzieht, aus Bequemlichkeit. Allzuoft konstruiert Handke Geheimnisse vor der Erkenntnisgrenze, anstatt sie hinter der Erkenntnisgrenze aufzuspüren.

Der Grund ist nicht Geheimnistuerei (dafür wirkt dieses Buch zu aufrichtig), sondern eine allergische Empfindlichkeit Handkes gegen die traditionellen Kategorien der Aufklärung: Kritik, Rationalität, »negative Dialektik«. Die Motive dieser Abwehr sind leicht zu verstehen. Wir kennen inzwischen die Kehrseite der Aufklärung: Die Herrschaft der Vernunft ist zur Herrschaftsvernunft geworden, die Rationalität ist in die Hände der Technokraten gelangt und zur Zweckrationalität verkommen.

Aber kann man deshalb auf das Instrument der Kritik verzichten? »Kritik«, so schrieb Adorno 1969, »ist aller Demokratie wesentlich. Nicht nur verlangt Demokratie Freiheit zur Kritik und bedarf kritischer Impulse. Sie wird durch Kritik geradezu definiert. (...) Wenig übertreibt, wer den neuzeitlichen Begriff der Vernunft mit Kritik gleichsetzt.« Dem verweigert sich Handke. Nicht nur, indem er sich direkt gegen Kritik wehrt und sie als destruktiv empfindet. (Einmal schreibt er: »Das Sinnlosigkeitsgefühl kommt mir allmählich tatsächlich sündhaft vor.« Das ist ein die Kritik abwehrender Gedanke.) Handke entzieht sich vor allem dadurch der Kritik, daß er gläubigen Nachvollzug verlangt. Er nimmt den Leser eng an die Leine seiner Botschaft, führt ihn auf schmalem Grat hinter sich her zum Gipfel seiner Erkenntnis.

In seinen letzten Büchern baut Handke einen geheiligten Raum, in den einzutreten für den Leser bedeutet, auf das Profane, auf Kritik und Widerspruch also, zu verzichten. »Die ideale Schreibhaltung«, sagt er, »ist das ›Ich sage euch‹«. Das ist nicht zufällig eine biblische Wendung. Die »Geschichte des Bleistifts« ist nicht nur voll von Reflexionen über die Religion und über das Göttliche, sie ist selber religiös insofern, als sie den Gang der Argumentation nicht selten verkürzt zugunsten von Glaubenssätzen. Damit habe ich meine Schwierigkeiten. Ich erinnere mich allerdings daran, daß mich bei der großen Rede Novas von der Friedhofsmauer herab, während einer Aufführung der Salzburger Festspiele, Rührung überfiel. Die Frohbotschaft kam mir auf einmal schön vor und richtig, und die Frage, ob sie dem kritischen Verstand gewachsen sei, wurde nebensächlich. Auch in diesem Buch gibt es Passagen, die eine Evidenz vor aller Reflexion ausstrahlen.

Wir sind ja heutzutage empfänglicher für magische Formen und Praktiken. Was wir früher für irrational und anti-aufklärerisch hielten, verwerfen wir heute nicht mehr total. Wir entdecken die Kräfte der Natur und die Fragmente einer verschütteten Vergangenheit, in der die Herrschaft der Vernunft noch nicht total war. Insofern ist Peter Handke möglicherweise, wie so manches Mal in seinem Schriftstellerleben, den Zeitgenossen um die richtige Frist voraus, jetzt schon aussprechend, was wir erst ungewiß ahnen. Und vielleicht ist seine Botschaft des neuen, positiven Zeitalters nicht rückständig, sondern vorgreifend. Sie ersetzt die »Kritische Theorie« der Frankfurter Schule, die zwanzig Jahre die Denkmuster lieferte, durch eine »Unkritische Theorie«. An die Stelle des Zweifels tritt der Glaube, statt Relativismus bietet sie Endgültigkeit, statt Kritik Affirmation.

Politisch verstanden ist das schrecklich. Aber Dichtung ist keine Handlungsanweisung, sie hat das Recht, sich zu irren, und ihre

Wahrheit ist eine andere als die von Theorie. »Wahr« sind Handkes Bücher in der Schönheit ihrer Sprache, in der entdeckerischen Präzision ihrer Wahrnehmung. Darin sind sie einzigartig, das ist ihre Botschaft, nicht die, die Handke propagiert.
Aber diese Propaganda ist wichtig für ihn, sonst käme er nicht immer wieder hartnäckig auf sie zurück. Sein Wille zum Positiven und zum Schönen ist die Kehrseite einer Angst vor dem Schrecklichen, Häßlichen, Gemeinen. Es kommt ja auch in seinen Büchern immer seltener vor. Veredelung und Stilisierung zu einem freundlichen Menschsein hin – das ist sein Ziel, seine Obsession. Noch das Böse und Elende bildet er um in eine klassische Form, in schöne Beherrschtheit. Dieser Gestaltungswille, der das Chaos in höhere Ordnung bringt, ist möglicherweise der Grund dafür, daß die Prosa Peter Handkes auf mich manchmal seltsam ätherisch, blaß, wirklichkeitsentfernt wirkt.
Der böse Blick eines Thomas Bernhard oder die rüde Profanität eines Rolf Dieter Brinkmann, die den menschlichen Abgründen zugeneigte Prosa eines Gerhard Roth oder die ordinäre Gewalt eines Ludwig Fels – solche Literatur, die unvollkommen, schmutzig, finster ist, steht unseren Erfahrungen, unserer Zerrissenheit näher. Aber in der Literatur hat es immer diese Antipoden gegeben: Goethe und Kleist, Tolstoi und Dostojewski, Rilke und Kafka.
In einem Brief vom 19. August 1909 schreibt Rilke: »Es kann im Schrecklichen nichts so Absagendes geben, daß nicht die multiple Aktion künstlerischer Bewältigung es mit einem großen positiven Überschuß zurückließe, als ein Dasein-Aussagendes, Sein-Wollendes: als einen Engel. *Ulrich Greiner*

Die Zeit. 8. 10. 1982.

CHRISTOPH HEIN
1944 in Heinzendorf geboren, lebt in Ost-Berlin.

- »Nachtfahrt und früher Morgen«. Prosa. Hamburg: Hoffmann und Campe; Berlin/Weimar: Aufbau-Verlag, 1980 (dort mit dem Titel »Einladung zum Lever Bourgeois«).

Enthält die Prosastücke: »Die russischen Briefe des Jägers Johann Seifert«, »Aus: Ein Album Berliner Stadtansichten«, »Leb wohl, mein Freund, es ist schwer zu sterben«, »Der neue (glücklichere) Kohlhaas«, »Einladung zum Lever Bourgeois«.

HELMUT HEISSENBÜTTEL
1921 bei Wilhelmshaven geboren, lebt bei Glückstadt (an der Stör).

● »Von fliegenden Fröschen, libidinösen Epen, vaterländischen Romanen, Sprechblasen und Ohrwürmern«. 13 Essays. Stuttgart: Klett-Cotta.
Enthält folgende Aufsätze: »Der fliegende Frosch«, »Mümmelmann oder Die Hasendämmerung«, »Die Erfindung der Libido«, »Addrich im Moos und der März 1848«, »Karl Kraus und die Folgen«, »Nicht Marlitt oder Anna Blume, sondern Marlitt und Anna Blume«, »Die Rache der Sprechblase«, »Was der Mann in der Untergrundbahn vor sich hin pfeift«, »Von der Lehrbarkeit des Poetischen oder Jeder kann Gedichte schreiben«, »Warum Gedichte einfacher zu lesen sind als die Tagespresse«, »Deutsche Lyrik der achtziger Jahre?«, »Vom Interesse der Philosophie«, »Über den Begriff der Verarschung als literarisches Kriterium«.

ECKHARD HENSCHEID
1941 in Amberg geboren, lebt dort und in Frankfurt a. M.

● »Roßmann, Roßmann ...«. Drei Kafka-Geschichten. Zürich: Haffmans.
Enthält die Erzählungen: »Roßmann, Roßmann ...«, »Franz Kafka verfilmt seinen ›Landarzt‹«, »Der Mann, der nicht bumsen wollte« sowie eine Nachbemerkung des Autors.

WOLFGANG HILBIG
1941 in Meuselwitz geboren, lebt in Ost-Berlin.

- »Unterm Neomond«. Erzählungen. Frankfurt a. M.: S. Fischer. Keine Ausgabe in der DDR.
  Enthält Erzählungen, die zwischen 1968 und 1980 entstanden sind: »Aufbrüche«, »Bungalows«, »Idylle«, »Der Durst«, »Das Ende der Nacht«, »Die Arbeiter. Ein Essai«, »Der Leser«, »Herbsthälfte«, »Er«, »Johannis«, »Die Einfriedung«, »Der Heizer«.

DIETER HILDEBRANDT
1932 in Berlin geboren, lebt in West-Berlin.

- »Die Leute vom Kurfürstendamm«. Roman einer Straße. München: Hanser.

WALTER HÖLLERER
1922 in Sulzbach-Rosenberg geboren, lebt in West-Berlin.

- »Gedichte«. 1942–1982. Frankfurt a. M.: Suhrkamp.
  Enthält neben Gedichten, die in Einzelbänden erschienen sind, auch unveröffentlichte oder verstreut gedruckte Texte.

GERT HOFMANN
1932 in Limbach (Sachsen) geboren, lebt bei München.

- »Auf dem Turm«. Roman. Darmstadt/Neuwied: Luchterhand.

FRANZ HOHLER
1943 in Biel (Bern) geboren, lebt in Zürich.

- »Die Rückeroberung«. Erzählungen. Darmstadt/Neuwied: Luchterhand.
  Enthält die Erzählungen: »Die Rückeroberung«, »Walther

von der Vogelweide«, »Billiges Notizpapier«, »Der Kuß«, »Der Geisterfahrer«, »Das Halstuch«, »Der Langläufer«, »Der Flug«, »Der türkische Traum«.

HANNA JOHANSEN
1939 in Bremen geboren, lebt in Kilchberg (bei Zürich).

● »Die Analphabetin«. Erzählung. München: Hanser.

GERT JONKE
1946 in Klagenfurt geboren, lebt in Wien.

● »Erwachen zum großen Schlafkrieg«. Erzählung. Salzburg: Residenz Verlag.

Schlafen als Kunstform. Gert Jonkes Erzählung »Erwachen zum großen Schlafkrieg«
»Deshalb wurde seine Figur möglichst lückenlos von Haus zu Haus gereicht, von Karyatide zu Atlant, um seine Schlafkonzerte, Schläferstücke, Träumerserenaden, Müdigkeitstragödien, Erschöpfungskomödien weiter zu verbreiten...« heißt es, bezeichnenderweise im Passiv, von Burgmüller, dem Protagonisten in Jonkes neuer Erzählung. Seit Grillparzers »Das Leben, ein Traum« ist die Verwischung der Grenzen zwischen Traum und Leben zu einem Grundmotiv der österreichischen Literatur geworden. In seinem 1979 erschienenen Roman »Der Ferne Klang« beschwört Gert Jonke die »andersartige Daseinsform« verschiedentlich mit Hilfe der Allegorie »Traumwelt«.
Die romaneske Erzählung »Erwachen zum großen Schlafkrieg« beginnt mit traumhaften Sequenzen: am Morgen husten die Dachstühle aus asthmatischen Kaminen, niesen die Gebäude aus den Dachluken. Der »akustische Raumgestalter« Burgmüller nimmt Verbindung auf zum steinernen Geschlecht der Telamonen, zu den Atlanten und Karyatiden. Das sind kraftvolle Figuren als Träger vorspringender Bauteile, Säulen in Mädchen-

gestalt. Sie wollen in Vorträgen und Seminaren erfahren, was Schlafen, was Träumen heißt. Nähmen sie freilich Burgmüllers Schlafdarbietungen ernst, ließen sie die »Tanzvorführungen seiner Träume« in ihre Zeitatmosphärenhülle eindringen, hätte dies ein gewaltiges Erdbeben zur Folge. Der Schlafkrieg wäre ausgebrochen, angedeutet im imaginären Einsturz der Häuser und Mauern.
Mit ihren unendlich langsam ablaufenden Bewegungszuständen, ihrer ewigkeitstrunkenen Bedächtigkeit bilden die Telamonen einen Gegenpol zur ruhelosen Stadt. Wenn Jonke nun von »Schläferstücken« und »Träumerserenaden« spricht, müssen wir uns daran erinnern, daß der namenlose Held aus »Der Ferne Klang« das Komponieren aufgegeben hat, weil es ihm nicht möglich ist, die außersphärische Grenzmusik in eine Partitur umzusetzen. In der letzten von insgesamt drei Liebesepisoden, sozusagen im dritten Satz seiner Verliebtheit erklärt Burgmüller seiner Freundin, wie ein Vogelschwarmballett am Himmel aufzuziehen wäre. Er ist der »akustische Weltraumgestalter«, der versucht, eine »bewohnbare Musik« in Worten aufzubauen, die Vögel werden von den Schallwellen seiner Rufe bewegt.
Dahinter steht der magische Idealismus eines Novalis, die Vorstellung, daß die Außenwelt eine Setzung des göttlichen Ichs ist. In den »Neuen Fragmenten« heißt es: »Das Äußre ist ein in Geheimniszustand erhobnes Innres – (Vielleicht auch umgekehrt).« Novalis war es auch, der in den »Poetizismen« Wachen und Schlafen zu Musik und »Nichtmusik« in Beziehung setzte. Burgmüller gibt »Schlafkonzerte« für die Karyatiden und Atlanten. Damit übersetzt Jonke einen »passiven Lebenszustand« (geschlafen werden) in eine aktive Kunstform. Die Grenzmusik steht schon in »Der Ferne Klang« für die Existenzerfüllung schlechthin, während die Nichtmusik in absurde Kapriolen ausartet.
Ein Beispiel dafür ist die Episode mit der zweiten Freundin, die eine besondere Vorliebe für Insekten hat und sich eine zugeflogene Stubenfliege als Haustier hält. Sie spürt, daß Burgmüller sie »zu wenig von Musik zu verstehen« verdächtigt. Ihr einziger

Lebensinhalt ist die in der Küche gefangene Fliege Elvira. Sie bohrt Löcher in die Tür und beobachtet tagelang ihr Treiben. Jonke beendet solche Zwischenspiele so märchengleich, wie sie beginnen: Einmal geschah es ... einmal waren plötzlich beide nicht mehr da.

Von den drei Liebesintermezzi, die von der Telamonen-Handlung umschlossen werden, ist zweifellos die Beziehung zur schreibenden Schauspielerin am ergiebsten. Burgmüller lernt sie nach der Premiere eines Theaterstückes seines verstorbenen Freundes Kalkbrenner kennen. »Der Tod des Dichters« wird von den Bühnen erst aufgeführt, als der dargestellte Selbstmord auch wirklich passiert ist, wobei offen bleibt, »ob Kalkbrenner eine Erfindung des Stückes oder das Stück eine Erfindung Kalkbrenners« war. Fiktion und Realität sind vertauschbar.

Das will auch die schreibwütige Schauspielerin mit ihrer Geschichte beweisen, die sich in Burgmüllers Wohnung einnistet und einen wahren »Erzählkrieg« gegen ihn entfesselt: nämlich, »daß die ganze sogenannte Welt eine Erfindung ist, in der unser Leben gar nicht stattfindet, sondern nur eine derart innig vorgenommene Beschreibung darstellt, daß wir von ihr glauben, sie zu leben ...« Das Leben ist ein Ersatz für Worte, nicht umgekehrt: des Namens verlustig gegangen, so die Schriftstellerin, seien wir aus ein paar verschlüsselten Buchstaben zusammengesetzt. Die Fiktion lebt im wörtlichsten Sinn, sie stiftet eine gemeinsame erfundene Kindheit, eine »Erfindungskindheit«, eine »Erfindungszukunft, Erfindungszukunftserinnerung, Erfindungszukunftsvergangenheit«. Der Limes dieser Erzählkunst wäre die »schwindelfreie Schilderung«, Worte, die nicht einem Spiegel nachgeplappert sind.

Das Thema beschäftigt Gert Jonke seit seinen ersten Arbeiten: die Inkongruenz von Realität und Abbild, die Eigengesetzlichkeit des Darstellungsvorgangs, die er durch phantastische Wortballungen immer wieder unterstreicht. Darum sind seine Helden Musiker, Tonkünstler, Komponisten: weil es zur Sinfonie keine »Vorlage« gibt, weil die Musik diese Gegenüberstel-

lung nie zu fürchten braucht, ebensowenig wie der Traum, sofern man auf dilettantische Eigendeutungen verzichtet. Auch da die Verkehrung von Ursache und Wirkung. Eigentlich sind die Träume das Primäre, wir leben nur ihretwegen. Um ihnen in traumlosen Zeiten »ein solide überdachtes Haus bieten zu können«, geht man einer täglichen Beschäftigung nach. Der Schlafende ist der Resonanzkörper des Traums, ein von Traumakkorden durchzogenes Spiegelkabinett.
Immer wieder wird die Grenze angesteuert, über die der Erzähler sich »hinausutopieren« kann. Wie schon im letzten Roman versteht es Jonke, mit wahren Ungetümen von Wortverschmelzungen und Infinitivkonstruktionen, mit »Redewendungskarawanen« und Neuschöpfungskaskaden die Burgmüllersche Welt zu vertonen. Er gibt buchstäblich Definitionskonzerte: »die Straßenschluchten waren zu mehrstimmig klagenden Bläserkonzertkorridoren geworden...« Auffallend an Jonkes Stil sind sodann die zahlreichen Infinitivsätze und Passivformen: »aber wie ich jetzt ... mich in Dir ganz bitter getäuscht zu haben erkenne...« Und: »Er hatte das Gefühl ... jetzt auch seiner eigenen Vergangenheit verlustig gemacht worden zu sein«.
Der nicht näher bestimmte und somit reinste Ausdruck des Verbalbegriffs »infinitivus« kommt dem Infiniten von Jonkes akustischer Weltraumgestaltung entgegen; die passivische Sehweise dagegen stimmt mit der Haltung dessen überein, der sich den Schlafkünsten überläßt. Burgmüller empfindet sich selbst als eine Art Telamon, der aber nichts Festes stützt, sondern eine Luftsäule trägt, welche von seinen Schultern bis zum Ende der Stratosphäre reicht. Der Autor knüpft kein episches Gebreite mit Haupt- und Nebenhandlungen, sondern legt eine »Klanghülle« um den Protagonisten und den Ort des Geschehens.
Die Karyatiden werden zum Symbol für die scheinbare Passivität des Schlafartisten und Traumtänzers. In diesem kunstvoll paradoxen Ineinander von Aktiv und Passiv, von akustischen und optischen Eindrücken (Stilmittel der Synästhesie) manifestiert sich die für die österreichische Gegenwartsliteratur so typische phantasievolle Verweigerung. Als »unbewaffnete

Individualanarchisten austriazistischer Prägung« haben sich H. C. Artmann, Helmut Eisendle und Peter Rosei bezeichnet, welche »das Menschenrecht auf anarchistische Un-Tätigkeit« verteidigen. »Schlafkrieg« ist eine knappe Formel, Jonkes Erzählung eine virtuose Variation zu dieser Position, eine schillernde Gegenkomposition zum Anspruch der Wirklichkeit, mehr als eine Erfindung zu sein. *Hermann Burger*
Frankfurter Allgemeine Zeitung. 2. 10. 1982.

HERMANN KANT
1926 in Hamburg geboren, lebt in Ost-Berlin.

- »Der dritte Nagel«. Geschichten. Darmstadt/Neuwied: Luchterhand (Lizenzausgabe); Berlin (DDR): Rütten & Loening, 1981 (dort: »Der dritte Nagel«. Erzählungen).
  Enthält die Erzählungen: »Frau Persokeit hat grüßen lassen«, »Der dritte Nagel«, »Vakanz«, »Schöne Elise«, Entscheidende Wendungen« (Reihenfolge in der DDR-Ausgabe: 1, 3, 2, 5, 4).

- »Unterlagen«. Zu Literatur und Politik. [Essays.] Darmstadt/Neuwied: Luchterhand (Lizenzausgabe in Auswahl); Berlin/Weimar: Aufbau-Verlag, 1981 (dort unter dem Titel »Zu den Unterlagen« mit einer weitaus größeren Anzahl von Beiträgen).
  Enthält – neben einem Vorwort (»Unterlagen und Unterschiede«) für die Westausgabe – autobiographische Skizzen, Rezensionen und zwei Reden.

WALTER KEMPOWSKI
1929 in Rostock geboren, lebt in Nartum (Niedersachsen).

- »Beethovens Fünfte und Moin Vaddr läßt«. Handschriften und Materialien der Hörspiele. [Tonbandkassette mit Texten.] Hamburg: Knaus.

PAUL KERSTEN
1943 in Brakel geboren, lebt in Hamburg.

● »Die toten Schwestern«. Zwölf Kapitel aus der Kindheit. [Prosa.] Köln: Kiepenheuer & Witsch.

SARAH KIRSCH
1935 in Limlingerode (Harz) geboren, lebt bei Bremen.

● »Erdreich«. Gedichte. Stuttgart: Deutsche Verlags-Anstalt.

WERNER KLEINHARDT
1930 in Mecklenburg geboren, lebt in New Hampshire (USA).

● »Jedem das Seine«. Roman. Frankfurt a. M.: Suhrkamp.

KARL KROLOW
1915 in Hannover geboren, lebt in Darmstadt.

● »Zwischen Null und Unendlich«. Gedichte. Frankfurt a. M.: Suhrkamp.

MICHAEL KRÜGER
1943 in Wittgendorf geboren, lebt in München.

● »Aus der Ebene«. Gedichte. München: Hanser.

GÜNTER KUNERT
1929 in Berlin geboren, lebt bei Hamburg.

● »Diesseits des Erinnerns«. Notizen zur Literatur. München: Hanser.
  Enthält: »Wir Zwerge«, »Montaigne«, »Heinrich von Kleist – Ein Modell«, »Goethe, verfremdet«, »Abschied und

Angst«, »Stockholmer Rede 1978«, »Blitzlicht«, »Gemischte Gefühle«, »Tucholskys Utopia«, »Begegnung mit einem toten Dichter«, »Hand an sich legen«, »Unterwegs ins Niemandsland«, »Anläßlich einer Ehrung«, »Mehr als den Tod«, »Deutsche Angst«, »Deutsche Einfalt«, »Auf der Suche nach dem verlorenen Selbst oder: Was ist des DDR-Deutschen Vaterland?«, »Deutsche Literatur in Ost und West«, »Zum allerneuesten Bewußtsein«, »Im Zauberlaternenlicht«, »Altes Spielzeug«, »Zur Psychologie des Backsteins«, »Weltwunder«.

PETER KURZECK
1943 bei Gießen geboren, lebt in Frankfurt a. M.

- »Das Schwarze Buch«. Roman. Frankfurt a. M.: Stroemfeld/Roter Stern.

HARTMUT LANGE
1937 in Berlin geboren, lebt dort (seit 1965 im Westen).

- »Die Selbstverbrennung«. Roman. Reinbek bei Hamburg: Rowohlt.

JÜRGEN LODEMANN
1936 in Essen geboren, lebt in Baden-Baden.

- »Der Solljunge oder Ich unter den anderen«. Autobiographischer Roman. Zürich: Diogenes Verlag.

HUGO LOETSCHER
1929 in Zürich geboren, lebt dort.

- »Herbst in der großen Orange«. [Prosa.] Zürich: Diogenes Verlag.

FRIEDERIKE MAYRÖCKER
1924 in Wien geboren, lebt dort.

● »Gute Nacht, guten Morgen«. Gedichte 1978–1981. Frankfurt a. M.: Suhrkamp.

CHRISTOPH MECKEL
1935 in Berlin geboren, lebt in West-Berlin und Frankreich.

● »Der wahre Muftoni«. Erzählung. München: Hanser.

GERHARD MEIER
1917 in Niederbipp (Schweiz) geboren, lebt dort.

● »Borodino«. Roman. Bern: Zytglogge-Verlag.

Zwei Männer und der Mond. Der Roman »Borodino« von Gerhard Meier
Gerhard Meier setzt in seinem neuen Roman mit den gleichen Figuren und ähnlichen Themen fort, was er vor drei Jahren in dem Buch »Toteninsel« begonnen hatte. Dort hatte er sein Literaturverständnis erläutert und den Roman mit einem handgewobenen Teppich verglichen, bei dessen Herstellung man besonders auf die Farben, die Motive und ihre variierten Wiederholungen zu achten habe.
Wie in der »Toteninsel« will Meier auch in »Borodino« zeigen, wie sich Bildungsgehalte unserem Erleben anverwandeln lassen. Er möchte mitteilen, wie bewegend der Akt des Begreifens von Kunst sein kann. Er führt vor, wie alltägliche Beobachtungen und persönliche Erinnerungen durch Vergleiche aus Malerei, Musik und Literatur Konturen gewinnen und bedeutungsvoll werden. Seine assoziative Schreibweise hat eine entfernte Ähnlichkeit mit dem von Proust zur Vollendung gebrachten Stilmittel, reale Gegebenheiten durch Analogien aus der Kunst zu charakterisieren. Meier, der Proust bewundert, weil er Unsagbares sagbar gemacht habe, unterscheidet

sich von ihm und den anderen verehrten Vorbildern durch die spezifische Webart, der man nach seinen Worten immer eine gewisse Schwerfälligkeit anmerken soll.

So erklärt es sich, daß ein Umgang mit großer Kunst nichts Epigonales und nichts von musealer Konvention an sich hat. Seine Sehweise verbindet ungeniert die disparatesten Elemente, das Triviale und das Erhabene. Was für gewöhnlich als abstoßend empfunden wird, kann bei ihm in eine Mixtur eingehen, die für sein Gefühl eine Essenz von Glückseligkeit ergibt. Dergleichen konnte man schon in der »Toteninsel« beobachten; neu in »Borodino« ist, daß er nun seine Intention auch ganz unverhüllt ausspricht und damit der Kritik bereitwillig eine Angriffsfläche bietet.

Auch in dem neuen Roman wohnen wir vor allem den Gesprächen zweier Freunde bei, dem erzählenden Bindschädler, der sich inzwischen vom bloßen Zuhörer zum Mitredner gewandelt hat, und dem Wortführer Baur. Ort der Handlung ist Amrain. Hier lebt Baur, und hier empfängt er seinen Bekannten während der Karnevalszeit zu einem Besuch. Baur beginnt mit einem Bericht über ein Kameradschaftstreffen ehemaliger Soldaten. Er erwähnt, daß sich Ostwind eingestellt und so etwas wie Geschichtlichkeit über den Landstrich getragen habe. Der Festsaal sei ihm zu einem Eisklumpen geworden und habe ihn an das Eis russischer Tundren denken lassen. Unterdessen verweilt der lauschende Bindschädler bei einem Erlebnis, das der Fürst Andrej Bolkonskij während der Schlacht bei Austerlitz hatte.

Damit werden die ersten Umrisse eines Assoziationsstranges des Romans sichtbar. Es geht den beiden sinnierenden Männern um das Heimwehland Rußland, und es geht ihnen, wie Lukács sagen würde, um die geistige Obdachlosigkeit des modernen Menschen. Man kommt auf Tolstoi zu sprechen, auf Stalin, die kommunistische Verirrung, die Besetzung Afghanistans. Man betrachtet die Ausläufer des Juras und fühlt sich an den Schluß von Schostakowitschs vierter Sinfonie erinnert, an ein Ausschwingen, das in Stille übergeht. Das wird unaufdringlich in Beziehung gesetzt zu jenem Erlebnis Bolkonskijs, dem damals zum ersten Mal in seinem Leben die Unendlichkeit des Sternenhimmels aufgegangen war: »Wo er losgelöst von Schmerzen, Wünschen, Hoffnungen dagelegen hatte, offen dem Geheimnis der Welt.«

Um die Provokation erkennbar zu machen, die Meiers Standpunkt darstellt, sei noch einmal auf Lukács verwiesen. Ihm erschien die Stimmung des Epilogs von »Krieg und Frieden«, die beruhigte Kinderstubenatmosphäre, von einer tieferen Trostlosigkeit als das Ende des problematischsten Desillusionsromans. Meier verfolgt dagegen mit Gelassenheit, wie Schönheit und Jugend in einem einfachen Familienleben untergehen, wie Pierre Besuchow und Natascha älter, zu gesetzten Menschen werden. Wie Tolstoi begehrt Meier gegen den unentrinnbaren Gang der Ereignisse nicht auf. Wie jener nimmt er es hin, daß die Geschichte nach den größten Erschütterungen weitergeht, daß über alles Gras wächst. Zustimmend zitiert er den Satz: »Wenn man behauptet, das menschliche Leben könne durch den Verstand regiert werden, so wird damit die Möglichkeit des Lebens aufgehoben.«

Das Übel unserer Situation sehen der Autor und seine Romanfiguren dieser Einstellung entsprechend nicht in gesellschaftlichen Mißverhältnissen, sondern in einem »Vakuum an Spiritualität, das uns sozusagen an den Rand eines kosmischen Abgrunds saugt«. Symptomatisch für die Lage ist es nach seinen Worten, daß wir dabei sind, alle unsere Bilder gegen ein einziges, das »materialistische Allerwelts-Weltbild«, einzutauschen. Und groteskerweise nehme mit der fortschreitenden Einschränkung der Wirklichkeit auf die Verstandes- und Willenswelt eine Bilderflut zu, jene von Television und Comic strips.

Gegen diese »konfektionierten Ansichten« bietet Meier eine andere Bilderwelt auf. Immer wieder kommt er auf Caspar David Friedrich zurück. Die beiden Freunde des Romans nehmen einmal in drastischer Beispielhaftigkeit die Pose eines Gemäldes ein, um dessen Sinn zu ergründen: »Zwei Männer in Betrachtung des Mondes«. In ähnlicher Absicht stellt Meier der modernen Predigt, die von der Vorstellung des biblischen

Schöpfungsberichts »abrückt«, indem sie ihn »zurechtrückt«, den Wortlaut des Berichts in voller Länge entgegen, um uns von der Grandiosität des Sprachbilds zu überzeugen. Das gleiche soll uns die Rede eines Indianerhäuptlings lehren, die von einem angemessenen Verhältnis des Menschen zu Natur und Tod handelt.

Es wäre überflüssig, den Autor darauf hinzuweisen, daß er in manchen Passagen seine Botschaft recht oberlehrerhaft vorträgt. Er weiß es selber, wollte aber auf dieses Mittel nicht verzichten, um auch die zu erreichen, die keine andere Sprache verstehen. Zu seinen kulturkritischen Aussagen mag man stehen wie man will – der »Baursche Gesichtspunkt« der Kunst gegenüber ist zumindest diskutabel. Und von allen Büchern der Gegenwartsliteratur, die uns mit ähnlichen Fragen konfrontieren, ist Meiers Roman der nüchternste und also vertrauenswürdig.

Josef Quack
Frankfurter Allgemeine Zeitung. 24. 6. 1982.

E. Y. MEYER
1946 in Liestal (Schweiz) geboren, lebt in Wabern bei Bern.

● »Plädoyer«. Für die Erhaltung der Vielfalt der Natur beziehungsweise für deren Verteidigung gegen die ihr drohende Vernichtung durch die Einfalt des Menschen. [Essayistische Prosatexte.] Frankfurt a. M.: Suhrkamp.
Enthält die Texte: »Gimme Shelter oder Eine Monsterschule« und »Rede an Architekten«.

JOCHEN MISSFELDT
1941 in Satrup (Schleswig) geboren, lebt in Stadum (Friesland).

● »Zwischen Oben, zwischen Unten«. Erzählung. Ebenhausen bei München: Langewiesche-Brandt.

ADOLF MUSCHG
1934 in Zollikon (Kanton Zürich) geboren, lebt in Kilchberg (bei Zürich).

- »Leib und Leben«. Erzählungen. Frankfurt a. M.: Suhrkamp.
  Enthält die Erzählungen: »Ihr Herr Bruder«, »Der Zweitsitz oder Unterlassene Anwesenheit«, »Lustig ist das Zigeunerleben«, »Intensivstation: Drei Stimmen – 1. Diskant / 2. Baß / 3. Alt«, »Der 13. Mai«, »Wullschleger Country«, »Ein Glockenspiel«.

Lebensverfehlung und verfehltes Leben. Adolf Muschgs Erzählungen »Leib und Leben«

> Ich bin gegen meine eigene Geschichte immer beredt gewesen: Da es keine glückliche ist, habe ich mich leicht zur Schadenfreude über mich selbst hinreißen lassen.
> Adolf Muschg: »Literatur als Therapie?«

»Leib und Leben« bedeutet zweimal dasselbe. Es ist keine Zusammensetzung, sondern eine Verstärkung: wie die berühmte und so fragwürdige Formel unseres »Bürgerlichen Gesetzbuches«, die von »Treu und Glauben« spricht. In den Erzählungen von Adolf Muschg: »Leib und Leben« hingegen wird ein Zweierlei aus dem Einerlei. Da verwandeln sich »Leib« und »Leben« plötzlich in Gegensätze. Das Leben wird dadurch nicht verstärkt, sondern zersetzt. Es kann letal dabei zugehen: von der Guillotine (in der historisch situierten großen Schlußerzählung »Ein Glockenspiel«) bis zum Herzinfarkt.

Immer ist Alltag in diesen Geschichten: auch wenn wir in der ersten Erzählung »Ihr Herr Bruder« ins Jahr 1836 und nach Niederösterreich versetzt werden, in das grausig-komische Sterbegeschehen des Dramatikers Ferdinand Raimund oder (in der Schlußgeschichte) ins Jahr 1792 und in die Umgebung von Mainz, wo das Ancien Régime zittern muß vor dem Anmarsch der revolutionären Franzosen unter ihrem General

Custine. Es sind stets alltägliche Geschichten; für uns ist das beständig Gegenwart, wenn es sich um die Entfremdung handelt zwischen unserem Tagestrott und irgend etwas in uns selbst, das sich diesem Alltag widersetzt.

Was jedoch widersetzt sich unserem Lebensalltag unter dem Signum »Leib«? Wenigstens vier unter den neun Geschichten des Bandes meinen es genau wörtlich. Der Körper »macht seine Rechte geltend«, wie die Redensart zu lauten pflegt. In der – im Vergleich zu den anderen Geschichten – schwächeren Erzählung »Wullschleger Country«, der Abwandlung einer wunderschönen Liebesgeschichte aus Muschgs erstem Buch »Im Sommer des Hasen«, ist es die Erfahrung sinnlichen Glücks. Allein das Leben triumphiert über den Leib. Die Thailänderin Patscharin, die man durch Heirat zur Schweizerin macht, lebt nicht mehr in der Welt des europäischen Exotismus aus dem 19. Jahrhundert. Der Traum Paul Gauguins von der Südsee ist ausgeträumt. »Lieber eine Kühltruhe in Adliswil«, so belehrt das Mädchen den körpertrunkenen schweizerischen Ehemann, als einen Sonnenuntergang in Thailand.

Das ist offensichtlich noch eine Geschichte aus der Frühzeit des Erzählers Adolf Muschg. Später tritt die sorgenvolle Frage nach dem verfehlten Leben immer stärker hervor, denn all diese Berichte sind gedacht als Parabelgeschichten, beinahe als »Musternovellen« im Sinne von Cervantes. Das verfehlte Leben erscheint immer wieder als Ursache oder Folge einer Lebensverfehlung. In den »Frankfurter Vorlesungen über Literatur als Therapie? Ein Exkurs über das Heilsame und das Unheilbare«, die Muschg, Professor der Literaturwissenschaft an der Eidgenössischen Technischen Hochschule in Zürich, zu Beginn des Jahres 1980 abhielt, werden die verschiedenen Formen einer Lebensverfehlung durch Schuld oder – schlimmer noch – durch bewußte Fahrlässigkeit sowohl als eigenes Lebensthema des Erzählers und Professors wie als generelle Alltagserfahrung in der Wohlstandsgesellschaft interpretiert. Psychologie kann dabei nicht helfen. Das ist die Folgerung sowohl jener Frankfurter Vorlesungen wie der Geschichten um Leib und Leben. Literatur taugt nicht zur Therapie.

Oder doch? In der Erzählung »Ihr Herr Bruder« schreibt ein Arzt an die Schwester des Selbstmörders Ferdinand Raimund. Der so gemütvolle und heitere Dramatiker der »Gefesselten Phantasie« und des Menschenfeindes Rappelkopf, den der Alpenkönig vom Wahne heilt, hatte sich erschossen, weil er dem Tod durch Tollwut nach einem Hundebiß entgehen wollte. Das ist eine verbürgte Geschichte. Allein der Hund war nicht tollwütig. Das ergab die Sezierung seines Gehirns. Raimund war ein eingebildet Kranker. Soweit der historische Sachverhalt.

In Muschgs Erzählung, einem Brief des Arztes, der den Hund töten mußte, wird sogar die »Einbildung« des Kranken in Frage gestellt. War Raimund das Opfer seiner Phobie oder seiner entfesselten Phantasie? Er läßt sich nicht beruhigen, will die Evidenz der Gesundheit nicht hören, verbindet sich die nicht gebissene Hand. Er ist durchaus nicht sterbenssüchtig, will jedoch aus seiner Rolle des tödlich Gefährdeten, die eine Theaterrolle ist, nicht aussteigen. Er stirbt nicht an dem Biß, sondern an seiner Berufung zum Dramatiker. Die Brieferzählung endet gnadenlos: »Es ist mir leid, daß dieses Tier hat sterben müssen, nur weil ein Mensch, ein vielleicht begnadeter, aber unseliger Mensch nicht zu leben wußte; weil er nicht die Geduld aufbrachte, sich selber und andern gnädig zu sein.«

Spürt man die Verurteilung der Literatur im Namen des Lebens? Es ist auch eine Selbstverurteilung des Erzählers, ganz ausdrücklich. In den »Frankfurter Vorlesungen« wird die Entstehung der Geschichte unter der Überschrift analysiert: »Wie ich Raimund für mich sterben ließ.« Es ist die alte und wohlbekannte Relation zwischen Leben und Literatur: abermals: zwischen Leib und Leben. Goethe ließ Werther sterben und den Tasso fortschaffen, um selbst weiterleben zu können. Thomas Mann tötete den Schriftsteller Gustav von Aschenbach in Venedig mit allem romantischen Pomp. Muschg überträgt auf Ferdinand Raimund die eigene Nichtliebe zum Körper und zum eigenen Alltag. Eben dadurch wird die Erzählung exemplarisch, denn wer handelt nicht bisweilen wie dieser Raimund?

Häufiger in unserem Alltag ist die Lebensverfehlung durch

»Abwesenheit«, wie Muschg zu formulieren pflegt: nämlich durch Nichtanwesenheit, wenn Hilfe und Dasein nötig gewesen wären. Es muß dabei nicht immer die vom Gesetz bestrafte »Unterlassene Hilfeleistung« vorliegen, oder die Fahrerflucht. Muschg berichtet von subtilen Verweigerungen, die trotzdem das Leben anderer Menschen gefährden. Eine Erzählung heißt »Der Zweitsitz oder Unterlassene Anwesenheit«. Was der Ich-Erzähler vorbringt, nimmt sich vernünftig aus im Alltag. Alle hätten so gehandelt. Er selbst jedoch ist dessen am Schluß gar nicht mehr so sicher.

Die (für mich) schönste Geschichte ist eine Kindergeschichte. »Lustig ist das Zigeunerleben.« Eine geschiedene Ehe. Die Mutter und Frau ist fortgezogen. Der Vater lebt allein mit dem Sohn Thomas, der schon zur Schule geht, und der kleinen Andrea, die den Bruder beherrscht und die den Vater stets an die Mutter der Andrea gemahnt. Ein liebevoller Vater, obenhin betrachtet. Aber auch hier die Schuld, die unterlassene Anwesenheit.

Ein verfehltes ist durchaus nicht gleichbedeutend mit dem erfolglosen Leben. Das Gegenteil ist ebenso möglich und gültig: Lebensverfehlung durch Erfolg und äußeren Glanz. Die deutsche Erzähltradition, übrigens auch die schweizerische, des 19. Jahrhunderts hat dafür schöne Beispiele geliefert. Bei Wilhelm Raabe wurde die Konstellation zum Lebensthema. Das verfehlte Leben in Ehren und Gloria, das »richtige« in der Hungerpfarre zu Grunzenow an der Ostsee.

Muschgs Erzählung »Der 13. Mai« wählt abermals die Briefform für den Bericht über ein Scheitern unter den Aspekten der Prominenz. Im Augenblick der Ehrenpromotion erschießt ein Laureat den Dekan, der die Laudatio vorträgt: »Ich war es plötzlich leid, nicht nur den Schaden meines Lebens zu tragen, der mir in Gestalt von Würde und Verantwortung anhing, sondern auch noch den Hohn entgegenzunehmen, der sich als große Ehre gab. Und weiter: »Hinter den Leistungen, die mir der Herr Dekan vorhielt, stand ein versäumtes Leben. Ich wollte es beenden. Darum habe ich geschossen, und das ist die ganze Geschichte.«

Leistungen, die man einem »vorhält«. Der Ich-Erzähler und mit Überlegung handelnde Mörder ist ein berühmter Professor des Strafrechts. Ein Liberaler und Rechtsreformer. Er hat nur einen Wunsch noch, den er brieflich dem Verteidiger unterbreitet: Bitte keine Psychologie! Dafür ist »die Seelenindustrie zuständig. Sie verbrennt zwar den Leib nicht mehr, um das Unsterbliche zu retten, sie betäubt ihn nur und rechnet mit der Selbstverbrennung von beidem, Leib und Seele. Wollen Sie mich in solche Hände befehlen? Ich bitte Sie – milde gesagt – nicht um die Gnade der Psychiatrie«.

Die bedeutendste Erzählung steht am Schluß. Sie beginnt wie eine Geschichte bei Kleist: »Anno 1792, im späten August, empfing Amandus Breitkopf, Kaplan im linksrheinischen Bodenheim und kein junger Mann mehr, einen mit ›Röse‹ gezeichneten Brief, dessen Verfasserin angab, seit einigen Wochen vom Teufel besucht zu werden.« Eine perfekte Exposition, wie man sieht. Dennoch wird hier keine Rollenprosa einer Stilparodie geschrieben.

Auch der Brief des Arztes über Ferdinand Raimund historisiert nicht. Dies Gegenstück am Schluß von »Leib und Leben« ist sperrig und entzieht sich aller »Interpretation«. Es nimmt sogar die naheliegenden Deutungen des horrenden Geschehens gleichsam spaßhaft in die Erzählung auf, um sie, mit Hilfe von Erzählung, insgeheim zu widerlegen. Man bleibt ratlos am Schluß: wie beim »Michael Kohlhaas«. Was hat, bei Muschg, die Geste des Fingers auf den Lippen zu bedeuten, das Schweigegebot? Was stand auf dem Zettel, den der Kohlhaas verschluckte?

Hans Mayer
Die Zeit. 16. 7. 1982.

HELGA M. NOVAK
1935 in Berlin geboren, lebt in West-Berlin.

● »Vogel federlos«. [Autobiographischer Roman. Fortsetzung von »Die Eisheiligen«, 1979.] Darmstadt/Neuwied: Luchterhand.

BIRGIT PAUSCH
1942 in Breslau geboren, lebt in Florenz.

- »Die Schiffschaukel«. Novelle. Darmstadt/Neuwied: Luchterhand.

PETER RENZ
1946 in Weingarten geboren, lebt in Konstanz.

- »Die Glückshaut«. Roman. Hamburg: Hoffmann und Campe.

KARIN RESCHKE
1940 in Krakau geboren, lebt in West-Berlin.

- »Verfolgte des Glücks«. Findebuch der Henriette Vogel. [Prosa.] Berlin: Rotbuch Verlag.

Verfolgte des Glücks. Karin Reschkes »Findebuch der Henriette Vogel«
Mit dem altertümlichen Wort »Findebuch« überschreibt Karin Reschke das von ihr nachgedichtete Tagebuch Henriette Vogels, einer Frau, die uns lediglich in den Fußnoten der Literaturgeschichtsschreibung begegnet, als farblos gebliebene Selbstmordgevatterin des berühmten Schriftstellers Heinrich von Kleist. Nach der Entwicklungsgeschichte und der Eigentlichkeit dieser Frau fragt die Autorin, indem sie eine mögliche Lebensgeschichte imaginiert. Diese poetische Rekonstruktion gründet sich zum einen auf eine intensive Beschäftigung mit Quellen aus der Zeit des Übergangs vom 18. zum 19. Jahrhundert, durch die Karin Reschke ein plastisches Bild von der damaligen Berliner Gesellschaft, den Nachwehen der Französischen Revolution und dem Einmarsch Napoleons nachzeichnen kann. Zum anderen hat sich die Autorin der ungeheuren Anstrengung unterzogen, eine Sprachform zu finden, die dem Sprachgestus des 18. Jahrhunderts nahekommt. Die Verwirrung ist perfekt, die Fiktion der Authentizität dieses Tagebuchs

scheint gelungen. Karin Reschke erreicht diese Wirkung durch eine leichtfüßige, klare Schreibweise; nie wirkt der Sprachduktus aufgesetzt, angestrengt oder überstrapaziert, fast organisch scheint sich Karin Reschke – besonders nach dem ersten Drittel des Buches – mit den vorgegebenen Sprachmustern des 18. Jahrhunderts verwachsen zu haben. Aus der historischen Sprachform und ihrer eigenen Sprache, aus spärlichen Informationen und eigenen Erfahrungen hat sie eine Synthese geschaffen und etwas Neues geboren.

»Mein Morgen- und Abendbrot ist heiße Milch. In der Frühe kommt sie auf leisen Sohlen ans Bett, noch schließ ich die Augen fest und laß sie warten. Sie atmet wie ich atme, zieht eine Haut von gelbem Stoff und hält sich warm, steht still in ihrem tönernen Becher, wie ich still liege in meiner Haut, und leise kreisen meine Begierden um ihren süßen Duft...«, so beginnt das Findebuch der achtzehnjährigen Henriette, die dreizehn Jahre später, nach einer unglücklichen Ehe mit einem preußischen Steuerbeamten, freiwillig aus dem Leben schied. Kleine alltägliche Begebenheiten, Beobachtungen, Selbstbeobachtungen; die Träume und Wünsche der der Pubertät langsam entwachsenden Henriette werden voller Liebe zu den konkreten Dingen erzählt und zu einer differenzierten Poesie subjektiven Innenlebens verdichtet.

Karin Reschke wählt zunächst den kindlichen Blickwinkel auf die befremdliche Welt der Erwachsenen als Erzählperspektive. Henriette besitzt oder phantasiert einen eigenen Zuständigkeitsbereich, den die schon betagten Kinderpuppen Adam und Eva und der Zauberer Griot verkörpern. Aber Henriette muß zunehmend von der Kindheit Abschied nehmen. Es ist ein schmerzhafter, leidvoller Prozeß, der den späteren Freitod vorbereitet. Henriettes Abschiednehmen von der Kindheit bedeutet, daß sie nichts Neues an deren Stelle setzen kann, daß sie auf ihrem weiteren, kurzen Lebensweg – besonders durch ihre Ehe – um ihre Eigentlichkeit und Autonomie gebracht wird. Diese seelischen Beschädigungen und Zurichtungen finden dann ihren äußeren Ausdruck in der körperlichen Krankheit, die später Henriette befallen wird.

Karin Reschke entwirft ein liebevolles Gegenbild zu der als unheilbar krank und todessehnsüchtig geltenden Frau, die von dem problembeladenen Heinrich von Kleist angeblich nur für seinen Selbstmord funktionalisiert worden sei.

Die heranwachsende Henriette findet sich in einer Kontinuität von Verweigerungs- und Entbehrungsformen. Die bei ihrem Vater und der Pflegemutter Manu Aufgezogene begegnet mit achtzehn Jahren zum ersten Mal ihrer leiblichen Mutter, die auf dem Lande als Pferdezüchterin in einer Frauenbeziehung lebt. Diese biertrinkende, herrische Frau soll Henriette auf der Pferdekoppel unter freiem Himmel geboren haben. Henriette reagiert verschreckt, sie hat und kann keine Beziehung zu dem »Mannweib« und »Mutteruntier« entwickeln. Die Mutter verweigerte das Kind nach ihrer Geburt, sie verweigerte sich von da an ihrer Ehe und der Männergesellschaft und lebt seitdem – von ihrem Kinde und dem Mann verlassen – mit ihrer Freundin Sophie auf dem Landgut.

Geborgenheit und Sicherheit genießt Henriette hingegen in der zarten Freundschaft mit dem Dienstmädchen Fränze. »Die Fränze bürstet sanft mein Haar, so wie ich ihr an allen Tagen den blonden Flachs flechte, die Haube binde, das Mieder im Rücken zurre.« Karin Reschke zeichnet diese Freundschaft in einem Bild voller weicher, verfließender Konturen: zwei Mädchen, die anderes, sich selbst, Sexualität entdecken. Aber der Prozeß des Abschiednehmens von Altem und Vertrautem nimmt seinen Lauf, die Leere in Henriette wächst beständig. Fränze stirbt, die fremd gebliebene Mutter stirbt, der Lehrer und der vertraute Pfarrer verlassen Henriette. »Ich weiß selbst nicht, an welchem Punkte angelangt ich meine Seele suchen muß«, klagt sie.

Gezwungenermaßen ergibt sich Henriette in die Ehe mit Louis Vogel, die die ersehnte Geborgenheit spenden soll. Aber nur am Anfang existiert ein Hauch von Zärtlichkeit. Henriette wird schwanger, gebiert eine Tochter, das Verhältnis zu Vogel kühlt sich merklich ab und wird zur Qual. »Meine Seele indes interessiert den guten Louis den Abend herzlich wenig«, weiß

sie über den Mann zu berichten, dem sie sich schließlich völlig gegenüber verweigert.
Immer und immer wieder besteht ihr Leben aus einem ständigen Abschiednehmen, das mit dem Abschiednehmen vom Leben selbst endet. Der bei Karin Reschke – ohnehin nicht ausgemalte – Selbstmord wird nicht als ein von Todessehnsucht überschattetes, grausiges Finale skizziert: er ist der konsequente Ausweg einer Frau, die von sich sagt: »Selbst bin ich mir die fremdeste und weiß nicht wie!«
Trotz des traurigen Schlußpunkts erzählt Karin Reschke ebenso von Lebenslust und der »Begierde nach Lebendigkeit«, die allerdings nicht mehr ausgelebt werden kann. Einen letzten Lichtblick stellt für die zunehmend körperlich erkrankte Henriette die Freundschaft mit den historischen Personen Adam Müller und Sophie Haza dar, durch die sie schließlich Heinrich von Kleist kennenlernt. Sophie Haza hat die Fesseln ihrer Ehe zerschlagen, vogelfrei lebt sie mit Adam Müller befreundet. Henriette ist aufgewühlt, denn die Freundin appelliert an ihre »verborgendsten Wünsche«, aber sie kann ihr nicht mehr folgen.
»... Weil ich so viele Hände benötigte, um freizukommen, wünsche ich mir das Ende«, resümiert sie. Sie findet es mit Heinrich von Kleist, mit dem sie eine langsam wachsende Beziehung verbindet. Man erfährt nicht viel über diese letzte Begegnung zwischen Henriette Vogel und Heinrich von Kleist. Es ist das Schlußkapitel in Henriettes Leben, aber auch nur ein Kapitel unter anderen. Karin Reschke hat den Spieß der Literaturgeschichte umgedreht. Die Fußnote im Leben Kleists, die da Henriette Vogel heißt, hat aufbegehrt und gezeigt, daß in ihrem Leben Heinrich von Kleist auch nur eine Fußnote darstellt. Endlich ein Abschied ohne Verlust. »Jetzt sind sie alle fort, meine Retter, wie die Zugvögel«, sagt Henriette, aber »Kleist ist mir geblieben, auf immer«.

Gebhard Henke
Die Tageszeitung. 25. 11. 1982.

HANS DIETER SCHÄFER
1939 in Berlin geboren, lebt in Regensburg.

● »Dem Leben ganz nah«. Gedichte. München: Hanser.

Canaletto oder Ketchup. Hans Dieter Schäfers Alltagsgedichte

Erstmals 1968 sind Gedichte des damals neunundzwanzigjährigen Hans Dieter Schäfer erschienen, ein dünnes Heftchen nur, betitelt »Fiktive Erinnerungen«. Jetzt, nach vierzehn Jahren, hat der nunmehr dreiundvierzigjährige Autor seine erste größere Lyriksammlung herausgegeben. Seine Bücher über Wilhelm Lehmann und über Kultur im Dritten Reich haben fast vergessen lassen, daß Schäfer – heute Dozent für deutsche Literaturgeschichte an der Universität Regensburg – seinem lyrischen Beginn über die Jahre treugeblieben ist, auch wenn sich das Bild seiner Verse gewandelt hat. Die Gedichte aus »Fiktive Erinnerungen« – die meisten stehen jetzt als erster Teil im neuen Buch – waren eher harte Miniaturen, wie etwa diese, die mit »Hoffmannstropfen« überschrieben sind:

»Der immer gleiche Geruch
Hoffmannscher Tropfen.
Während die Sonne langsam
Die Vorhänge berührt.
Meine Augen verlieren sich
In die blaue Schrift:
Der Tag ist wie eine Hyazinthe,
Die vom Wasser träumt.«

Diese schöne Diffusität ist nun einer Härte gewichen, in der es Hyazinthen nicht länger gestattet ist, vom Wasser zu träumen. Die Gedichte haben nicht nur an Umfang gewonnen, sie haben sich wie ein Schwamm vollgesogen mit Gegenwart. Die Hyazinthe des frühen Gedichts träumte noch von einem Wasser der Vergangenheit; die Verse des ersten Teils (aus »Fiktive Erinnerungen«) sprechen vom Venedig Canalettos oder vom Bad Ischl des Kaisers Franz Joseph. Davon ist nichts mehr geblieben.

Und doch liegen die frühen und die späten Verse nur scheinbar weit auseinander. Für Schäfers Gedichte ist es ein vordergründiger Unterschied, ob da einer von Canaletto spricht oder von Ketchup. Schäfer nennt seinen Band »Dem Leben ganz nah«, und zweifellos mag es ganz nah am Leben scheinen, wenn die neuen Gedichte unseren täglichen Umgang benennen, der aus Autos, Rolltreppen, Waschmaschinen und Plastikware besteht. Das Vokabular bringt Alltagsrealität mit ihrer ganzen Banalität in die Verse, beschwört nicht länger die Ästhetik der Historie, die wir aus der Nähe in wohlformulierte Distanz verbannen.

»Immer mehr überdenke ich mein / kurzes Leben«, heißt es einmal: »Langsam / gehe ich fort: / Schritt für Schritt«. Von Frau und Kind ist die Rede, von den Spuren des Miteinanderlebens, die einen Halt zu geben scheinen, Vertrautheit; die beschworene Nähe aus dem Umgang mit Alltäglichkeit und ihrer Sprachwelt. Tatsächlich aber spricht in diesen Gedichten ein einsames Ich, das sich immer wieder bewährter Bindungen versichern möchte, versichern muß, um bestehen zu können. Letztlich sind auch die bewußtgemachten Momente aus jüngster Vergangenheit fiktive Erinnerungen an eine eher eisige als anheimelnde Umwelt.

Schäfers Gedichte sind – musikalisch betrachtet – Thema und Variationen über viele Jahre hinweg. Sie haben einzig das Ich zum Gegenstand und seine Abenteuer in der Einsamkeit des Schreibenden, und zu diesen Abenteuern zählt die vergeblich versuchte Kommunikation. Das wird ohne modische Mätzchen ins Bild gesetzt und mit dem Erstaunen, daß die Welt weiter ihren Gang geht, auch wenn man sich selber schon längst nicht mehr nach ihrer Weise in ihr bewegte.

So ist der Titel »Dem Leben ganz nah« eher ironisch, wenn nicht gar bitter zu verstehen. Die zunehmende Entfremdung des Menschen von sich, seinem Tun, seinen Nächsten und von unserer Zivilisation und der verzweifelte Versuch, dennoch Bindungen zu stiften und das Wort aus dem Monolog zu befreien: Diese Thematik ist hier überzeugend Gedicht geworden in einer Sprache, die sich mit jedem Satz des Verstummens

erwehrt und sich noch dort einer saloppen Ironie bedient, wo sie wohl eigentlich schreien möchte. *Eckart Kleßmann*
Frankfurter Allgemeine Zeitung. 29. 10. 1982.

PETER SCHNEIDER
1940 in Lübeck geboren, lebt in West-Berlin.

● »Der Mauerspringer«. Erzählung. Darmstadt/Neuwied: Luchterhand.

Unser gemiedenes Thema. Peter Schneiders Erzählung aus dem geteilten Berlin
Zwei Aspekte vor allem machen an diesem Buch stutzig bis zur Verwunderung. Der eine Aspekt ist politischer, der andere ästhetischer Art – und allein damit schon wäre, wenn auch auf abstrakte Art, die »gesellschaftliche Relevanz« von Kunst aufs schönste bewiesen. Politik und Kunst, diese feindlichen Geschwister, die voneinander nicht lassen können, kommen mit diesem Buch dem Leser so wohlgemut entgegen, als wollten sie ihm weismachen, diesmal sei die Versöhnung von dauerhafter Art. Doch nicht darüber darf man sich wundern, sondern eher über die Leichtfertigkeit, mit der da ein Bund geschlossen wurde, dessen Zerbrechlichkeit schon während der Beilegung der alten Fehde sichtbar wird.
Das erste Erstaunen, das Peter Schneiders Buch über das in zwei Hälften zermauerte Berlin hervorruft, ist das Bewußtsein eines Mangels. Es hat ja wirklich seit Uwe Johnson, besonders seit dessen »Zwei Ansichten« aus dem Jahr 1965, kein wichtiges literarisches Werk mehr gegeben, das sich mit *dem* deutschen Problem schlechthin, der Teilung nämlich, beschäftigt hat. Was zum Teufel haben wir eigentlich für eine Literatur, für eine *National*-Literatur, die so nachlässig mit den Problemen dessen umgeht, wofür der Begriff Nation sich nur noch zögernd einstellen will?
Damit kein Mißverständnis entsteht: Hier wird kein Ruf nach einem neuen Uhland ausgebracht. Aber daß sich unsere Lite-

ratur, wenn sie sich denn schon mit den historischen Bedingtheiten dieses Landes beschäftigt, nur an der Nazi-Vergangenheit und der darin verstrickten Väter-Generation abarbeitet, will denn doch nicht recht einleuchten. Heute weniger denn je, und schon gar nicht, wenn Peter Schneiders Satz stimmt: »Wir können nicht miteinander reden, ohne daß ein Staat aus uns spricht... Wir erweisen uns gleichermaßen als lernwillige Söhne des Systems, das uns erzogen hat.«

Viel zu lange hat die deutsche Literatur das riesige Themenbündel, das sich aus der Teilung ergibt, den simplen Sonntagsreden der Politiker und Vertriebenenfunktionäre überlassen. Vielleicht war die Aufarbeitung der Vergangenheit zunächst wichtiger – nicht nur der Moral, sondern auch der Identität wegen. Und vielleicht war auch die Berührungsangst nach den Erfahrungen des Kalten Krieges berechtigt. Es ging ja auch nicht darum, mit Kunst ein politisches Faktum zu beklagen. Aber wie die Teilung in das Schicksal der Menschen, vielleicht sogar des ganzen Volkes eingriff, deren und dessen Identität bestimmte – das wäre ja wahrlich ein Thema der Literatur gewesen. Genau darauf zielt Peter Schneiders Kernfrage, die er denn auch gleich zweimal stellt: »Wo hört ein Staat auf und fängt ein Ich an?« Solche verfließenden Identitäten sind nicht nur die Domäne der Literatur, sie sind ihre größte Herausforderung.

Damit wären wir beim zweiten Aspekt, der Verwunderung, wenn nicht gar leicht verärgertes Erstaunen auslöst. Ausgerechnet in einer Zeit, da sich kaum noch ein Schriftsteller eine Gattungsbezeichnung vor sein Werk zu setzen traut, prunkt Peter Schneider, der eher ein großartig journalistisches denn poetisches Gespür besitzt, mit dem Etikett »Erzählung«. Nun muß man nicht pingelig germanistisch alle Merkmale der Formen gegeneinander abwägen, um seine Zweifel an diesem von Schneider gewählten Begriff zu begründen. Darum geht es nicht; vielmehr darum, ob hier ein Stück Literatur, das durch eben diesen Gattungsbegriff seinen Kunstanspruch offen vor sich herträgt, diesen überhaupt einlösen kann. Um es gleich zu sagen: Ich bezweifle es. Aber das ist noch kein Verdikt gegen die Qualität des Textes. Im Gegenteil: Gerade im Scheitern eines emphatischen Anspruchs von gestalteter Prosa setzt dieses Buch – vielleicht sogar gegen die Absicht des Autors – seine tatsächliche Brisanz frei: als Indiz.

Nur folgerichtig ist es darum, wenn Schneider die Entstehung des Buches mit-erzählt, mit-reflektiert. Er, der vor zwanzig Jahren, zur Zeit des Mauerbaus, nach Berlin gekommen ist, in eine Gegend, »in der zwei politische Kontinente zusammenstoßen«, hat »angefangen..., Geschichten über die geteilte Stadt zu sammeln«. Aber er ist sich seines Vorhabens nicht sicher: »Nicht die Empfindung einer unerträglichen Situation hat mich dazu gebracht, sondern das Mißtrauen in die Abwesenheit einer solchen Empfindung.«

Die Unsicherheit schlägt sich nieder in einem ständigen Wechsel des Tons, in dramaturgischen Hilfskonstruktionen. Kurze Schilderungen Ost- oder Westberliner Zustände wechseln über in Kneipen- oder Kaffeetischgespräche, in denen die (Unmöglichkeit der) Vergleichbarkeit beider Staaten behandelt wird; und dabei fällt dann allemal einem der Diskutanten eine Geschichte ein von irgendwelchen Leuten, denen es, weil sie »so ein Ding vor der Nase« haben, zum Zwang wurde, den Fehler zu finden – und dann zu springen. Das »Ding« ist die Mauer – Friedensgrenze oder Schandmauer, je nachdem, von welcher Seite man es betrachtet.

Schneider versucht es von beiden Seiten zu betrachten. Selber ein Grenzgänger, wenn auch ein legaler, hat er es auf Geschichten abgesehen von Leuten, die nicht so ganz legal hin- und herpendeln: Sei es nur aus purem Trotz, sei es aus deutscher Doppelagentenmentalität oder auch nur darum, weil im Westen mehr amerikanische Western laufen. Absurd ist die Situation allemal; und diese Absurdität des deutschen Wahnsinns wird an den besten Stellen noch gesteigert durch Peter Schneiders Einfachheit der Sprache, die sich scheinbar eines nüchternen Reportagestils fast im Beamtendeutsch befleißigt und dadurch unterschwellig zu einer ungemein komischen Satire wird. Ganz allmählich wird das Bild der Mauer, die

Schneider zunächst als Spiegel für die Deutschen im Westen definiert, in dem sie Tag für Tag sehen können, wer der Schönste im Lande sei, zu jenem Zerrbild, das die beiden Staaten voneinander haben.

Damit ist er am Ende dort, wo er von Anfang an hin wollte: bei jener erschütterten Identität zweier Staatengebilde, die er als Nation nicht länger anerkennen kann, die aber dennoch stark genug waren, die Umgangsweisen der Deutschen untereinander in ihrem Sinne zu beeinflussen. Und unvermittelt findet sich Schneider in einer Position wieder, die aus dem Vormärz bekannt ist: »Das Wort ›deutsch‹ läßt sich unmißverständlich nur noch als Adjektiv gebrauchen, und zwar nicht in bezug auf Staat oder Vaterland, sondern, soweit von der Gegenwart die Rede ist, in bezug auf ein einziges Substantiv: Sprache.« Zu dieser Erkenntnis gibt es auch gleich noch einen sarkastischen Nachschlag: Der West-Autor besucht einen Ost-Autor, der nicht mehr publizieren darf. »Und du meinst, sie lassen dich raus?« – »Einen Schriftsteller? Immer.« Die Sprache ist nicht mehr das Band, das eine zerrissene Nation eint, sondern der Passport für denjenigen, der sich ihrer bedienen kann.

Auch wenn sich das erzählerische Raffinement, die sprachlichen Qualitäten Peter Schneiders in Grenzen halten, »Der Mauerspringer« gewinnt durch die Vielzahl seiner Aspekte doch die Bedeutung eines wichtigen Features, in dem Aufklärung und Reflexion sich die Waage halten. Daß der Kunstanspruch dabei vor der Beschreibung eines politischen Zustands immer mehr in den Hintergrund tritt, offenbart freilich das *ästhetische* Problem. Hatten andere Autoren recht, die Finger von diesem Thema zu lassen, weil es künstlerisch nicht in den Griff zu kriegen ist, oder ist es nur ein individuelles Scheitern des Autors Schneider? Entscheiden läßt sich diese Frage nicht; aber das Thema wäre es wert, daß nun auch andere das Risiko des künstlerischen Mißlingens auf sich nähmen.

Peter Buchka
Süddeutsche Zeitung. 1. 4. 1982.

GÜNTER SEUREN
1932 in Düsseldorf geboren, lebt in München.

- »Der Angriff«. Erzählung. Reinbek bei Hamburg: Rowohlt.

JÖRG STEINER
1930 in Biel (Schweiz) geboren, lebt dort.

- »Das Netz zerreißen«. Roman. Frankfurt a. M.: Suhrkamp.

WERNER VORDTRIEDE
1915 in Bielefeld geboren, lebt in München.

- »Ulrichs Ulrich oder Vorbereitung zum Untergang«. Roman. München: List.

JOHANNA WALSER
1957 in Ulm geboren, lebt in West-Berlin.

- »Vor dem Leben stehend«.* Prosatexte. Frankfurt a. M.: S. Fischer.

MARTIN WALSER
1927 in Wasserburg (am Bodensee) geboren, lebt in Nußdorf (am Bodensee).

- »In Goethes Hand«. Szenen aus dem 19. Jahrhundert. [Theaterstück.] Frankfurt a. M.: Suhrkamp. Uraufführung: s. »Chronik« (18. 12.).

- »Brief an Lord Liszt«. Roman. Frankfurt a. M.: Suhrkamp.

Schattenwelt der Angestellten

Im Helden-Epos des Nichthelden (also in diesem unserem Alltag) kennt man die Situation nur allzu gut: Es ist nachts, man liegt im Bett, kann nicht einschlafen, weil man eine

beschämende Situation noch einmal erlebt, durchleidet. Man hat auf eine Zumutung nicht die richtige schlagkräftige Antwort gefunden. Oder man hat sich gehen lassen, danebenbenommen.
Jetzt, in der Nacht, beginnt das Hirn die einzig richtige Antwort zu entwerfen. Dem Chef wird, verspätet, die einmalige, schlagende Replik entgegengeschleudert; geharnischte Briefe werden in Gedanken geschrieben, die sich der Empfänger nicht hinter den Spiegel stecken würde, falls er sie bekäme ...
Kurz: die Nacht der Schlaflosen ist eine Bühne, auf der es vor mutigen Worten nur so widerhallt. Sire, geben Sie Gedankenfreiheit! ist ein Dreck dagegen. Nur schade, daß die nächtlich aufwallenden Geständnisse einsame Monologe bleiben, die den nächsten Morgen nicht erleben, wenn sich der Mut wieder in die ängstliche Haut der Realität zurückgezogen hat.
Martin Walsers neuer (und schmaler) Roman, »Brief an Lord Liszt«, beschreibt eine solche Anwandlung. Es ist ein Brief, wie ihn die Nacht diktiert, er ist mutig, auch in der Einsicht in die eigene Feigheit; er ist hellsichtig, auch auf Kosten der eigenen Selbstachtung. Er berauscht, ja besäuft sich an seinen eigenen Formulierungen, zu denen sich der Briefeschreiber auch noch zusätzlich den stimulierenden Wein eintrichtert. Und er kann, P.S. auf P.S. häufend, kein Ende finden, wie das nächtliche Selbstrechtfertigungen so an sich haben.
Der Brief, den Walsers Held Franz Horn schreibt, wird natürlich seinen Adressaten nie erreichen. Vielleicht dient ja sein »Das mußte mal gesagt werden«, bei dem das Sagen unterbleibt, in Wahrheit nur der Selbsttherapie – obwohl unabgeschickte Briefe ja gewissermaßen »vollinhaltlich« auf den Schreibenden zurückschlagen.
Walsers neuer Roman ist ein Briefroman. Und das ist eine Form, die es dem Autor ermöglicht, sich in die Gedankenwelt seines Helden so weit hineinzutasten, wie dieser bereit ist, sich brieflich mitzuteilen. Franz Horn, der zuletzt in Walsers Roman »Jenseits der Liebe« einen Selbstmordversuch verübte, weil seine Angestelltenwelt in panische Unordnung geraten

war, hat sich jetzt so weit gefangen, daß er seine Deformationen zu Papier bringen kann.

Er, der in seiner Firma im Oberschwäbischen einst die rechte Hand des Chefs war, bis er diesen Platz einem neuen Mann, eben dem »Lord Liszt«, räumen mußte, schreibt seinem erfolgreichen Konkurrenten einen Rechtfertigungsbrief über einen unangenehmen Zwischenfall, bei dem sich die beiden in die Haare gerieten.

Er schreibt ihn aus dem eingefrorenen Gefühl, einen übermächtigen Gegner vor sich zu haben. Der Gegner Liszt ist dem Franz Horn überlegen, nicht nur, weil er ihn in der Gunst des Chefs und in der Hierarchie des Unternehmens ablöste, sondern auch weil der Hamburger norddeutsch urban über die süddeutschen Minderwertigkeitsgefühle (die, natürlich, natürlich, heimliche Überlegenheitsphantasien sind) seines ländlichen Konkurrenten triumphiert.

Doch der Brief hält als Grundstimmung eine Situation fest, die so gar nicht mehr existiert. Liszt, obwohl als »Lord« tituliert, ist längst auch auf die Rutschbahn der Angestelltenhierarchie geraten. Der Chef hat ihn, wie einst Franz Horn, gegen einen neuen Mann eingetauscht, der nun sein Vertrauen besitzt. Er ist, wie der ihn anschreibende Horn, auf einem Abstellgleis gelandet. Aber auch das macht eigentlich schon nichts mehr, denn inzwischen hat der Chef die Firma einem Riesen-Multi eingegliedert, und unter dessen Rationalisierungsvorstellungen wird sich ohnehin alles noch einmal schrecklich ändern.

Auch privat ist Liszt, der im Brief teils winselnd, teils herrisch um Verständnis Angeschriebene, eher ein Popanz als ein Gegner. Seine Frau hat sich ganz offen von ihm ab- und einer lesbischen Freundin zugewandt, er ist also in der Vorstellungswelt der Angestellten auch als Mann erledigt. Und er ist zudem noch jener heimliche Alkoholiker, deren Suff sich in Wahrheit kaum noch verheimlichen läßt.

Also: der Gegenspieler ist ein Wrack. Und ausgerechnet an diesem Wrack schreibt sich Franz Horn die Seele und die Finger wund?

Es macht den satirischen Gewinn von Walsers süffig geschriebenem Buch aus, daß es in der im Brief gespiegelten Situation zwischen den beiden Männern Liszt und Horn die scheinbar auf ewig geronnene psychische Hierarchie einer Angestelltenwelt festhält, die reale Machtverhältnisse sehr wohl überdauert.
In Betrieben, so macht das Buch deutlich, gibt es, neben der äußeren eine zweite, oft gegenläufige innere Hierarchie, die sich in historischen Ablagerungen, in paläontologischen Überbleibseln aus den Platz- und Machtkämpfen einer Firma ablesen läßt.
Damit aber wird noch ein zweites deutlich: Indem der Abgehalfterte dem Abgewrackten schreibt, zeigt er, daß Animositäten und Konkurrenzängste, die der Betrieb erzeugt hat, auch dann noch weiterleben, wenn ihr Grund weggefallen ist.
Hier, so scheint es, kläffen sich zwei zahnlose Hunde an, verteidigen ein Grundstück, das ihr Besitzer schon längst verlassen hat. Würden sie aufhören zu bellen, so müßten sie zugeben, daß sie jahre-, ja ein Angestelltenleben lang nutzlos und vergeblich die Zähne gefletscht hätten.
»Brief an Lord Liszt«: Im Schreiben richtet sich der gekrümmte Angestellte auf. Und siehe da: Er ist krumm.
Walser ist, bei all seiner scharfen Beobachtungsgabe, allerdings auch ein gnädiger Satiriker: Hätte er »Gullivers Reisen« geschrieben, die Liliputaner wären einige Zentimeter größer, die Haut der Riesinnen wäre um einiges kleinporiger. So ist das Buch, was die Bodensee-Gegend anlangt, auch (noch) ein freundlicher Heimatroman. *Hellmuth Karasek*
Der Spiegel. 18. 10. 1982.

Der ganz lange Brief als ganz dünnes Buch. Martin Walsers neuer Flachroman »Brief an Lord Liszt«
Ich hör ihn schon wieder! Kaum ist das Buch offen, springt er raus samt seiner hellgrellgrimmen Formulierlust, mit dieser komischen, jedes Auditorium entzückenden Suada, ein mit Stummelsätzen wedelnder Elégant der Erzählkunst – Spaß wird das machen: mitzuerleben, wie ihn die Racontiersucht fortreißt, wie ihm der Handteller, als wäre Weihwasser darin,

schalenförmig nach oben entfliegt, aufsteigend hochhin vorbei am väterlich grauenden Scheitel, dazu sein rollendes R, die Markanz all dieser helltönenden A, der alemannische Belustigungs-Diskant. Passiert mir mit keinem anderen Buch, bei keinem anderen Autor: daß das Papier nicht stillhalten will, gleich fängt's zu larmoyieren an, das Gedruckte wird laut. Der Walser-Ton. Nicht Böll, nicht Grass, kein Weißderkuckuck bringt sich dermaßen zu Gehör, dermaßen dringend. Martin Walser, der Rezitationsliterat. Lesereisen sind wie geschaffen für den. Wenn er demnächst hierorts gastiert mit seinem »Brief an Lord Liszt«: nichts wie hin.

Es ist das Beste, was dem Buch passieren kann, und uns mit ihm. Denn zum Selberlesen will es kaum taugen, bei aller Dünnheit. Ein viel zu langer Brief fügt sich zum viel zu dünnen Buch – fügt sich? Grad eben nicht: verbiesternd wenig scheint daran gefügt, nichts komponiert, es hat keine Dramaturgie und keinen Bau. Walsers Kunst, Walsers Gefahr: die Improvisation, ein allzeit treffsicheres Beobachten, Zuständeregistrieren, Zuständeformulieren, freiweg, ohne Konzept. Dem kommen die Einfälle beim Schreiben, mal sehn, wo's hinläuft. Das ganze Buch, obschon es Galliges zur Sprache bringt, sprüht und schäumt vor Redelust – in Abschweif und Umschweif. Das monströse Ergebnis: Kleckergroteske. Ein dünnes Buch, und doch ein nicht enden wollendes.

Inhalt, ach was, ist Formuliervorwand. Bitte: der Prokurist der Dentistenzubehörfirma »Chemnitzer Zähne«, Franz Horn – jawohl, den kennen wir schon, es ist einer der Helden aus Walsers unaufhörlicher Bodenseesaga (»Jenseits der Liebe«) –, schreibt einen Brief an seinen Kollegen Liszt, lang und plötzlich (»Lieber Lord Liszt! Warum nenn' ich Sie so? Die Anrede war da, als ich nach dem Schreiber griff«), mit neunzehn Postskripta. Tage zuvor hatten die beiden Männer Streit miteinander gehabt, in einem Seeufer-Restaurant, als sie warten mußten auf die Segelyacht des Firmenchefs – Horns zwanzigmalige Schreibmühewaltung, nein, seine sehr grimmige, zärtlich-tückische Brief-Buhlerei, in deren Verfolg ihm drei Flaschen Weißherbst zuhanden sind, gilt dem devot-rachsüchtig inszenierten Versuch, eine Art Schuld teils auf sich selbst zu nehmen, teils dem andern zuzuweisen, »oh mein Lord«. Inhalt also? Keiner, ein nichtiger Besäufnisstreit. Zwei aus der Gunst des Firmenchefs Gefallene (ihr Konkurrent im Betrieb, ein gewisser Ryynänen, profiliert sich surfbretterverkaufend an ihnen vorbei), zwei Betriebsgeschädigte, Trinker der eine, Schläfer der andre, können zusammen nicht kommen, das Wasser – »oh mein Lord, wo steht Ihnen eigentlich das Wasser?« Zwei für die tiefe Männerfreundschaft Prädestinierte müssen leben in Feindseligkeit. Das versucht Franzl Horn zu beweisen.

Er beweist es – groteske überdehnte Groteske – mit neunzehn P.S. und mit sieben Sätzen seiner »Gesellschaftsphysik«. (Hier nur vier: »Wer jemanden unter sich erträgt, erträgt auch jemanden über sich. – Zwischen Chef und Abhängigen gibt es menschliche Beziehungen nur zum Schein. – Freunde hat man, solange man sich die Frage, ob man welche habe, noch nicht stellt. – Der Mißerfolg seines Konkurrenten ist der Erfolg des Erfolglosen.«) Am Ende aber, wie vorauszusehen, schickt er seine Manns-Epistel überhaupt nicht ab: Der Kunstzahnfirmenangestellte Franz Horn, der sich akkurat so treffend auszudrücken weiß wie der Schriftsteller Martin Walser, hat sich mit kommunikativen Scheingefechten vergnügt, sich berauscht und erbittert an Wörtern, an briefstellerischem L'art pour l'art. Eitle Etüden, eitel im Wortsinn, erfüllt von komischer Rechtfertigungssucht, Haßliebe, Neid, lauernder Adoration, ebenso wirr wie lachhaft durchkreuzt vom Verlangen nach Demütigung, von wohlartikulierten Unterlegenheitsgefühlen, kokett bezeigter Verletzlichkeit. Doch nirgends Inhalt: oh mein Lord, das ermüdet!

»Seine Augen sahen aus, als schwitzten sie.« Hellwach bin ich wieder. Lese weiter: Aufblitzendes, trefflich Bemerktes, erfrischend Gesagtes – es sind Kabinettstückchen darunter, typischer Walser-Ton. Partien-, partikelweis' freut einen dann die Lektüre: zum Beispiel wenn er, Franz Horn, den Definierdisput am Seglertisch schildert, was der Unterschied sei zwischen Laser und Licht, oder wenn er plötzlich aus seinen gesammelten Schlaflosigkeiten Formuliermünze schlägt, oder des mädchensüchtigen Chefs hochvirile Einparkkünste qualifiziert, oder den Freitagnachmittagsjammer der Sekretärin Frau Brass nachempfindet (»Frau Brass neigte überhaupt zum Seufzen. Entweder schimpfte sie oder sie seufzte. Allmählich seufzte sie mehr, als sie schimpfte.«) Da beweist er sogar frappantes betriebsklimatisches Feeling, bis hin zur Putzfrauenstunde in dem von Menschen schon leergefegten Büro, und man darf fragen: Woher kennt er das alles, unser Autor in seinem Bodenseehäuschen mit dem Schmiedeeisen vorm Fenster, woher?

Die Schnödigkeiten, der Frust, die vielfältigen Verdrossenheiten und Kaputtitäten der kapitalistischen Wirtschaftswelt – sie sind Walsers Thema seit langem, wenn auch ineinsprojiziert mit Löwenzahnwiesen und bodenseeisch wilden Wetterglanzwellen: eine Welt der hochachtungsvollen Entrüstung und der innigen Feindseligkeiten, »Nein, die Welt der Angestellten«. Doch wichtiger als die Beschreibung der Angestelltendrangsal scheint mir das Drüberliegende, je nachdem liegt's auch drunter: die Intimität, die sich hier offenbart, von Mann zu Mann. Liebe, Bewunderung, Zärtlichkeit unter Kollegen: über viel muß man lachen bei Walser, *darüber* nie! Sein Verdienst. Was sich hier ausspricht unter Männern, gehört zum Zartesten, Sensibelsten, Gewagtesten in der deutschen Mannsbilderliteratur. So harsch es tut.

Die Groteske, und es gibt ja nichts Groteskeres als einen *solchen* Brief in *solcher* Länge, dient der Kaschierung. Walser, der geborene Ichsager unter den Schreibern, schiebt stets ein Fremd-Ich vor: Rollenprosa scheinbar, in Wahrheit ausderrollefallend vollmundig, wie Walser. Sentenziös, aphoristisch, kalendersspruchreif. Ein Feuilleton übers Warten, in einem Satz: »Daß einer nicht kommt, macht ihn wertvoller, als er ist.« »Das Ausmaß ihres Vertrauens« – er redet von seiner Hilda – »bestimmt die Größe meines Betrugs.« Und Liszt, der Vielbewunderte, hat am Morgen vierzehnmal mit Frau Thiele gefrühstückt. Aus dem Geschriebenen tropft Formulierung wie's Fett aus dem Braten, mal tränkt es die Sätze mit gaumenkitzelnder Importanz (»Ihr Vorteil und der Vorteil der Firma scheinen sich im Verhältnis einer axiomatischen Identität zu befinden«), mal schlabbert's dick auf Horn-Walsers umgehängten Kabarettistenschurz (»Ist es schon blödsinnig, wenn ein Angestellter mit seinem Chef in punkto Verdauung konkurrieren will, so ist es doppelt blödsinnig, wenn zwei Angestellte darüber streiten, wer von ihnen in punkto Verdauung dem Chef näherstehen!« Schluß mit dem Thema: »Sie brauchen nur mit Ihrem ungemein leisen Spott- und Hohnton zu sagen, daß der indigestiöse Franzl Horn eine Unterdrückung alles auf Defäkation bezüglichen Sprechens zu bitten sich nicht habe enthalten können, und daß man ihm diese Verdrängungshilfe doch gewähren solle.«) Formulierwitz, Pointen, launiges Gutgesagt – sogar das Geblödel der Zeit scheut er sich nicht herbeizuzitieren, abstandwahrend: »Fuck Donald Duck – Schluck Hans im Gluck.« Doch rührt er, damit der Erzählseim bündiger werde, rechtzeitig etwas Betriebswörter-Kleie hinein, die »neue Controlling-Konzeption« etwa, »und zwar vertikal, horizontal und funktional«. Authentischer wird der ›Roman‹ so nicht. Er bleibt Groteske.

Schon wie das einsetzt, man höre den Walser-Ton: »Benedikt Stierle hat aufgegeben. Aber wie! In der vergangenen Nacht hat er seinen Betrieb angezündet. Und sich auch.« Klar, daß wir »diese Stierle-Katastrophe«, diesen »exakt arrangierten Stierleschen Selbstmord« weniger als tragisches denn als fröhliches Signal begreifen – auch »einer wie Horn« nimmt's ungegriffen, genau wie die andern mit ihrer »Horn-Kenntnis« oder »Horn-Ignoranz«, genau wie die »Thiele-Verächter« oder »Thiele-Verehrer«. Diese Substantivierungs-Salopperie, gepaart mit »Dialekthaftem« und einmal, von fern, sogar mit »Exadmiralhaftem«, gehört zu Walsers grimmigem Unernst. Er verabsolutiert gern; in seiner Eigenschaft als »größter lebender Vorwurfs-Virtuose« (d. i. Franz Horn) ist er auch der größte Sentenzenschmied unter den deutschen Briefstellern am oberen Bodenseeufer in den achtziger Jahren. Einmal zum Beispiel meint er, und wie er's erkennt, hätt' er sich am liebsten das Gesicht mit Fingernägeln zerrissen, es könne nichts Gemeineres geben – als? – »einen Vater und einen Sohn, die bei wunderbarem Wetter auf einen Supermarkt zugehen, in dem sie sich kaufen können, was sie wollen«. Ein andermal hält er fest: Nichts kann schöner sein – als? – »in einem aufbrausenden Mai-Sturm am See zu sitzen und als Teil eines akustischen Dickichts bis zur Erschöpfung über den Unterschied von Konifere und Koryphäe zu streiten«. Ein drittesmal wiederum: »Wo gibt es noch soviel Zärtlichkeit wie unter einer Dusche?«

Grotesk. Mann schreibt sowas nicht. Damit tritt er doch dem Empfänger, Liszts »hochgewachsener Mooreichen-Erscheinung«, entschieden zu nahe. Der empfängt's aber nicht. Denn das Allergrotesteste folgt noch: »Es gibt nichts Groteskeres als einen, der einem anderen Vorwürfe macht. Ich liebe Sie nicht mehr.«

Zu spät die Revokation: im Hause Suhrkamp hat man den Brief doch expediert, wir sind die Empfänger, man dient ihn uns an als Roman. Ist aber keiner; es ist ein Buch der Partikel, der »Stellen«. Nichts, was gefangenhält in einem Zug. Literatur, in Einzelsätze zerstiebend – die Einheit stiftet nur der Erzähler; nur er, leibhaftig. Aber auch Martin Walser wird, wenn er auf Lesereise damit geht, sich mit ausgewählten Partien begnügen.
Ruprecht Skasa-Weiß
Stuttgarter Zeitung. 6. 10. 1982.

PETER WEISS
1916 in Nowawes (bei Berlin) geboren, am 10. 5. 1982 in Stockholm gestorben (s. »Chronik«).

● »Notizbücher 1960–1971«. [In zwei Bänden erschienen.] Frankfurt a. M.: Suhrkamp.

URS WIDMER
1938 in Basel geboren, lebt in Frankfurt a. M.

● »Liebesnacht«. Erzählung. Zürich: Diogenes Verlag.

JOSEF WINKLER
1953 in Kärnten geboren, lebt in Klagenfurt.

● »Muttersprache«. Roman. Frankfurt a. M.: Suhrkamp.

ROR WOLF
1932 in Saalfeld (Thüringen) geboren, lebt in Mainz.

● »Das nächste Spiel ist immer das schwerste«. [Lyrik und Prosa.] Königstein (Ts.): Athenäum Verlag.
Enthält zwischen 1966 und 1981 entstandene Texte zum Thema Fußball: unveröffentlichte sowie in früheren Bänden schon publizierte.

HANS WOLLSCHLÄGER
1935 in Minden (Westfalen) geboren, lebt in Bamberg.

● »Herzgewächse oder Der Fall Adams«. Fragmentarische Biographik in unzufälligen Makulaturblättern. Erstes Buch. [Erster Teil eines zweibändigen Prosawerks.] Zürich: Haffmans.

JOSEPH ZODERER
1935 in Meran geboren, lebt in Terenten (Südtirol).

● »Die Walsche«. Roman. München: Hanser.

Trauer und Träume
Fernsehzuschauer hatten kürzlich Gelegenheit, die Verfilmung eines erstaunlichen Erstlingsromans im ZDF zu verfolgen: »Das Glück beim Händewaschen«, mit dem sich der 1935 geborene Südtiroler Joseph Zoderer von seiner Jugend freigeschrieben hatte. Das Buch war 1976 zum erstenmal erschienen und ist jetzt vom Hanser Verlag zu Recht wieder aufgelegt worden. Es bildet somit ein Paar mit dem neuesten Roman von

Zoderer, »Die Walsche«, zu dem sich literarische und politische Linien ziehen lassen.

Im autobiographisch gefärbten »Das Glück beim Händewaschen« beschreibt Zoderer seine Jugend in einem Schweizer Internat, wo er, Südtiroler mit einem italienischen Paß, als »Öschtriecher« einen anderen Dialekt, ja eine andere Sprache spricht und als Fremder in der Fremde nicht akzeptiert wird, so sehr er sich auch anpaßt, seine Identität verleugnet, vor dem Schokoladengnadenbrot Helvetiens demütigt. *Er* hat den Krieg verloren, und *er* hat keinen Wilhelm Tell vorzuweisen.

Identität ist auch das Hauptthema in »Die Walsche«. Walsche, das ist die dümmlich verachtende Denunziation einer »Italienerin«. Olga, die Hauptfigur, ist jedoch nur dem Paß nach Italienerin. Sie ist Südtirolerin, in den Bergen geboren als Tochter eines Lehrers. Aber sie lebt in der Stadt, in Bozen, zusammen mit einem Italiener, der aus Kalabrien heraufgezogen ist. Sie leben zusammen im Industrieviertel der Stadt, jenseits des Flusses, das von den »Deutschen« Schanghai genannt wird.

Damit ist bereits eine Konstellation geschaffen, die dem konfliktreichen Südtiroler Alltag entspricht – dem Konflikt zwischen den Sprachgruppen. Das Grenzgebiet (Süd-)Tirol, historisch eine Brücke zwischen Mittel- und Südeuropa, ist heute politisch ein Kampfplatz für Nationalisten beider Farben geworden. Die vergangenen Jahre haben das kleine Land am südlichen Alpenkamm durch Bombenattentate oder auch durch eine simple Volkszählung, die zu einer ethnischen Wahlschlacht wurde, häufig genug im Mittelpunkt der europäischen Öffentlichkeit stehen lassen. Wer da nicht mitmachen will, wer nicht einseitig auf Deutschtum oder *italianità* setzt, hat es schwer, nicht nur seine nationale Identität zu finden, sondern auch seine persönliche. Denn die Sprachgruppen werden durch Proporz und ethnischen Kataster förmlich auseinanderdividiert. »Nebeneinander!, nicht miteinander!« heißt das Schlagwort vor allem der konservativen »Deutschen«.

Olga erlebt dies am eigenen Leib, als sie für drei Tage in ihr Heimatdorf fährt, um die Beerdigung ihres verstorbenen

Vaters vorzubereiten. Sie kommt zurück in die Fremde: »Dem Ignaz oder Naz, wie sie hier sagten, gehörte der Gasthof, in dem sich der Vater, weil der kürzeste Weg vom Lehrerhaus eben dorthin führte, zu Tode gesoffen hatte, dem Naz hätte sie am liebsten grazie! mille grazie! ins Gesicht gezischelt, aber sie fragte nur: Schnaps oder Wein? Er hatte sie als einer der ersten die Walsche geheißen, damals vor der Schulhaustür, weil sie die einzige war, die die Italienischaufgaben gemacht hatte und von der Italienischlehrerin dafür gelobt wurde.«

Sie erlebt noch einmal die Geschichte ihres Dorfes im Vergleich, mit geschickt eingebauten Rückblenden, zum Alltag in der Stadt, zum Leben mit Silvano, ihrem Mann. Sie durchlebt noch einmal den aussichtslosen Kampf ihres schwachen Vaters, der immer geträumt hatte, hinaus in die Welt zu gehen, und doch nie aus seinem Dorf herauskam – aus seiner Heimat. »Er wußte, daß diese Heimat für die meisten nur noch zum Geldschaufeln herhalten mußte, daß sie aufgeteilt war in ausgezirkelte Kuchenstückchen zum Kosten und Verzehren: in Skiautobahnen, in Loipen und lauter Klein- und Großhotels mit Heustadelgiebeln... *Die Heimat ist in Gefahr*, aber die Heimat kam in Wirklichkeit nur durch die Heimatverteidiger in Gefahr... Nicht die Heimat war in Gefahr, sondern der Vater durch die Heimat, die ihm keine sein konnte, das hatte immerhin sein Tod bewiesen.«

Olga versucht sich in Erinnerungen ihrer Kindheit zurückzuretten, aber es gibt keinen Weg zurück, ihre Ent-Fremdung kann nicht mehr rückgängig gemacht werden, obwohl sie in der Stadt ein neues Zuhause, aber eigentlich keine neue Heimat gefunden hatte.

Wer sich ein lautes politisches Pamphlet erwartet, wird allerdings enttäuscht. Joseph Zoderer, der zuvor drei Gedichtbände veröffentlicht hat, schreibt sein leise, ganz von innen heraus, in Bildern und Reflexionen. Während in seinem Erstlingsroman die Sätze voll von literarischem Übermut noch stolpern oder abbrechen, ist »Die Walsche« wie aus einem Guß geschrieben; in einem Rhythmus, der von der ersten bis zur letzten Zeile durchgehalten wird, einem Adagio, das auch den Leser in jene ruhige Traurigkeit versetzt, die Olga braucht, um ihrem Vater, sich und ihrer Heimat nachzuspüren. Wie in »Das Glück beim Händewaschen« steht am Schluß eine Geste, die nach vorn weist. Schon die Konflikte innerhalb des Romans verhindern, daß Trauer in Melancholie und Trauerarbeit in Schizophrenie umschlägt. Nun aber, als Olga noch einmal »Vaters letzte Welt, in milchiger Dämmerung«, sieht, ist es die Geste einer Tat, einer Hoffnung.

Joseph Zoderer nimmt das ganze Buch hindurch Partei für den Traum vom friedlichen Miteinanderleben zweier Völker. Aber er denunziert nicht die Widersprüche, die sich daraus ergeben. Er, der in der Fremde sich gedemütigt, aber dort auch gekämpft hat, kennt viel zu genau die Widersprüche seiner Südtiroler, als daß er sie nicht ernst nähme, gar verleugnete. Es gehört allerdings zur Logik dieses Bergdorfes, die noch heute in den Köpfen mancher lokaler Politiker weiterlebt, daß das »offizielle« Südtirol zwischen Brenner und Neumarkt schamhaft versucht, »Die Walsche« totzuschweigen. Für sie ist Joseph Zoderer längst ein Walscher geworden. *Henning Klüver*

Deutsches Allgemeines Sonntagsblatt. 24. 10. 1982.

MATTHIAS ZSCHOKKE
1954 in Bern geboren, lebt in West-Berlin.

● »Max«.* Roman. München: List.

Nicht zuständig

Die Stadt Biel und der Kanton Bern haben einen Preis gistiftet, der als Robert-Walser-Preis den Namen eines heute hochgeschätzten Schweizer Schriftstellers trägt. Es hatte allerdings lange, zu lange gebraucht, bis Walser die ihm gebührende Anerkennung zuteil wurde, und das Verkanntsein kränkte ihn tief. 1956 starb er in einer Nervenheilanstalt. Jetzt, ein Vierteljahrhundert später, ist der Robert-Walser-Preis Matthias Zschokke für seinen Erstlingsroman »Max« verliehen worden – war es wirklich nötig, die Erinnerung an einen bedeutenden Autor auf diese Weise zu belasten?

Matthias Zschokke ist 28 Jahre alt und Schauspieler. Er spielte in Bochum und lebt in Berlin. Der Roman beginnt damit, daß der Autor kurz eine männliche Figur umreißt und mitteilt, daß er über sie schreiben will. Und weil er die Erfindung, über die er schreiben will, mögen, ja lieben können muß, nennt er sie »Max«, weil »Martin« ihm nicht gefällt. Später wechselt er kurz einmal zu Wolfgang, aber dann sieht er ein, daß das doch nicht geht, weil dieser Name zu dicht bei »Wolf« liegt, dem mit den Steinen im Bauch. (Dieser Kalauer stammt nicht von mir, er ist die wirklich ernstgemeinte Begründung des Autors.)
Aus mir unerfindlichen Gründen hat die preisverleihende Jury es für richtig gehalten, Zschokke den Preis für den »Mut zur Poesie, zur poetischen Redeweise« zuzusprechen. Was darunter zu verstehen ist, erläutert vielleicht das folgende Zitat: »Dieses Kniebeuge-Kapitel ist selbstverständlich mehr bildlich gemeint. In der Art von: ›Das ist nicht mein Bier‹, oder: ›Hol's der Kuckuck‹. Max war nie im Frühling an der Wolga. Im Gegensatz übrigens zum Bier, wo es ihm zugegebenermaßen schon passiert ist, daß er versehentlich an einem fremden Glas genippt hat, welches er natürlich sogleich zurückgestellt, sowie ihn der Gedanke durchzuckte: ›Das ist nicht mein Bier‹. Beinahe überflüssig zu erwähnen, daß es dennoch kein Kuckuck geholt hat, denn Kuckucke trinken kein Bier. Die müssen nachts allein in tropische Winterquartiere fliegen, was nebenbei darauf hinweist, daß sie nichts mit Eisschollen am Hut haben.«
Jemand, der dies für eine »poetische Redeweise« hält, ist mit Sicherheit rettungslos an die No-future-Generation verlorengegangen, denn nur angesichts des Untergangs sind alle Unterscheidungen bedeutungslos.
Zschokkes »Max« ist ein Assoziationsroman, in dem jede Idee (oder was sich dafür ausgibt) einen Rattenschwanz an Beliebigkeiten nach sich zieht, der auch nicht durch die verhaltenste Äußerung eines Gestaltungswillens in seiner Bewegungsfreiheit eingeengt wird. Das Buch strotzt von sprachlichen Unzulänglichkeiten und verquasten Überlegungen. So heißt es beispielsweise zum Stichwort »Wissensdurst«, daß die Universitäten dazu da seien, den Wissensdurst der Jugend zu stillen,

damit sie nachher satt und uninteressiert sei, noch mehr zu lernen. Das Buch »Max« kommt nur einmal der Wahrheit nahe, als nämlich der Autor im Selbstgespräch erkennt: »Ich weiß nun gar nicht recht, was ich erzählen soll, weil ich ja gar nicht zuständig bin.« So ist es, leider. *Paul Stänner*

Der Tagesspiegel. 13. 6. 1982.

Max bleibt. Die Welt muß sich ändern. Der erste Roman des Schweizers Matthias Zschokke: »Max«

Was erwarten wir heute vom ersten Roman eines jungen Schriftstellers? Erwarten wir überhaupt etwas? Und wer und wie viele sind »wir«, die sich für solche Bücher interessieren? Vierhundert, achthundert, zwölfhundert Leser? Und wieviele davon lesen aus beruflichem Interesse, weil sie von der »Vermittlung« leben? Kann man heute von einer neuen, also von der akzeptierten oder hingenommenen Literatur sprechen? Das heißt von einer, die nicht nur Argumente anführt, sondern zum Ausdruck gebrachte Erfahrung darstellt? Die nicht nur die Illustration der notdürftig verschleierten These ist, die besagt, daß unsere Lebensverhältnisse sich immer rascher verschlechtern, und diese wahrscheinliche, aber nicht eben neue Annahme in stets leicht variierten Anordnungen vorführt? Aus den gestörten Beziehungen der Menschen untereinander läßt sich gewiß noch mancher schöne Roman herauslesen, doch führt diese Anstrengung in den seltensten Fällen zur Literatur, in den meisten dagegen zu einer Sterilität, die die Leser zunehmend vergrault: Sie erwarten nichts mehr.

Die Verlage scheinen sich dieser fatalistischen Sicht angeschlossen zu haben. Wer bei der letzten Buchmesse von einer Krise sprach, wurde barsch zurechtgewiesen: Von einer Krise sei nichts bekannt! Aber die Frühjahrskataloge vieler Verlage, die ihren Namen einst der Literatur verdankten, erzählen eine andere Geschichte. Wer da unter den Schutthalden von Ernährungsbrevieren und Anleitungen zur schmerzlosen Geburt, von Reprints, Reprisen und Sonderausgaben noch ein Rinnsal entdeckt, das Literatur genannt zu werden verdient, der muß schon gute Augen haben.

Um so erfreulicher ist es, daß sich der Münchener Paul List Verlag nach jahrelanger Abstinenz und gewissermaßen im Schatten unzähliger Berg-Bücher entschlossen hat, eine Reihe mit dem unverdächtigen Titel »Poesie & Prosa – Ein Programm« zu gründen, deren einziger programmatischer Anspruch es ist, jüngere deutschsprachige Autoren zu publizieren. Hier ist auch das erste Buch eines 1954 geborenen Berners erschienen, das nicht nur rezensiert, sondern auch gelesen werden sollte – »Max« wäre ein Entwicklungsroman geworden, wenn Max nicht alles unternommen hätte, dieses hohe Ziel zu verhindern. Das Wort »Entwicklung« gehört nicht in seinen Wortschatz, und jeder Versuch des Autors, es seinem Helden durch Umschreibung schmackhaft zu machen, scheitert an dessen bockiger Abwehr. Er will alles mögliche haben – Geld, gutes Aussehen, Frauen, Talent –, nur keine Identität. Die vielen Haken, die er schlagen muß, um einer solchen zu entgehen, machen den Roman aus, der dementsprechend sprunghaft, wild, also alles andere als ordentlich geschrieben ist.

Sein Autor, der als Ich-Erzähler auftritt und sich einmal auch Matthias nennt, um alle Unklarheiten zu beseitigen, läuft gewissermaßen atemlos seiner imaginierten Figur hinterher, um ihr die Schwierigkeiten, die ihrer Vollendung widerstehen, zu erklären, aber Max hat sich schon wieder aus dem Staube gemacht. So ist dieses eigentümliche Zwillingspaar zwar stets verbunden und aufeinander angewiesen, doch auch für ewig getrennt. Eine Vereinigung ist ausgeschlossen, eine Identität nicht zu erzählen, so ließe sich die Struktur dieses Romans formulieren, in dem es einmal heißt: »Ich darf nicht einfach Geschichten erzählen. Lest den Grünen Heinrich, es gibt nicht mehr Geschichten, die ... durch Eingriffe von außen, vom Staat, nein, von der Wirtschaft, wird jede Geschichte so geschüttelt und zerfetzt, daß es gelogen ist, wenn diese in einem Buch ... oh, ich müßte viel sagen, von den Prozessen in den Gerichten, von den Ämtern, wenn man da anfängt, dann ... «

Ja, was wäre dann? Dann käme wieder eine Geschichte heraus, eine, in der sich Glück auf Unglück reimt und Larmoyanz auf

Langeweile, und jede Schweinerei erhielte eine Begründung. Mit anderen Worten: Es käme Kunst heraus, und Kunst ist das letzte, was diese beiden aus der Welt gefallenen Lebensverfolger schaffen möchten. Max war einmal Schauspieler, aber da »sollte er immer so spielen, als wüßte er, weshalb er auf der Bühne stehe (er mußte dem Publikum pausenlos Dinge vormachen, und das Publikum versuchte dann zu erraten, was die Dinge jeweils bedeuteten, denn das Publikum will zwei Stunden im Leben das Gefühl haben, Menschen seien durchschaubar, auffächerbar, zerlegbar, auffädelbar, und der Zuschauer will, daß der Schauspieler die Menschen besser kennt als er selber, daß der Schauspieler in schauerliche Abgründe der menschlichen Seele gesehen hat, die einem Zuschauer für immer verschlossen sind). Max schaute seine Mitspieler fassungslos an, wenn sie dabei waren, abgründige Charaktere darzustellen, auszuloten, denn er kannte die Menschen nie, die da dargestellt wurden.«

Kunst also soll es nicht sein; alles andere ist aber auch unmöglich, weil es kein »Leben« ergibt. Nicht einmal als Anarchist macht Max Karriere. Es passierte ihm nichts. »Es half alles nichts, und er kehrte heim. Er ist kein Held geworden.«

Unaufhörlich rutscht er aus den Zusammenhängen, und selbst die vitalen Anstrengungen des Autors, mittels acht verschiedenen letzten Kapiteln den unvermeidlichen Sturz seines Helden aufzuhalten, seinem Leben am Ende einen Sinn zu geben, scheitern. »Die Freunde sind abhanden gekommen, denn einer, der gar nichts tut und gar nichts will außer leben, das ist einer, dessen Freund man nicht gern gewesen ist.« Max muß umgebracht werden, um sich vor ihm zu retten. Also wird er im letzten Kapitel getötet: Exit Max.

Es gibt noch ein P. S., das mit den Worten endet: »Pro Jahrzehnt darf es fünf Künstler geben, pro Jahrhundert einen.« Wer ein so verdreht hintersinniges Buch geschrieben hat, dem kann es gottlob gleichgültig sein, ob er zu diesen sich einmal wird rechnen dürfen oder jener sein wird. *Michael Krüger*

Die Zeit. 2. 4. 1982.

Überblick und Debatte

SIEGFRIED WOLLSEIFFEN

Herzensergießungen eines weltfremden Wehleiders

Vor drei Jahren fing es an. In einem Interview der »Frankfurter Rundschau« sprach Günter Grass von der »Wehleidigkeit« jüngerer Autoren. Seitdem wird mit diesem Schlagwort auf Autobiographisches geprügelt. Daß Leute einfach von sich erzählten, ohne die Mittel herkömmlicher Distanz, durfte nicht sein. Der Streit – ist das noch Literatur? – machte unsicher, Verwilderung drohte. Da kam die »Wehleidigkeit« gerade recht. Wozu noch Argumente, wenn die bloße Handbewegung zu genügen schien: abwinken, déjà vu.

Der Altmeister, dessen 150. Todestag in diesem Jahr gefeiert wird, gestand Eckermann, der »Werther« bestehe eigentlich nur aus Brandraketen, habe unheimliche, fast schon pathologische Züge. Vor unzumutbaren Gefühlsausbrüchen schützt am besten Distanz, sie beruhigt durch Kontrollposen, darin liegt ihr geheimer Valiumeffekt.

Die Grenzen des Zumutbaren können sich verschieben. Einige sind es müde geworden, die Rolle des allwissenden Erzählers zu spielen. Aus der Froschperspektive innerer und äußerer Unruhe zeigen sie kompromißlos ihre Ängste und Schwächen auf, deuten die Gegenwart radikal subjektiv, verzichten auf harmonisches Beiwerk. Nabelschau, schreit es im Chor, der mit Goethe – allzu menschlich – die Bereitschaft zur Versöhnung gelernt hat: »Es ist dafür gesorgt, daß die Bäume nicht in den Himmel wachsen.« Wie schön! Und wenn die Angestellte Hertha B. von der Arbeit kommt, hat sie keine Lust, den Horrormeldungen der Tagesschau ins Auge zu sehen. Sie sehnt sich nach ein bißchen Sonne und Geborgenheit. Ja, Leser haben auch keine Lust, dauernd ins wehleidige Elend

gestürzt zu werden. Man nimmt lieber ein Gutes Buch zur Hand, wieder.
In schlechten Zeiten, das weiß auch Gottlieb Wendehals, Sänger des Gassenhausers »Polonäse Blankenese«, sind die Leute besonders dankbar für Frohsinn: »Wir ziehen los mit ganz großen Schritten, und Erwin faßt der Heidi von hinten an die Schulter, das hebt die Stimmung, ja da kommt Freude auf.« Im Kulturbetrieb wird die Stimmung zur Zeit durchs Zauberwort Ironie angehoben: Diese unter der Anstrengung »geheuchelter Unwissenheit« (Duden) erquälte Form der Distanz, deshalb auch etwas unglückliche Schwester des Humors, ist dem Bildungsbürger mehr Klubausweis denn Freudenquelle. Da spielt dann, wie im Lore-Roman, das bekannt feine Lächeln um die Lippen des Wissenden.
Unter leichtem Streß schon nicht mehr ganz so fein. In der Bremer TV-Sendung »III nach Neun« spritzt der Ex-Kommunarde Fritz Teufel, man ist gerade beim Thema Anstand und Manieren, dem Bundesminister Hans Matthöfer mit einer Wasserpistole auf den Anzug. Der SPD-Mann zählt innerlich bis drei, danach fällt ihm nichts Besseres ein, als sein Gegenüber mit Rotwein zu beschütten. Ein Moderator der Sendung am nächsten Morgen im NDR (O-Ton Karl-Heinz Wocker): »Der Rotwein ist dann also über die Gewandung, um es mal so vorsichtig auszudrücken, von Fritz Teufel gegangen. Eine Gewandung – ich will da nichts Böses über Fritz Teufel sagen, aber als ich ihn vor der Sendung begrüßte, hatte ich den Eindruck, als ob man es der Gewandung nicht ansehen würde, wenn da noch ein Fleck draufkäme.« Da geht die Zunge auf Stelzen, aber vielleicht war's gar nicht ironisch gemeint.
Wie auch immer, das Geschrei hat gefruchtet, die ersten Ironiejogger laufen sich warm. Einer von ihnen, das 26jährige SPD-Mitglied Uwe Wolff, hat mit seinem Prosaband »Papa Faust« die Aufmerksamkeit des »Spiegel« erregt. Daß er nach eigenen Angaben nur berichtet, was er gelesen habe (manche schwören auf Verdopplung), ist nicht etwa ein Mangel, begründet vielmehr das Lob des Rezensenten, er schreibe »mit

der Gelassenheit eines alten Meisters«. Endlich ist sie wieder da, die altväterliche Pose, die so schön beruhigt. Interessant macht Wolff jedoch sein Vorhaben, die Literatur »aus dem Jammertal der Selbstbespiegelung zu befreien«. Dazu hat er erstmals Thomas Mann (wie dieser weiland Fontane) über die Schulter geschaut, der wie kein zweiter Ironie als Stilmittel einsetzte. »Papa Faust« und Goethe-Jahr, Ironie und Thomas Mann: Ironie des Schicksals?

Von Neuer Weinerlichkeit ist auch die Rede. Wenn Wackenroders »Herzensergießungen eines kunstliebenden Klosterbruders« zur Alten Weinerlichkeit gehören, gäbe es dafür sogar einen literarischen Begriff: Romantik. Ausgelöst haben die weinerliche Neuzeit Karin Strucks »Klassenliebe« und Peter Schneiders »Lenz«. Erst ein paar Jahre ist sie alt und soll schon sterben. Nein, und jetzt mit Barzel: So nicht! Vor mehr als 150 Jahren akzeptierte ein anderer gelassen die Existenz zweier Literaturformen: »Sobald man der subjektiven oder sogenannten sentimentalen Poesie mit der objektiven, darstellenden gleiche Rechte verlieh, wie es denn auch wohl nicht anders sein konnte, weil man sonst die moderne Poesie ganz hätte ablehnen müssen, so war vorauszusehen, daß, wenn auch wahrhafte poetische Genies geboren werden sollten, sie doch immer mehr das Gemütliche des inneren Lebens als das Allgemeine des großen Weltlebens darstellen würden. Dieses ist nun in dem Grade eingetroffen, daß es eine Poesie ohne Tropen gibt, der man doch keineswegs allen Beifall versagen kann« (Max. & Reflex. Nr. 257, Goethe). Und wäre autobiographische Prosa auch nur eine Übergangsform: Bevor sich eine Phase deutscher Literatur, vielleicht eine der Experimente, auswachsen kann und damit ihr natürliches Ende findet, wird ihr vorzeitig der Prozeß gemacht, darum geht es.

Autobiographische Texte haben einen Zug ins Anarchische. Nur noch sich selbst verpflichtet, ist der einzelne in der Lage, ohne Rücksicht auf äußere oder innere Zensur zu erzählen. Die Darstellung der Seele ist immer subversiv. Wird jemand, der diese Phase ausgeschrieben hat und dennoch weiterschreibt, sich wieder an gängige Spielregeln halten? Nicht alle verlore-

nen Söhne kehren heim. Da denunziert man sie doch besser vorher: wehleidige Kolonnen.
Wehrfreudig? Zähne zusammenbeißen? Zu Landserparolen will bestimmt auch Günter Grass nicht zurück, von dem irgend jemand sagte, er habe den Charme eines kaschubischen Feldwebels.
Ein heiterer Mensch, wer wär's nicht gern! Heiter die Kunst? Ob van Gogh das noch blutende Ohr aufs Schreibpult des lungenkranken Schiller geworfen hätte? Es arbeitet sich äußerst unbehaglich im Steinbruch der Seele. Wer da noch Heiterkeit produziert, gehört zu den Glücklichen.

Frankfurter Rundschau. 30. 4. 1982.

THOMAS SCHMID

Die mageren Jahre. Das gepflegte Nichts und der Hunger nach Erfahrung

»Zu den schönsten vor allen in der Schweiz gehören diejenigen Städte, welche an einem See und an einem Flusse zugleich liegen, so daß sie wie ein weites Tor am Ende des Sees unmittelbar den Fluß aufnehmen, welcher mitten durch sie hin in das Land hinauszieht.« Wie *Der grüne Heinrich,* so beginnen heute natürlich keine Romane mehr, von denen zu reden sich lohnte. Dennoch mag es, wenn von der Literatur unserer Tage die Rede ist, sinnvoll sein, bei Keller zu verweilen.
Gewiß, fast 130 Jahre Abstand erlauben ein ruhiges und vielleicht auch ein wenig sicheres Urteil; doch ich täusche mich wohl nicht: Auch ohne die bedeutungsvolle Patina der Kanonisierung, die diesem Roman widerfuhr, läßt sein erster Satz aufhören: scheinbar landschaftsbeschreibend dahergeredet, ist er bieder und vertrackt, einfach und arg gebrochen; er ist die freundliche und auch hinterlistige Aufforderung, das *Universum* eines Romans zu betreten, dessen Ton einem gleich zu Anfang und mit der Selbstverständlichkeit des Beispielhaften bedeutet, daß es auf den folgenden Seiten etwas zu erfahren gibt. Ein solcher Anfang flößt Vertrauen ein: »fesseln« tut er

nicht – er lädt ein, er führt von der Welt weg und in sie hinein, er unterbricht gleich im ersten Satz den Fluß der gewohnten Rede, verläßt die Bahnen der zerredeten Sprache. Er teilt dem geneigten Leser mit: Bisher Ungesagtes wirst du hören, eine Sprache, die bisher nicht gesprochen wurde. Und der Leser weiß ganz bald: Nicht weil er sich in dem Roman *wieder*finden, sondern weil er *Neues* erfahren wird (um Mißverständnissen vorzubeugen; sehr alt kann Neues auch sein), lohnen sich die Stunden der Lektüre. So einfach war das einmal.

Wiederkehr des Immergleichen

Heute ist die Krise des Buchhandels, der Verlage und gleich auch der Literatur angesagt. Schuld daran seien, so einigt sich die Branche schnell, die Leser, d. h. die Nichtleser; tv-geschädigte Androiden allesamt, kulturlos, borniert, ohne Neugier und Interessen. Sie lassen die Verlage auf ihren Juwelen sitzen. Obgleich das wohl nicht gänzlich falsch, nicht nur der Kulturpessimismus Kleingewerbetreibender ist, scheint mir die Sache derart doch vom falschen Ende her aufgezäumt. Denn wie das Überzeugen ist auch das Jammern unfruchtbar. Wer seine Produkte nicht los wird, muß sich irgendwann schon die Frage stellen, ob es nicht vielleicht an den Produkten selber liegt.

Ich glaube, die Erinnerung trügt nicht: Noch Mitte der sechziger Jahre gab es auch jenseits der Branche Leute, die auf die neuesten Hervorbringungen der deutschen Literatur gespannt waren; das lag, ganz offensichtlich, auch an der Literatur, die in Bewegung war und immer wieder Überraschungen und Ungewohntes bereithielt. Die diesjährige Frühjahrsproduktion der Verlage habe ich flüchtig durchblättert, die Prospekte des Herbstes ebenso: Man muß schon ein harter Profi sein, um die Energie zu haben, durch diese Bleiwüsten sich hindurchzukämpfen. Fast allüberall herrscht der kleinlaute Kammerton, im Dutzend werden die Romane über die Schwierigkeit Romane zu schreiben feilgeboten; an jeder Ecke ein Autor, der einmal im Leben eine Erfahrung gemacht hat: Schrieb er einst – selber gerade gesprungen – einen annehmbaren Roman über einen, der ins Angestelltenleben sprang, so schreibt er jetzt – sprunglos, fest an seinen Schreibtisch gekettet – über das Schreiben: über die Qual, die Schwierigkeiten und darüber, ob es den Schreibenden überhaupt gibt oder vielmehr nicht gibt. Beliebt (und auch, sofern mit stilistischer Unbekümmertheit geschrieben und voller Kniefälle gegenüber den Idiomen der entsprechenden Endabnehmerszene, recht erfolgreich) sind des weiteren die zahlreichen Autobiographien, von 20- bis 25jährigen: Man erfährt darin allerlei über das Innenleben einschlägiger Wirtshäuser, Wohngemeinschaften, Universitäten und Seelen, wird auf konflikträchtige Reisen meist in den Süden mitgenommen und darf getreulich einem jeden Satz die frohe Botschaft entnehmen, daß von froher Botschaft heuer keine Red' mehr sein kann. Es wird geklagt, gejammert und sich im Kreise gedreht, was das Zeug hält. Noch das kleinste Mützchen trägt ein schönes Hütchen, die Worte sind (meist einer germanistischen Ausbildung geschuldet) artig, gebildet und auf allerlei Leseerlebnisse anspielend aneinandergereiht, und der Leser findet sich überall – in jedem Zank, jeder vorgetäuschten Einsamkeit, jedem problemgeschüttelten Bett und jedem vergällten andalusischen Sonnenuntergang – so richtig gemütlich wieder: Diese »Romane«, die von ihren Produzenten Jahr für Jahr getreulich gezimmert werden, in der Regel halb so lang sind wie eine Novelle Gottfried Kellers und so spannend wie der »Wachtturm«, sind eigentlich nicht zum Lesen, sondern zum Nuckeln da. Sie sind entsetzlich langweilig, und man erfährt aus ihnen grundsätzlich nur das, was man bestimmt schon weiß: der Stoff, in dem man Seelen suhlt.

Angst essen Seele auf

So schimpft sich's gut und – zugegeben – nicht ohne Spaß, die Tirade ließe sich des längeren fortsetzen. Doch ernsthaft: Woher kommt die *Dreistigkeit*, mit der seit Jahren nun schon das weiße Papier geschändet wird, mit dem einem das gepflegte Nichts als kantiges Etwas untergejubelt werden soll?
Ach, es hat – wie so vieles – mit jenen Turbulenzen zu tun, die vor etwas mehr als einem Jahrzehnt nicht nur dieses Land

erschütterten, ganz große Hoffnungen nährten: Da ging's gewiß auch um bisher Ungesagtes, Unerhörtes, und da ging's doch weiter noch, um bisher noch nie Gemachtes, da sprangen die hoffenden Seelen vom Papier auf die Straße, da schien etwas greifbar nahe. Es ging rauher zu als heute, die Schreibenden wurden auf ihre »Nützlichkeit« befragt (und ließen es sich nur zu gerne gefallen), der Horizont der Literatur war nicht mehr der solitäre des einzelnen, sondern der der Gesellschaft, der Veränderung, der Praxis einer neuen Welt. Das hat der Literatur bis heute geschadet – die kleinmütigen, ins stillgelegte Detail vernarrten und vom juste milieu gefeierten Etüden des Botho Strauß sind nicht vorstellbar ohne die vorangegangene Großmäuligkeit der Literaturabschaffer: Man lese einmal die Texte parallel, die im »Kursbuch« und anderswo versammelten Brandreden wider die Literatur und die pompös-asketische Prosa von Botho Strauß – beide Male findet man jene apodiktische Strenge, die anderes nicht neben sich duldet, die sich immer und immer wieder selber inszeniert; armer Leser, laß alle Hoffnung fahren! Inzwischen aber schreiben die, die – so oder so – genötigt wurden, von der Hoffnung zu lassen, selber: Die Verständigungstiraden sind nur das Spiegelbild der herrischen Exaltationen, beide leben sie heute in der stillen Übereinkunft, daß der Horizont verdüstert und dies – so oder so – ganz kommod sei. Das Leiden ist hie wie da gemütlich, Interesse und Neugier sind hie wie da erloschen. Die einen beschreiben sprachlos die zirkulären Odysseen allzu früh vergreister Seelen, die andern geißeln in quietistischer Strenge solche Reisen, die nie beginnen: Sie leben ganz gut miteinander und treffen sich in einem, im Frührentnertum.

Um nicht mißverstanden zu werden: Ich meine überhaupt nicht, daß die Verwicklung der Literatur in die Politik ein Fehler war. Man darf sich nur nicht von den jeweiligen konjunkturellen Exaltationen ins Bockshorn jagen lassen. Das war ja wohl immer so: Auf die Zeiten des Aufbruchs folgen die des roll-back – und da haben dann eben die Kleinmütigen, die geschickt die Chance der Stunde Nutzenden, die salbadernden Konvertiten, die mit ihrem bescheidenen Pfund wuchern, das

Sagen. Da kann man sich dann mit der Denunziation scheinbar
gescheiterter Hoffnungen einen Namen machen, da kann man
einer freundlich geneigten Öffentlichkeit (die man nicht mehr
»bürgerlich« nennen mag: Man hat ja gute Gründe, von derlei
Simplifizierungen Abstand zu nehmen) erklären, warum es so
kommen mußte, wie es kam. Da entsteht dann eben die Figur
des augenzwinkernden Konvertierten, der – ein Tanzbär – dem
verbliebenen lesenden Rest der Bourgeoisie vorführt, daß es
falsch ist und nur in Zerstörung und unproduktiver Depression
enden kann, wider den Stachel zu löcken. Da entstehen eben
die Scharen derer, die sich aus dem großen Berg hinterlassener
Wünsche und Ideen ein Steinchen heraussuchen, es polieren,
wieder und wieder bearbeiten und in wohlgesetzter Weise dem
Publikum präsentieren: die Sozialgeschichte der Currywurst-
bude; der Funktionswandel des Sofas, dargestellt am Beispiel
Wuppertaler Arbeiterhaushalte von 1900 bis 1930; Symbol und
Zeichen im posthistoire.

Erfahrungshunger

Keines dieser Themen möchte ich denunzieren, das posthistoire ist in der Tat ein bedeutendes Thema. Daß sich aber so
viele Schreibende in letzterem eingerichtet haben, das stört in
der Tat. Daß sie – Gedichte, Romane, Essays, gelehrte
Abhandlungen und »Texte« oder gar »Texturen« schreibend –
ein Gutteil öffentlicher Aufmerksamkeit okkupieren, ebenso.
Genau besehen, kann es jedoch nicht verwundern: Nach
Momenten des Aufbruchs nimmt das juste milieu – von jenem
übrigens genährt – immer das Heft in die Hand und verteilt die
Pfründen.

Und genau besehen ist mir auch gar nicht bange: Was da die
Spalten füllt und zum Ereignis gelobt wird, bleibt ja jenseits der
Spalten ohne große Resonanz. Dort nämlich geschieht etwas
anderes, die Vorzeichen häufen sich. Vor zwei Jahren erschien
ein »Essay über die siebziger Jahre«: Michael Rutschkys Buch
Erfahrungshunger – ein erster Versuch, dieses Jahrzehnt,
das so farblos verlief, anders als in Termini des Verfalls, des
Nichtmehr zu beschreiben. Ich halte das Buch nicht für gelun-

gen, es zeigt aber – am Beispiel der Geschilderten wie des Autors selber –, daß es dies gibt: die intensive Suche nach neuen Erfahrungen, Bezügen, Orientierungen. Noch trifft man es eher im Gespräch als auf bedrucktem Papier: konzentrierte Neugier; fremden Blick auf scheinbar Bekanntes; kundige Reisen in ferne Vergangenheiten, der Gegenwart zuliebe, aber nicht an der Leine ihrer Interessen; sehr, sehr weit gestreute Neigungen, die sich indes nicht in alberner Gemütlichkeit verlieren; Nachforschungen über Abseitige früherer Zeiten, doch nicht um flugs ein fadengeheftetes Boutique-Buch darüber zu schreiben; selbstvergessene Erkundungsfahrten, aber mit klarem Kopf; vorsichtiges Sprachrangieren, um dem Korpus der Wörter neue Töne zu entlocken. Derlei geschieht, aus gutem Grund, verdeckt. Ich vermute, die Zeit, in der wir leben, ist eine Art Inkubationszeit: Eine Weile noch müssen wir uns das trostlose Gelärme der Marketender, die behäbigen Züchtungen der Kleingärtner und viel lauwarmen Wind gefallen lassen. Doch Restaurationszeiten sind wirklich Zeiten der Not – in ihnen finden sich Leute, die unter dieser Not leiden und sie gerne beenden möchten.

Selber in dem Betrieb steckend, kann ich meine Ungeduld nicht leugnen, die ganz eigennützig ist; und – berufsblind – habe ich natürlich arg übertrieben. Doch es ist schon so: Hunderte, wenn nicht Tausende schreiben Verständigungstexte, Texte wie Alexander Kluge schreibt nur Alexander Kluge ganz allein – warum denn nur läßt sich keiner *davon* anstecken? Vielleicht läge dann eines Morgens ein *Grüner Heinrich* auf meinem Schreibtisch: und der wäre dann gewiß *nicht* grün!

Frankfurter Rundschau. 14. 8. 1982.

HANS-JÜRGEN HEISE

Eiszeit- und Endzeit-Gedichte. Wie depressiv sind unsere Poeten?

In der zeitgenössischen deutschen Dichtung macht sich Verzweiflung breit. Nach Jahren, in denen eine übertriebene

Geschichtserwartung den lyrischen Verkehrston bestimmt hat, scheinen plötzlich die Grundlagen jeder Hoffnung zerstört. Eine Katerstimmung wird spürbar, die unsere Kenntnis von den Grenzen des Wachstums, die ökologische Krise und die Bedrohlichkeit des atomaren Wettrüstens als Erklärungen für eine allgemeine Depression nimmt.
Die Unsicherheit ist stark genug, den Vorrat an formalen Mitteln aufzuzehren, den die Klassiker der Moderne geschaffen haben und der lange Zeit hindurch weltweit als ein dauerhaft gesicherter Fundus zur Verfügung stand.
Lyriker, die bis vor kurzem noch als beispielhafte Figuren einer progressiven Ästhetik galten, fangen unverhofft an, wieder zu reimen. Wenn man für das Zurückweichen auf vormoderne Positionen bei den einzelnen Autoren auch unterschiedliche Ursachen ausmachen kann, bleibt doch unübersehbar, daß da auf Errungenschaften verzichtet wird, die wesentlich das künstlerische Profil unseres Jahrhunderts bestimmt haben.
Der Grund, weswegen die Lyrik derart in Bedrängnis gekommen ist, hängt mit der Geschichtsgläubigkeit der Avantgarde zusammen. Solange die Entwicklung in ungebrochener Linearität geradewegs in eine – stets als besser gedachte – Zukunft zu verlaufen schien, gab es für die Poeten keinen Anlaß, das eigene Streben nach Erneuerung und Verbesserung zu befragen, selbst dann nicht, wenn es nur reinen Happening-Charakter hatte und vom Erzeugen von Gags und Nichtigkeiten lebte.
Die Idee des unentwegten politischen, zivilisatorischen und gesellschaftlichen Fortschritts ging einher mit einem neuen Kunstbegriff, der sich aus einem ungewohnten Demokratieverständnis herleitete. Die Vorstellung von einer Poesie für alle lief jedoch nicht auf wirkliche Aktivierung und größere Sensibilisierung des Publikums hinaus. Vielmehr wurde Massenkultur durch Nivellierung angestrebt. Vieles Empfindsame wurde als »Innerlichkeit« diffamiert, Schwieriges als »hermetisch« verunglimpft.
Das Ergebnis war eine Lyrik, die sich auf die Rezeptionsfähigkeit breiter, doch unausgebildeter und nur oberflächlich inter-

essierter Schichten kaprizierte. Die wichtigste »Zielgruppe« war die jeweils jüngste Generation, bei der man sich geradezu anbiederte, ohne von ihr noch zu erwarten, daß sie vertraut mit den Leistungen der klassischen Moderne war. Dieser Bambinokult, der nicht nur, was wünschenswert war, junge Talente förderte, sondern viel Dilettantismus produzierte, brachte eine Subkultur hervor, die sich – metaphorisch gesprochen: mit Kopfhörern um – ganz und gar gegen die Außenwelt wie gegen die Vergangenheit abschottete. Von den Erfahrungen und Leistungen der stilbildenden Poesie des zwanzigsten Jahrhunderts nahm man nur die amerikanische Pop- und Underground-Dichtung zur Kenntnis, eine Richtung, die anarchisch, sexbetont, flapsig, formlos, drogenzugewandt, zivilisationsangewidert, dabei konsum-orientiert, militant-pazifistisch, großstädtisch, internationalistisch, selbstentfremdet, naturfern, seinsabgewandt, geschichtsunkundig und überkritisch dem Westen, aber sentimental-utopisch dem Osten und der Dritten Welt gegenüber war.

Die jungen Leute, die immer eine begreifliche Abneigung gegen Lernstoff haben, waren nur zu bereit, die moderne Dichtung, die sie eigentlich hätten inspirieren müssen, zu vernachlässigen. So verfügt denn die Subkultur über keinerlei Erfahrungsmuster und Maßstäbe mehr. Normen, Werte und Inhalte sind durch Augenblicksimpulse ersetzt, Eintagsmoden entstehen. »Vorn« liegt, wer es versteht, die Protektion der Multiplikatoren zu erlangen und mit einem Knüller oder Schocker vor die Fernsehkameras, die tonverstärkenden Mikrophone oder sonstwie an die Rampe zu drängen.

Parallel zum kurzlebigen Konsumgut gibt es das kurzlebige Kulturgut, und mit ihm: das Gebrauchs- und Wegwerfgedicht. Eine Ex-und-hopp-Gesinnung, die (»Das Medium ist die Botschaft!«) oft wirklich nichts weiter mehr als sich selber inszeniert, ist an die Stelle anderer Funktionen getreten, und sie substituiert mit ihren Second-hand-Produkten und ihren Emotionen von der Stange Meinungen, Bedeutungen und Gefühle.

Ruhm, Warhol hat es uns ja wissen lassen, ist nur noch die Angelegenheit einer Viertelstunde. Doch eine Kultur, die sich

entschlossen hat, nichts länger als eine Buchsaison hindurch im Gedächtnis zu behalten, muß auf die Dauer Frustrationen, seelische Erosionen und Ermüdungserscheinungen zeitigen, auch, ja vor allem bei denen, die aktiv in ihr Geschehen involviert sind.
Es ist interessant, daß die lyrische Avantgarde ihr Selbstverständnis in dem Augenblick verloren hat, in dem die Idee des historischen Fortschritts zweifelhaft geworden war. Die progressistischen Poeten erlebten nach dem Bekanntwerden der Thesen des »Club of Rome« einen Schock, dessen Heftigkeit sich nur aus der relativen oder absoluten Ahnungslosigkeit erklären läßt, mit der glückverheißende Dogmen und gesellschaftsoptimistische Parolen in Umlauf gebracht worden waren. Eine genauere Kenntnis von der Beschaffenheit der Natur und dem Zustand der Welt hätte schon vorher eine moderatere Poesie hervorbringen müssen. So aber konnte auf das Pathos der Politlyrik, der (bei aller Neigung zur Kritik und Oberflächenanalyse) eine extrem naive ›anything goes‹-Überzeugung zugrunde lag, nur eine ideologische Aschermittwochstimmung folgen.
Die Dichter, die ihr Ich lange ausgespart und lediglich das Verfertigen vordergründig-plakativer Texte oder (»konkrete Poesie«) ein kühles Laborieren mit Worten praktiziert hatten, waren außerstande, die Farben der ganzen Gefühlspalette zu benutzen. In ihrer Ratlosigkeit entschieden sie sich für das Schwarz der Verzweiflung, einen Einheitsanstrich, mit dem sie bald alles grundierten.
Selbst in einer Todeszelle keimen, wie man weiß, bisweilen noch verzweifelter Lebenswille und »Galgen«humor. Und wir Menschen des ausgehenden zwanzigsten Jahrhunderts wissen ja nicht, ob wir tatsächlich einen baldigen ökologischen oder atomaren Doomsday zu befürchten haben. Der Normalmensch jedenfalls richtet sich weiterhin relativ zuversichtlich in den Umständen seiner existentiellen Gegebenheiten ein. Er bringt nach-, neben- und durcheinander eine Fülle von Gefühlen hervor, für die man in der Poesie vergeblich Entsprechungen sucht.

Wieso kommt es bei den Lyrikern zu einer solchen Häufung von Akkorden in Moll, zu all den Eiszeit- und Endzeitgedichten? Ich vermute, daß hier die Unfähigkeit vieler Autoren eine Rolle spielt, die erforderlichen Stimmungsregister zu ziehen.

Der tiefere, der innere Mensch, wie er erst jetzt langsam, auf dem Umweg über die Gefühlsdissoziationen einer ratlos tastenden Jugend, wiederentdeckt wird, war lange Jahre hindurch der Paria der Poesie gewesen. Nun, da sein Vorhandensein nicht mehr bestritten wird, macht er manchen Autoren soviel zu schaffen, daß sie nur mit düsterer Miene von ihm reden können.

Natürlich kann man bei der heutigen Weltlage keine Poesie fordern, die durchweg heiter, transparent, luzide wäre. Doch man darf die helleren Töne der Dichtung auch nicht unterschlagen oder gar behaupten, es gäbe sie nicht.

So recht Karl Krolow hatte, als er schrieb: »Kein schönes Wetter / verändert ein Karzinom«, so recht hatte er, als er zuvor beim bloßen Hinwegspazieren über die sommerliche Erde euphorisch ausrief: »Aus einem Schritt / wird ein Luftsprung.«

Warum, frage ich mich, kann man wohl einem bei seiner Arbeit pfeifenden Dachdecker begegnen, doch kaum noch einem fröhlich gestimmten Poeten? Gibt es im Kulturbetrieb Filter, die nichts Leichtes und Unbeschwertes durchlassen – Ariel, sozusagen, in der Strafvollzugsanstalt der Miesepetrigen?

Ich vermisse in der Dichtung jene lebenszugewandten und sinnesfrohen Verlautbarungen, die man gern als Idyllen und Genrebilder abqualifiziert, Texte, für die der Brasilianer Oswald de Andrade schon in den zwanziger Jahren unseres Jahrhunderts die treffendere Bezeichnung »Sekundengedichte« gefunden hat und die Ezra Pound »images«, Bilder, nannte ... wobei er sich durchaus darüber im klaren war, daß ein einziges wirklich inspiriertes »Bild« ganze Bibliotheken zerebraler Poesie aufzuwiegen vermag.

In unserer Zeit, die schrecklich kopflastig und theorie-wütig ist, kommt, allem intendierten Gerede zum Trotz, das Spontane zu kurz. Und es hat schon etwas zugleich Groteskes und Mitleiderregendes, wenn man sieht, mit welchen kindischen Einübungspraktiken Intellektuelle in psychologischen Trainingsgruppen wieder mühsam zu lernen versuchen, was ihre weniger verbogenen Altvorderen auf ganz beiläufige Weise beherrscht haben. Während man die Körper in die Klippschule einer (vermeintlich neuen) sinnlichen Erfahrung schickt, bleiben die Seelen weiterhin schutzlos dem Nützlichkeitsdenken und den rauhen Sitten einer materialistischen Zivilisation ausgesetzt. Der zeitgenössische Mensch, ein Opfer seiner eigenen verabsolutierten Vorstellungen von einem restlos »durchreflektierten« Dasein, ist unfähig zu jener epikuräischen Haltung, die Horaz mit »carpe diem«, »nütze den Tag«, umschrieben hat. In jedem Aufklärer steckt immer noch ein Puritaner, der als buchhalterischer Zensor seiner selbst strikt auf Enthaltsamkeit achtet, zwar nicht mehr im Bereich des Körperlichen, doch immer noch im Umfeld des Psychischen, wo weiterhin das alte unfrohe Klima genußverdrängender Hirnlichkeit dominiert. Jedes Gefühlsproblem soll mit Hilfe des Intellekts gelöst und also nicht einfach emotional ausgelebt werden.

Wenn es trotz dieser verquälten Lebenseinstellung bis Anfang der siebziger Jahre nicht zu einem ernsthaften Rückstau der affektiven Kräfte gekommen ist, dann, weil bis dahin die Fortschrittsideologie wirksam war als eine in die Industriegesellschaft transponierte Form säkularisierter Heilserwartung.

Erst als erkennbar wurde, daß wir, wie die konservative Ökonomie schon lange geargwöhnt hatte, alle miteinander auf einem »kalten Stern der Knappheit« leben, kam es zu Störungen im Seelenhaushalt der Intellektuellen und Poeten, die zuvor bei aller rückhaltlosen Kritik am kapitalistischen System gläubige Sozialutopisten gewesen waren.

»Ich gestehe es: ich
Habe keine Hoffnung.
Die Blinden reden von einem Ausweg. Ich
Sehe.

Wenn die Irrtümer verbraucht sind
Sitzt als letzter Gesellschafter
Uns das Nichts gegenüber.«

Dieses Gedicht Bert Brechts, das seine Schüler in der Zeit politisch-didaktischer Begeisterung schlichtweg überblättert hatten, drückt den Sachverhalt einer post-religiösen und post-marxistischen Welt aus, in der es keine Perspektiven, keine transzendentalen Zuflüchte mehr gibt. Eine Menge Dichtung, die auf der Straße nach Utopia entstanden war, erwies sich plötzlich als Makulatur, während andererseits die Poesie der Zwischentöne, wie sie die Klassische Moderne überall hervorgebracht hatte, jetzt eigentlich hätte rehabilitiert werden müssen.
Doch die Anverwandlung erfolgte nicht. Vielmehr strebten die Brecht-Epigonen gemeinsam mit den Vertretern der konkreten Poesie danach, das verlorengegangene Terrain erneut zu besetzen.
Die leitmotivische Idee des Fortschritts wurde durch eine gemeinsame Stimmung ersetzt: die neue Düsterkeit.
Der Umstand, daß der Avantgardismus, den man so lange betrieben hatte, überwiegend ein politisch-inhaltlicher, nicht zugleich auch ein ästhetischer gewesen war, ließ sich durch einen Rückgriff auf die Ausdrucksmuster der Vormoderne kompensieren – mit anderen Worten: Man knüpfte mit dem unschuldigsten Augenaufschlag beim Formenkanon jenes Bildungsbürgertums an, dessen politisch-geistige Entmachtung man als höchstes Ziel angesehen hatte.
War die klassische Moderne das Leistungsergebnis vieler einzelner Schöpferpersönlichkeiten gewesen, so war ihre Überwindung der kollektive Ermüdungsprozeß einer diffusen Masse von Lyrikern, Kritikern, Professoren, Lektoren und Redakteuren. In einer Zeit, die nur noch Vordergründiges inszenierte und die ihr (pseudo-)demokratisches Kunstverständnis mehr und mehr von der Seite des schöpferischen Lesens auf die Seite eines unbekümmerten Selbermachens verlagerte, mußte außer acht geraten, was Lyriker wie Rimbaud, Perse, W. C. Wil-

liams, Stramm, Benn, Huidobro, García Lorca, Ungaretti und viele andere geschaffen hatten, Autoren, die dem deutschen Publikum in den Jahren nach dem Zweiten Weltkrieg durchweg zugänglich waren.

Das Gruppen-Konforme, das sich als Folge der Politisierung und der linguistischen Instrumentalisierung immer lautstarker zu Wort meldete, machte es unmöglich, noch die Gefühle des einzelnen hörbar werden zu lassen. Und mit der Fähigkeit der Selbsterforschung ging auch die Fähigkeit der Sinneswahrnehmung verloren. Das Wort von der »Neuen Sensibilität«, das sich schließlich einstellte, deckte nur jenen Erfahrungsbereich ab, wo sich das Ich mit der Sozietät begegnet. Der Rest des Ichs, also die eigentliche Zone sensitiver Erkenntnis, blieb weiterhin ohne Sprache.

Dabei wußte schon Nietzsche, der geniale Psychologe aus Instinkt, daß ein Mensch, der durch und durch historisch zu empfinden trachtet, vital zu Schaden kommt. Die Vernachlässigung des Sensualistischen, überhaupt des Biologischen, zugunsten des rein Erkenntniskritischen oder auch Gesellschaftsbezogenen hat ein Austrocknen der Lebens- und Inspirationsquellen zur Folge. Wo die Welt nicht mehr in ihrer unmittelbaren körperhaften Frische erfahren wird, tritt jener Zustand ein, den man als Entfremdung, als Entpersönlichung kennt.

Ein Teil der Übellaunigkeit, der sich gegenwärtig in der Poesie breitmacht, rührt daher, daß den Dichtern, wenn sie in Klausur gehen, nicht genug oder gar nichts mehr einfällt und daß sie nun ihrer persönlichen Verzweiflung als Schriftsteller Ausdruck geben. Die immer vorhandenen äußeren Anlässe, wütend oder traurig zu sein, dienen zur Ausstaffierung der privaten Misere.

Den Göttern, sofern es sie gibt, mag die Ewigkeit gehören. Dem Menschen wird nur ein flüchtiger Moment zuteil, jene kurze Spanne Leben, die, um ihrer voll inne zu werden, nicht allein hinreichend durchdacht, sondern auch gefühlsmäßig erschlossen werden muß. Was unserer Existenz an Dauer fehlt, vermögen wir allenfalls durch Intensität auszugleichen.

Die Stärke des Empfindens ist unsere einzige Zugriffsmöglichkeit auf das Ganze, dessen wir nicht habhaft werden können.

Ich habe bei meinen Überlegungen vermieden, Autoren zu nennen und Beispiele anzuführen – ich will dem Leser Spielraum geben, Verschiedenes zu assoziieren und gedanklich nachzutragen.
Mir ging es darum, eine allgemeine Tendenz herauszuarbeiten, ein, sozusagen, massenhaftes Phänomen strukturell darzustellen. Dennoch bin ich mir natürlich darüber im klaren, daß die Lyrik, von der ich rede, nicht von einem Anonymus namens Zeitgeist verfaßt wird. Es sind stets einzelne Poeten, die dieses tun und jenes unterlassen. Manche handeln aus Determination, sie sind geprägt auf eine ganz bestimmte Weise; bei anderen überwiegt die Komponente des Mitläufertums und damit eines trendverstärkenden Opportunismus.
Der wohl profilierteste Dichter der von mir sichtbar gemachten Strömung ist Günter Kunert. Seine Integrität steht außer Frage. Er ist ein Mann, der sein Naturell, seine geschichtlich-politischen Erfahrungen, seine künstlerische Biographie und seine spezifischen Vorstellungen hat. Doch gerade wegen seiner herausragenden Stellung will ich ihn hier nennen und ihn mit der Frage konfrontieren: Wie weit läßt sich der Stimmungsgehalt lyrischer Subjektivität verallgemeinern?
Jeder Künstler hat das Recht, sich selbst zu realisieren. Und er hat auch das Recht, Freunde, Gleichgesinnte um sich zu sammeln. Die Situation wird jedoch problematisch, sobald die eigene Befindlichkeit und die bevorzugten Gefühlsvaleurs in den Rang von Richtlinien erhoben und zum Maß alles übrigen erklärt werden.
Konkret gesagt: Wenn man sich auf das Abenteuer einläßt, eine Anthologie, ein Jahrbuch, zu konzipieren oder regelmäßig in einer Zeitung wie der »Zeit« Gedichte vorzustellen, kann man dann noch ohne die eigene Gemütsgrundierung als Kriterium gelten lassen? Oder müßte man nicht auch Komplementäres, ja Antipodisches aufspüren?

Warum ist Maos Satz von den hundert Blumen, die nebeneinander blühen sollen, auch bei uns niemals mehr als ein schönes Postulat geworden? Zeitgenossenschaft auszuweisen müßte bedeuten: Pluralismus, Meinungsvielfalt zuzulassen. Ist es Ich-Schwäche, die uns immer wieder dazu drängt, nichts gelten zu lassen, was nicht zugleich unser Sein verstärkt, doppelt, spiegelt, propagiert?

Nichts liegt mir ferner, als anderen die Seelenregungen vorzuschreiben und einen Traurigen etwa daran zu hindern, traurig zu sein. Doch wehre ich mich dagegen, wenn durch ganz bestimmte Akzentuierungen heute der Eindruck vermittelt wird, alle Welt sei, gleichsam über Nacht, der Depression anheimgefallen. Der Versuch, dem emotionalen Grau das Wort zu reden, hat schon halb und halb dazu geführt, daß als oberflächlich und unkünstlerisch gilt, was nicht den Wertsetzungen des neuen Stimmungskartells entspricht.

Im nächsten Jahr, höre ich, gibt im Fischer Taschenbuch Verlag ein junger Mann, Hans Kruppa, eine Anthologie heraus, in der Gedichte stehen sollen, die »einen unentschlossenen Selbstmörder auf die Idee bringen könnten, mit seinem Strick Seilchen zu springen«. Was ist bei uns geschehen, was ist falsch gemacht worden, daß ein solches Anti-Depressions-Buch programmatisch notwendig geworden ist? Hat man die Schwarzmalerei und die Kopfhängerei nicht ein wenig übertrieben!?

Weisheit, meine ich, ist seit je Besinnung auf das Leben, nicht auf den Tod. Oder, Günter Kunert, irre ich mich da?

Die Zeit. 20. 8. 1982.

GÜNTER KUNERT

Weltende oder private Misere? Wie blind sind die Propheten der neuen Fröhlichkeit?

Es fällt schwer, wie ich gestehen muß, angesichts des Heiseschen Artikels, eines von nahezu klassischen deutschen Obsessionen »verursachten« Elaborats, sachlich zu bleiben. Und ich muß eingestehen, daß es mir leider nicht immer gelungen ist. Nach dem, was die Intelligenzia in Deutschland in der Vergangenheit hat erleiden und in der Gegenwart sich von Funktionären und Politikern hat anhören müssen, dürfte meine Allergie wohl verständlich sein.

Heises Intellektuellen-Schelte muß notwendigerweise eine Überreaktion erzeugen. Mich tröstet dabei nur, daß Heise gar nicht erst den Versuch zur Objektivität unternimmt; der Ton, den er anschlägt, ist »parteilich«. Wie sonst wäre das Vokabular zu verstehen, mit dem Heise die Dichter kennzeichnet: »Katerstimmung«, »Übellaunigkeit«, »private Misere«, »persönliche Verzweiflung« bis zu: »miesepetrig«. Und daß er ganz ernsthaft und ohne alle Anführungszeichen in bezug auf Schriftsteller von Schwarzmalerei und Kopfhängerei redet, wie weiland Wilhelm II., steht in derselben schlechten deutschen Tradition, die immer mal wieder in der Vertreibung der »Dichter und Denker« zu kulminieren pflegt.

Hier wird eine Geisteshaltung offenkundig, die ich mir bei einem Autor schwer erklären kann. Woher diese Gestrigkeit? Sie muß, ich vermute es, ihre tiefen psychischen Gründe haben, deren Stärke sogar das logische Denken überwältigt und die eigenen Fachkenntnisse neutralisiert. So fragt da zum Beispiel Heise: »Wie kommt es bei den Lyrikern zu einer solchen Häufung von Akkorden in Moll, zu all den Eiszeit- und Endzeitgedichten?« Und er beantwortet diese absolut legitime Frage nicht etwa mit einem analytischen Verweis auf die Weltläufte, auf den Grenzpunkt globaler Historie, jenseits dessen uns nur zu sichtlich Unheil erwartet, sondern mit einer technischen Erklärung: »Ich vermute, daß hier die Unfähigkeit vieler Autoren eine Rolle spielt, die erforderlichen Stimmungsregister zu ziehen.«

Diese Vermutung impliziert zwei Hypothesen. Erstens: Die Welt, heil und intakt, stellt keine Wirkungsursache dar; die Dichter sind Spinner. Zweitens: Das Schreiben von Gedichten ist ein rein rationaler, ja primär mechanischer Vorgang, ein Knopfdruck-Unternehmen. Dieser Vorstellung, die ganz und gar die subtile und dialektische Wirklichkeitsverwobenheit des

Lyrikers ignoriert, liegt eine rein ideologische Auffassung von Literatur zugrunde. Sie erinnert stark an die Stalinsche Formulierung vom Schriftsteller als »Ingenieur der menschlichen Seele«; sie nimmt eine vor-psychologische Haltung ein.

Was Heise »Unfähigkeit« nennt und womit er die Unfähigkeit zur Beliebigkeit meint, ist die Fixation des Lyrikers, die seine Stärke ausmacht: Denn nur sie ist der Punkt, von dem das Alltagsbewußtsein kurzfristig aus den Angeln gehoben wird, um durch ein freieres, weniger determiniertes zu einer Realität vorzudringen, die uns sonst durch unsere psychische wie geistige Konditionierung verstellt ist. Benn, dessen Name bei Heise fällt, hat das mit der Sentenz, jeder Dichter schreibe immer nur wieder ein und dasselbe Gedicht, ziemlich genau getroffen. Insofern verkehrt Heise zur »Unfähigkeit des Registerziehens« die Fähigkeit, sich der Welt, der Umwelt öffnen und sie im subjektiven Bild wiedergeben zu können.

»Doch man darf die helleren Töne der Dichtung nicht unterschlagen oder gar behaupten, es gäbe sie nicht.« Abgesehen von Heises implizierter Behauptung, es gäbe helle Töne, für die er eine einzige Zeile aus einem Krolowschen Gedicht zitiert, ein bißchen wenig, wie ich meine, pocht er auf eine politische Forderung, die er auch für das Gedicht für gültig hält: Pluralismus, Meinungsvielfalt. Daß Pluralismus und Meinungsvielfalt zur Gänze gesellschaftlichen Mechanismen verkoppelt sind und dort ihre Aufgabe erfüllen (oder auch nicht erfüllen), läßt sich keineswegs auf das Gedicht erweitern. Im Gegenteil, das Gedicht ist ja gerade Ausdruck jener Bewußtseinsform, die nicht den Zwecken und Zwängen unterliegt; so geringfügig das Gedicht ist, so gewiß bildet es den Gegenpol zum alles umfassenden Utilitarismus. Es ist eben nicht, um Eich abzuwandeln, das Öl im Getriebe. Leider übrigens auch nicht der Sand.

Noch ein wesentliches Moment übersieht Heise in seinem altertümlichen und statischen Modell von Lyrik-Produktion und -Rezeption, das einem vulgär-marxistischen sehr nahe kommt: Daß nicht »Stimmungskartelle« (Klassenfeind) den Dichtern vorschreiben, wie sie zu schreiben haben, *ergo* keine

verbindlichen »Richtlinien« (ideologische Subversionsanweisung) existieren, daß vielmehr etwas wie die Realität, und nicht nur die gegenwärtige, Anlaß und Ursache bestimmter psychogener Veränderungen sein könnte. Diesen deutlichen Abwärtsbewegungen in der Welt korrespondiert eine Veränderung im Bewußtsein der Lyriker und auch solcher, die es werden oder nur werden wollen.
Heises Pluralismus fordert nach Darwin die gleichberechtigte Anerkennung des fundamentalistischen Weltbildes: Etwa so stellt sich seine Position dar. Es ist natürlich die Position eines Fundamentalisten, dem Darwin suspekt ist.
»Und es hat schon etwas zugleich Groteskes und Mitleiderregendes, wenn man sieht, mit welchen kindischen Einübungspraktiken Intellektuelle in psychologischen Trainingsgruppen wieder mühsam zu lernen versuchen, was ihre weniger verbogenen Altvorderen auf ganz beiläufige Weise beherrscht haben.« Intellektuelle sind eben Krüppel. Mit kindischen, ergo wenig aussichtsreichen Praktiken versuchen sie wie die Väter oder Vorväter zu werden. Welche »Altvorderen« Heise meint, behält er für sich. Diese »Altvorderen«, entsprechend seinem fundamentalistischen Muster, waren die Gesunden, wir die Kranken, was, wenn wir die Geschichte von den Hexenprozessen bis zu Wilhelm Reichs Diagnose des psycho-neurotischen Proletariers betrachten, sich als ein Ideologem aus der braunen Mottenkiste entpuppt.
Solche Denkweise zeitigt gefährliche Folgen: »Jedes Gefühlsproblem soll mit Hilfe des Intellekts gelöst und also nicht einfach emotional ausgelebt werden.« Denn das ist, wie Heise sagt, eine »verquälte Lebenseinstellung«. Merkwürdigerweise ist es ganz genau diese, die aller Literatur seit eh und je die entscheidenden Konflikte liefert, auch wenn sie unter anderen Definitionen, etwa als Konflikt zwischen Pflicht und Neigung, auftaucht. Das Fortschreiten im »Prozeß der Zivilisation«, wie ihn uns Norbert Elias gezeigt hat, besteht einzig darin, daß die Menschen mühselig von Fremdzwängen zu Selbstzwängen übergegangen sind: Auf dieser Grundtatsache und ihren vielen widersprüchlichen und ungleichzeitigen Phasen basiert Litera-

tur. Ein Ausleben der Gefühle, die Heise nicht näher definiert, bestünde auch darin, wenn man ihn selber bei einem Abendspaziergang niederstäche, weil man ihn für einen Türken gehalten hat. In Heises auszulebender Emotionalität steckt Konrad Lorenzens positive Aggressivität, deren Wert für Kampffische oder Graugänse gar nicht geleugnet werden soll: Im Zusammenleben der Menschen jedoch dominiert notwendigerweise die rationale Kontrolle.

Aber Heises Selbstverstrickung in nicht allein fragwürdige, sondern ganz unsinnige Behauptungen geht noch weiter: »Und mit der Fähigkeit der Selbsterforschung ging auch die Fähigkeit der Sinneswahrnehmung verloren.« Die Logik dieses Satzes zwingt zu der Annahme, jemand werde sowohl blind wie auch taubstumm, der sich selber nicht erkennen könne. Mir sind nur allzuviele Leute bekannt, deren »Sinneswahrnehmungen« physiologisch einwandfrei funktionieren, die sogar lesen und schreiben können, wenn auch letzteres auf eine Weise, die kenntlich macht, wie es um ihre Selbsterforschung bestellt ist.

Diesen Mangel muß dann der Leser kompensieren, dem ohne großes Forschen klar wird, um was für ein »Selbst« es sich bei folgender rhetorischen Frage handelt: »Warum, frage ich mich, kann man wohl einem bei seiner Arbeit pfeifenden Dachdecker begegnen, doch kaum einem fröhlich gestimmten Poeten.« Es ist ein demagogisch gestimmtes Selbst, das sich als Stimme des »gesunden Volksempfindens« empfiehlt. Anders läßt sich sein Vergleich, der keiner ist, da er bewußt Inkommensurables als gleichwertig nebeneinanderstellt, um es mit seinem falschen Gewicht abzuwägen, gar nicht verstehen. Diesen »pfeifenden Dachdecker« zum Kriterium der zeitgenössischen Dichtung zu machen, deren »ganze Richtung« Heise nicht paßt, ist, zurückhaltend gesagt, unredlich. Denn es geht ihm eindeutig nicht um die Sache Lyrik; nicht darum, aufzuhellen, wieso die Dichtung der »Altvorderen« partiell, aber auch nur partiell, eine andere war als die heutige; statt zu fragen, wieso man vor Auschwitz und Hiroshima anders geschrieben hat als nach Auschwitz und Hiroshima, kommt er uns mit dem metaphorischen Dachdecker, als sei dessen fröhliche Ignoranz das verpflichtende Maß aller Lyrik. Wer so etwas schreibt, disqualifiziert sich selber.

»Ein Teil der Übellaunigkeit, der sich gegenwärtig in der Poesie *breitmacht* (Hervorhebung von mir. G. K.), rührt daher, daß den Dichtern, wenn sie in Klausur gehen, nicht genug oder gar nichts mehr einfällt und daß sie nur ihrer persönlichen Verzweiflung als Schriftsteller Ausdruck geben. Die immer vorhandenen äußeren Anlässe, wütend oder traurig zu sein, dienen zur Ausstaffierung der privaten Misere.«

Im Klartext heißt das, der Krach mit der Gattin in der Küche um die versalzene Suppe oder die Wut auf einen zu teuren Handwerker artikulieren sich als Klage über den denkbar gewordenen Untergang der Welt, über die drohende militärische oder ökologische Zerstörung des Planeten – welche bei Heise zu »äußeren Anlässen« abstrahiert werden – und die, in solcher Schreibart, eigentlich nur die Funktion haben, den Mantel für eine private Nacktheit herzuleihen. Diese These, und alles in Heises Artikel ist thesenartig und ohne jeden Selbstzweifel gesetzt, ließe sich überhaupt auf alle jene ausdehnen, die in politischen Aktionen, die in Bürgerinitiativen etwas gegen ihre Ängste und Zukunftsbefürchtungen zu unternehmen wagen: Es wäre, Heise folgend, dann nur die Transformation eines persönlichen Ärgers in eine allgemeine Bewegung. Gegen sein eigenes besseres Wissen, daß die Wahrheit des Gedichts unter anderem darin besteht, daß seine, des Gedichts Subjektivität transpersonal ist und bleibt, strengt sich Heise an, das im Gedicht zu Wort Kommende zu reprivatisieren und ihm damit die bedrohliche Evidenz zu nehmen.

Die Binsenweisheit, Dichter reagierten als Seismographen auf Erschütterungen ihrer Umwelt, wird geleugnet: Alles ist nur Manipulation oder Ergebnis bestimmter ideologischer oder sonstwie gearteter Einflüsse und Einflüsterungen. Das Ergebnis besteht nicht etwa darin, daß der Leser, von dem bei Heise keine Rede ist, durch die »Düsterkeit«, durch das »emotionale Grau« auf seine innere wie äußere Lage, und diese überhaupt erst einmal zur Kenntnis nehmend, verwiesen wird, sondern in der Herstellung von »Mitläufertum« und »trendverstärkendem Opportunismus«.

Zum Schluß möchte ich einen meiner, den Trend zum Opportunismus verstärkenden Mitläufer zitieren, um zu zeigen, wie folgenlos die Klage um die *Conditio humana* ist und wie wenig die Menschen bereit, die Erkenntnis der drohenden Katastrophe zu der ihren zu machen:

»Das letzte Halbjahrhundert sah eine Regression des Menschlichen, einen Kulturschwund der unheimlichsten Art, einen Verlust an Bildung, Anstand, Rechtsgefühl, Treu und Glauben, jeder einfachsten Zuverlässigkeit, der beängstigt. Zwei Weltkriege haben, Roheit und Raffgier züchtend, das intellektuelle und moralische Niveau (die beiden gehören zusammen) tief gesenkt und eine Zerrüttung gefördert, die schlechte Gewähr bietet gegen den Sturz in einen dritten, der alles beenden würde. Wut und Angst, abergläubischer Haß, panischer Schrecken und wilde Verfolgungssucht beherrschen eine Menschheit, welcher der kosmische Raum gerade recht ist, strategische Basen darin anzulegen, und die Sonnenkräfte äfft, um Vernichtungswaffen frevlerisch daraus herzustellen.«

Soweit Thomas Mann in seiner Schiller-Rede von 1955. Die polemische Frage, ob Thomas Mann hier seine Übellaunigkeit oder seine private Misere emotional, aber verbal ausgelebt hat, erspare ich mir. Die Verdrängung einer möglichen Selbstvernichtung und ein passives Hoffen, Selbstbetrug und Gleichgültigkeit – das sind die Gefahren, die mit Heises Argumentationen wachsen könnten. Die Zeit. 20. 8. 1982.

MARCEL REICH-RANICKI

Die Ichbesessenheit ist nützlich. Erfüllt die deutsche Gegenwartsliteratur ihr Soll?

Schon seit Jahren ist es Brauch, als Begleitmusik zur Frankfurter Buchmesse ein nationales Klagelied anzustimmen – nämlich in Sachen Literatur. Man zeigt sich enttäuscht und konstatiert elegisch und höhnisch zugleich und meist noch mit unverhohle-

ner Schadenfreude, die zeitgenössischen deutschen Schriftsteller hätten es wieder einmal nicht geschafft, ihr Soll zu erfüllen.
Mal beanstandet man, daß sie zuwenig, mal, daß sie zuviel publizierten: Den einen (Wolfgang Koeppen etwa oder Uwe Johnson) verübelt man ihre Zurückhaltung oder gar ihr Schweigen, anderen (Martin Walser etwa oder Thomas Bernhard) den Umfang ihrer Produktion – zwei bis drei Bücher jährlich, das sei nun doch zuviel des Guten. Mal heißt es, die Autoren seien zu schwach, um den demoralisierenden Verlockungen unseres Kulturbetriebs zu widerstehen, ein andermal, sie würden es sich, ihre Pflichten schnöde vernachlässigend, in der Idylle oder im Elfenbeinturm bequem machen.
Mal wirft man ihnen das politische Engagement und die Verstrickung in Tagesthemen vor, mal das Monologische, die Nabelschau, die Ichbesessenheit – jedenfalls aber das Unvermögen, in großen epischen Entwürfen zumindest einem Teil unserer Welt gerecht zu werden. So hätten wir zwar immer mehr Bücher, aber leider nichts zu lesen. Und stets wird in diesen Kommentaren die Vokabel »Krise« dekliniert.

Das endlose Gesellschaftsspiel

Um die Minderwertigkeit der Literatur von heute nachzuweisen, beruft man sich gern auf die Literatur von gestern. An diesem alten, ebenso beliebten wie harmlosen Gesellschaftsspiel beteiligen sich vor allem jene, deren Erinnerung an die Lektüre ihrer Jugend längst verblaßt ist und deren Kenntnisse des Neuen meist dürftig sind und auch noch aus zweiter Hand stammen.
Lessings ironische Frage: »Wer wird nicht einen Klopstock loben?« ist seit zweihundert Jahren immer wieder aktuell, freilich mit wechselnden Namen. Sie lautet heute: Wer wird nicht einen Musil loben? Doch wer hat schon den in der neuesten Ausgabe weit über zweitausend Seiten umfassenden »Mann ohne Eigenschaften« zu Ende gelesen? Wer wird nicht einen Döblin bewundern? Doch wer kennt mehr von ihm als »Berlin Alexanderplatz« und vielleicht noch einen seiner meist

schnell und schludrig geschriebenen fünfzehn Romane? Wer wird sich nicht vor einem Heinrich Mann respektvoll verneigen? Doch warum verschweigen, daß von seinen 21 Romanen und seinen vielen Novellen nur noch wenige lesbar und die anderen zu Recht vergessen sind?

Immer schon war die Literatur von heute die schlechte und die von gestern die gute. Auch Goethe hat darunter gelitten. Im »Tasso« läßt er die kluge Prinzessin sagen: »Die goldne Zeit, womit der Dichter uns / Zu schmeicheln pflegt, die schöne Zeit, sie war, / So scheint es mir, so wenig, als sie ist.« Und Fontane bemerkte knapp und trocken: »Die goldenen Zeiten sind immer *vergangene* gewesen.«

Apropos Fontane: Auf ihn berufen sich die Ewiggestrigen besonders häufig. Die zeitgenössischen Autoren sollten doch gefälligst Romane verfertigen, die so aufschlußreich und zugleich so unterhaltsam wären wie »Effi Briest« oder »Frau Jenny Treibel«. Jawohl, es stimmt: Fontane hat wunderbare Romane geschrieben, Hölderlin war ein großer Lyriker, und »Hamlet« ist ein intelligentes Stück. Und wenn es regnet, ist ein Schirm sehr nützlich.

Nur sollten jene, die nicht müde werden, Fontane als Vorbild zu preisen, zur Kenntnis nehmen, daß man zu seinen Lebzeiten von ihm nicht viel wissen wollte: Die Germanisten kümmerten sich nicht einen Pfifferling um seine Bücher, das Publikum zog jene Berthold Auerbachs und Spielhagens vor, kaum ein Roman Fontanes kam damals über die zweite Auflage hinaus.

Dieses Spiel hat kein Ende: Zehn, zwanzig Jahre genügen, um das, was war, halb melancholisch und halb triumphierend dem entgegenzuhalten, was ist. Wie großartig war doch die junge deutsche Literatur, meinte unlängst mein Freund, in den fünfziger Jahren, als die großen Romane Wolfgang Koeppens erschienen und, wenig später, als uns die frühen Bücher von Peter Weiss und Günter Grass, von Martin Walser und Uwe Johnson aufschreckten.

Aber Koeppens Romantrilogie, die wir heute zu den Höhepunkten der deutschen Epik nach 1945 zählen, war damals

ziemlich erfolglos und wurde von den meisten Kritikern entweder ignoriert oder abgelehnt. Überdies hat mein Freund ein schlechtes Gedächtnis: Er gehörte um 1960 durchaus nicht zu den Grass-Enthusiasten, und die Lektüre der Prosa von Weiss und Johnson war ihm viel zu mühselig. Nicht einer Literatur, die wir angeblich jetzt vermissen müssen, trauert er in Wirklichkeit nach, sondern nur der Zeit, da er selber zwanzig Jahre jünger war.
Gibt es denn heute – hört man von jenen, die immer nur das Alte preisen – einen deutschen Schriftsteller vom Format eines Franz Kafka? Wer sich nicht scheut, die Literatur der Gegenwart auf so billige Weise anzuzweifeln, der sollte zunächst einmal sich selber fragen, ob er ganz sicher ist, daß er einer der wenigen gewesen wäre, die Kafkas Größe oder etwa die Robert Walsers zu deren Lebzeiten erkannt haben.
Niemand bestreitet, daß sich in der Kulturgeschichte Blüte- und Dürreperioden ablösen. Niemand behauptet, wir lebten in einer besonders glorreichen Epoche der deutschen Literatur. Jawohl, ein Schriftsteller vom Format eines Thomas Mann oder Bertolt Brecht oder eben eines Franz Kafka, ein Jahrhundertgenie also, ist jetzt nicht zu sehen.
Aber ist dies eine ausschließlich deutsche Misere? Können sich die Engländer oder die Iren heute eines James Joyce rühmen, einer Virginia Woolf oder eines Bernard Shaw? Saul Bellow ist ein guter Romancier, doch wer würde auf die Idee kommen, ihn Faulkner und Hemingway an die Seite zu stellen? Wo findet sich ein französischer Autor, den man mit André Gide oder gar mit Marcel Proust vergleichen könnte, wo sind die Nachfolger von Sartre und Camus?
Kurz und gut: Überall wird nur mit Wasser gekocht, und überall wartet man auf die Genies der Dichtkunst vergeblich. Die Frage, warum dies so ist, mag beantworten, wer will. Ich kann es nicht, denn ich glaube, dessen sicher zu sein, daß sich für die glanzvolle Entfaltung ebenso wie für den Verfall von Literatur oder Kunst zwar immer triftige oder scheinbar triftige Gründe angeben lassen, daß man jedoch derartige Entwicklungsprozesse rational nie hinreichend erklären kann.

Gewiß, zwei Weltkriege sind nicht ohne Einfluß geblieben. Aber in den Jahren etwa zwischen der Französischen Revolution und dem Wiener Kongreß ging es in Mitteleuropa, um es gelinde auszudrücken, ebenfalls unruhig zu. Trotzdem produzierten in dieser kurzen Zeitspanne gleichzeitig Goethe, Schiller, Kleist und Hölderlin, Haydn, Mozart und Beethoven und noch mindestens ein halbes Dutzend Genies – allein im deutschsprachigen Raum.

Ohne also zu wissen, warum es gerade in unserer Epoche um die Weltliteratur alles in allem nicht gut bestellt ist und warum dies auch für die deutsche Literatur gilt, können wir gleichwohl versuchen, deren Situation zu charakterisieren.

Zunächst einmal: Es hat keinen Sinn, alljährlich aus Anlaß der Frankfurter Buchmesse zu klagen, es sei wieder einmal nichts Neues von Böll oder Frisch oder Grass erschienen, und dies auch noch als düsteres Krisensymptom zu deuten. Gute Schriftsteller waren immer schon unsichere Kantonisten. Offen gesagt: Mich interessieren nur die Schriftsteller, auf die man sich nicht verlassen kann, weil sie nicht berechenbar sind. Daher sollten uns in den Biographien unserer repräsentativen Autoren am wenigsten die Produktionspausen beunruhigen, denn ein viel schlimmeres Zeichen wäre das Ausbleiben derartiger Pausen.

Von ähnlicher Ahnungslosigkeit in Sachen Literatur zeugt der beliebte Vorwurf, der große Roman, der ein Bild unserer Welt zeichnen würde, lasse wieder auf sich warten. Das ist schon richtig, aber das Rad der Literaturgeschichte kann man nicht rückwärts drehen. Als Thomas Mann in seinen späten Jahren das Ende des Romans diagnostizierte, unterlief ihm ein (verständlicher und verzeihlicher) Irrtum: Er hielt das Ende des Thomas-Mann-Romans für das Ende des Romans schlechthin. Nach wie vor gibt es keine literarische Form, die den Autoren so vielfältige Möglichkeiten böte wie eben die des Romans. Und es ist natürlich kein Zufall, daß nach wie vor die Verleger nur zögernd Erzählungen, Gedichte oder Essays drucken und gern eben Romane.

Aber die zusammenfassenden epischen Entwürfe, die großzügi-

gen Überblicke, nach denen sich manche Kommentatoren immer wieder sehnen, können ohne ein geschlossenes Weltbild nicht auskommen. Für den Autor der »Buddenbrooks« und des »Zauberbergs« war ein solches Weltbild selbstverständlich. Der Autor des »Radetzkymarsches« verschaffte es sich mit Hilfe rührend-naiver Illusionen. Und auch die Autorin des »Siebten Kreuzes« wie andererseits der Autor der »Strudlhofstiege« und der »Dämonen« haben bestimmte, genau definierbare Anschauungen (mögen sie uns mehr oder weniger gefallen) zum Fundament ihrer Werke gemacht.
Selbst dem deutschen Nachkriegsroman lag noch ein Weltbild zugrunde, freilich nur ein rudimentäres, ein fragmentarisches. Die in den fünfziger und sechziger Jahren entstandenen Bücher von Nossack, Koeppen, Andersch und Böll, von Grass, Walser, Lenz und Johnson formulierten den Schmerz und die Klage, die Empörung und den Protest einer ganzen Generation: das Dritte Reich und der Krieg, die Restauration und der totalitäre Staat östlicher Prägung – das waren die Themen der großen epischen Abrechnung. Noch in den sechziger Jahren hatten wir eine Nachkriegsliteratur.

Abwendung von Ideologie

Die Studentenbewegung von 1968 hat diese Phase beendet, war indes nicht imstande, ein literarisches Echo hervorzurufen, das über sporadische (und eher dürftige) Reaktionen hinausginge. Eine neue Generation deutscher Schriftsteller hat sich seitdem nicht mehr profilieren können – und ebendies ist das wichtigste Symptom unserer Situation, also der immer wieder beschworenen Krise. Damit hängt es auch zusammen, daß die Literatur der letzten zehn Jahre einen widerspruchsvollen und disparaten Eindruck hinterläßt: Wir sehen einzelne Leistungen, doch keine Schulen, keine Richtungen.
Aber so isoliert die Autoren heutzutage auch sein mögen, so deutlich sind die Faktoren, die sie dennoch miteinander verbinden. Da ist, zunächst einmal, die als Reaktion auf die Revolte von 1968 erfolgte, bisweilen programmatische und oft trotzige Abwendung von Theorie und Ideologie, da ist das

fundamentale Mißtrauen gegen alle Patentlösungen für das Zusammenleben der Menschen, ja überhaupt gegen konstante Wahrheiten jeglicher Art.

Darf man sich also wundern, daß unseren Epikern die mehr oder weniger einheitliche Sicht, ohne die sich die gesellschaftlichen Querschnitte, die beliebten Panoramaromane nicht schreiben lassen, abgeht? Spricht dieser Mangel, wenn es tatsächlich ein Mangel ist, gegen oder letztlich doch für unsere Schriftsteller?

Jedenfalls haben Enttäuschung und Desillusionierung den Rückzug bewirkt: Der Abwendung von Theorie und Ideologie entsprach und entspricht die ebenso entschiedene Hinwendung zum Individuum, zum Privaten und zum Intimen und, als weitere Folge, die auffallende Vorliebe für das Autobiographische: Je dunkler und schwieriger die Fragen, die uns bedrängen, desto mehr sehen sich die Schriftsteller auf das Nächstliegende verwiesen, desto häufiger zeigen sie die Welt am Beispiel einer einzigen Person – der eigenen. Mit der Wiederentdeckung des Individuums hängt auch die Rückkehr des Romans und der Erzählung zur Psychologie zusammen.

Selbstbeobachtung und Selbsterforschung charakterisieren also unsere gegenwärtige Literatur. Aber die konsequente Analyse seelischer Vorgänge, die Introspektion, hat glücklicherweise nichts mit Innerlichkeit und Weltfremdheit zu tun. Denn die Auseinandersetzung mit der Welt wird durch die Selbstdarstellung nicht verhindert, vielmehr erst ermöglicht, Introspektion und Zeitkritik bedingen und beglaubigen sich gegenseitig.

Zeitkritischer Psychologismus

Diese neue Phase, für die sich die Bezeichnung »zeitkritischer Psychologismus« anbietet, signalisieren Mitte der siebziger Jahre Bücher nicht etwa jüngerer Autoren, sondern – und das ist symptomatisch und aufschlußreich – längst anerkannter Repräsentanten der älteren Generation: Max Frischs »Montauk« und Wolfgang Koeppens »Jugend«. Es folgen die Romane und Erzählungen von Thomas Bernhard, Nicolas Born, Martin Walser, Adolf Muschg, Botho Strauß. Sie alle

porträtieren Einzelgänger, mehr oder weniger exzentrische
Menschen und liefern damit Beiträge zum Bild des Lebens in
unserer Epoche: denn im Extremen machen sie das Exemplarische deutlich.
Die literarische Produktion des Jahres 1982 beweist, soweit sie
sich schon heute übersehen läßt, daß der zeitkritische Psychologismus weiterhin die vorherrschende Richtung der zeitgenössischen deutschen Literatur ist. Davon zeugen vor allem die
beiden wichtigsten Prosabücher dieses Jahres: Thomas Bernhards »Ein Kind« und Hermann Burgers »Künstliche Mutter«,
ferner so bemerkenswerte Neuerscheinungen wie Gert Jonkes
»Erwachen zum großen Schlafkrieg« und Adolf Muschgs
Erzählungsband »Leib und Leben« und schließlich die Romane
einiger jüngerer Autoren, von denen hier wenigstens zwei
genannt sein sollen: Birgitta Arens (»Katzengold«) und Josef
Winkler (»Muttersprache«).
Auf unterschiedliche Weise und auch mit unterschiedlichem
Erfolg zielen alle diese Bücher sehr konsequent auf das Private
– und verweisen, wie von selbst, auf das Öffentliche: Ohne
unsere Welt zeigen zu wollen oder zu können, lassen uns
gleichwohl bestimmte, meist freilich eng begrenzte Ausschnitte dieser Welt erkennen. Es sind antiideologische, doch
gesellschaftskritische epische Manifeste. Die Ichbesessenheit
kann also von allgemeinem Nutzen sein.
Wer allerdings gehofft hat, in diesem Jahr werde sich die
erwartete neue Generation deutscher Schriftsteller machtvoll
zu Wort melden, mag vorerst enttäuscht sein: Wir leben,
literarhistorisch, nach wie vor in jener Übergangszeit, die
Anfang der siebziger Jahre begonnen hat und deren Ende
nicht voraussehbar ist. Und wer da klagt, es gebe zwar immer
mehr Bücher, aber nichts zu lesen, den muß man daran erinnern, daß es nicht die Aufgabe der Dichtung ist, das Publikum
mit Lesefutter zu versorgen.
Übrigens werden in dieser Hinsicht die Konsumenten von der
zeitgenössischen deutschen Literatur keineswegs im Stich
gelassen: Die breit angelegten Romane, die viele Schicksale in
bisweilen mehreren Bänden schildern und die man so behaglich

im Lehnstuhl oder im Eisenbahnabteil lesen kann, sind noch nicht verschwunden, nur finden sie sich heutzutage auf der Ebene der Trivialliteratur oder zumindest in ihrer Nähe. Doch dafür sollte man die Epoche und nicht die Schriftsteller verantwortlich machen.

In Wolfgang Koeppens Roman »Tod in Rom« (1954) wird einem modernen Komponisten gesagt: »Ich glaube, daß Ihre Musik eine Funktion in der Welt hat. Vielleicht wird der Unverstand pfeifen. Lassen Sie sich nie von Ihrem Weg bringen. Versuchen Sie nie, Wünsche zu erfüllen. Enttäuschen Sie den Abonnenten. Aber enttäuschen Sie aus Demut, nicht aus Hochmut.«

Das gilt auch für die deutsche Gegenwartsliteratur: Sie weigert sich, Wünsche zu erfüllen und den Abonnenten zu bedienen. Mag der Unverstand pfeifen – diese Literatur hat ihre Funktion in unserer Welt.   Frankfurter Allgemeine Zeitung. 6. 10. 1982.

WOLFGANG IGNÉE / GÜNTER GRASS
(Interview)

Weil Frieden herrschen muß...

Frage: Europas Autoren haben in der Sache Frieden, wenn man sich die Chronologie anschaut, offenbar etwas verspätet reagiert. Auch wenn der Frieden das Thema in Permanenz des Schriftstellers ist. Die Bonner Friedensdemonstration mit den 300 000 fand im Oktober 81 statt, also vor den drei Schriftstellertreffen in Ost-Berlin, Scheveningen und Köln. Bei den beiden ersten Zusammenkünften der Schriftsteller waren Sie selbst sehr aktiv beteiligt. Sie haben in Ost-Berlin die sowjetische Aufrüstung ins Gespräch gebracht, in Scheveningen haben Sie ein Hilfsbüro für unterdrückte Autoren und Menschenrechtler gefordert und eine Solidaritätserklärung für die polnischen Intellektuellen. Da sind Sie von den DDR-Autoren abgeblockt worden. In Köln schließlich waren Sie nicht mehr dabei. Was haben Sie, im Rückblick betrachtet, bei den Friedensgesprächen der Schriftsteller erreicht?

Grass: Das ist ein sehr schwieriger Prozeß gewesen. Was das Ende betrifft, so ist es ein vom Verschleiß gezeichneter Prozeß gewesen. Die Initiative ging von Stephan Hermlin aus. Wäre sie doch da geblieben! Als eine Privatinitiative; gewiß mit Absicherungen, er hat vorher mit Honecker gesprochen. Auch Hermlin lebt in einer Welt, die ihre Grenzen und Begrenzungen hat. Aber Hermlin hat eine Liste von Autoren durchgesetzt, die dem Treffen in Ost-Berlin Erfolg versprach und auch Erfolg brachte. Es trafen sich nicht einfach hier das DDR-Lager, linientreu, und dort ein bundesrepublikanisches Lager, na, linientreu sind die nicht, aber immerhin westlich zugeschnitten. Es gab Fronten querdurch. Im DDR-»Lager« saßen natürlich die linientreuen Neutsch, Kant und andere, so unterschiedlich sie sind, doch Leuten gegenüber, die man noch vor vier Jahren aus dem Schriftstellerverband ausgeschlossen hatte oder sie gerügt hatte, wie Christa Wolf, Günter de Bruyn. Zwei, die im Westen leben, Thomas Brasch und Jurek Becker, und noch viele mehr waren dabei – Volker Braun, der eine ganz besondere Position einnahm, den Linientreuen sagte: Wer redet hier als Kommunist? Und er nahm eine Position ein, die dem Staat gegenüber in Opposition stand. Das waren interessante Umkehrungen, die neue Ansätze markierten. Und so ist, glaube ich, auch dieses Gespräch aufgenommen worden. Wenn man es im Protokoll nachliest, wird es spannend bleiben.

Frage: Das Protokoll ist in der DDR nicht publiziert worden, jedenfalls nicht breiten Schichten zugänglich.

Grass: Es ist publiziert in einer ganz winzigen Auflage. Wir wissen das ja alle: Hermlin konnte es nur dem Westen geben, wenn das Erstveröffentlichungsrecht bei der DDR blieb, ich glaube, es waren tausend Exemplare bei der Akademie der Wissenschaften. Das ist unter Ausschluß der Öffentlichkeit geschehen, aber es ist geschehen! Diese Opfer kann man sicher bringen, da bricht man sich keinen Zacken aus der Krone. Es fließt denn auch wieder als Protokoll in die DDR zurück.
Dann hat, glaube ich, Hermlin einen Fehler gemacht. Da er nicht Vorsitzender des Schriftstellerverbandes der DDR ist,

sondern kraft seiner Person eingeladen hatte, hätte er sich jemand in der Bundesrepublik suchen sollen, einen Heinrich Böll oder wen auch immer – er hätte auch mich fragen können, ich hätte es auch gemacht – für die weiteren Einladungen. Er hat dann den Fehler begangen, die Sache unserem Schriftstellerverband zu übergeben. So wurde auch der DDR-Schriftstellerverband mit Kant an der Spitze hochgehoben und so war das Zeichen in Scheveningen bei Den Haag doch schon von der Auswahl der Personen her, von der unnützen, weil in der Sache nichts eintragenden Erweiterung ins Internationale her bestimmt. Und es kam hinzu, daß Bernt Engelmann, an sich ein tüchtiger Vorsitzender, ich weiß nicht, von welchem Ehrgeiz gerittten ist. Sicher von dem, möglichst viele Kongresse zu veranstalten. Und so bringt man natürlich ein Thema herunter. In so kurzer Zeit: Ost-Berlin, Scheveningen, dann wenige Wochen später Interlit – und jetzt kommt Sofia als nächster Termin.

In Köln war ich schon nicht mehr eingeladen, weil das dann über den Schriftstellerverband lief. Die werden einen Teufel tun und mich einladen, der ich bei solchen Treffen für notwendigen Streit sorge. Denn es hat keinen Sinn, weil Frieden herrschen muß – und der muß herrschen –, alles Strittige zu beerdigen. Es muß ehrlich um den Frieden gerungen werden. Sehen Sie, in Ost-Berlin kamen aus der Friedensbewegung der DDR, die mit viel größeren Widerständen zu kämpfen hat, Dinge zur Sprache, die dort, im Unterschied zu uns, auch Thema sind: Wehrdiensterziehung im Unterricht, die Verherrlichung der Waffe und des Krieges in Schulbüchern, der Druck, der auf junge Menschen ausgeübt wird, die sich – Schwerter zu Pflugscharen – engagieren. Das haben de Bruyn und Schneider und viele andere dort angesprochen und entlarvt. Als das abermals geschah, hat Hermlin diese Art von Dingen in Scheveningen schon gerügt, und es lief dann auf den Hinweis hin, daß die DDR insgesamt eine Friedenspolitik mache. Darauf kann sich jede Regierung berufen.

Wenn das Schriftsteller miteinander tun, hört die Diskussion auf. Voraussetzung bei Schriftstellertreffen ist, daß die Leute in erster Linie eben Schriftsteller sind. In dem Augenblick, wo sie Parteilinien glauben vertreten zu müssen, geben sie ein bedeutendes Stück von sich auf, sind sie als Gesprächspartner nur noch begrenzt zurechnungsfähig. Ich muß dann immer einkalkulieren – und tue es ja auch, wenn ich mit Kant spreche –, was darf er sagen, was nicht. Ich kann mir zwar einen anderen Kant wünschen, aber es ist kein anderer da. Hermann Kant nimmt dieses Gespräch an, aber die Leute, die er mitbringt, die unter seinem Niveau sind – das ist erbärmlich anzusehen, wenn die in die Überzahl geraten und auch noch in der Bundesrepublik, was das Mittelmaß betrifft, ihr Pendant finden, Mittelmaß auch von der schriftstellerischen Substanz – dann wird's schlimm, dann wird's nur noch Vereinsmeierei und dann wird ein wichtiges Thema zerredet.

Und das alles fällt natürlich in die Verantwortung von Hermlin, der, glaube ich, diesen Fehler gemacht hat, die Friedensgespräche aus der privaten Hand abzugeben, es den Verbänden zu überlassen. Und so kam die Sache dann in die Verantwortung von Bernt Engelmann, der nun, bis zur Zerreißprobe des eigenen Verbandes, diese Kongreßmeierei betrieben hat. Wobei ich es bedaure, daß es Engelmann soweit hat kommen lassen. Ich bedaure, daß einige Autoren ausgetreten sind, nicht mehr eintreten wollen und ihre Sache nicht im Verband zur Sprache bringen. Ich selbst werde nicht austreten, ich äußere meine Kritik und ich werde sie weiter im Verband äußern. Ich halte nichts vom Austreten, weil es nur diesem allzu rasch sich anpassenden Mittelmaß Stärke verleiht. Und bei Zwerenz spielt vielleicht auch die beleidigte Leberwurst mit. Wenn er eingeladen worden wäre nach Ost-Berlin, hätte es vielleicht anders geklungen. Ich will da aber nicht mutmaßen und dem Kollegen nicht zu nahe treten.

Frage: Und Reiner Kunze? Der meint ja, daß man durch die Arbeit des Vorstands in eine Deutschlandpolitik hineingerät, die mit allzuviel Kompromissen arbeitet und so nicht mehr den Finger in die richtigen Wunden legen kann.

Grass: Es ist Engelmanns Recht zu sagen, daß er nicht viel von Wiedervereinigung hält. Es ist das Recht eines jeden, an die

Wiedervereinigung zu glauben, auch wenn es kein Anzeichen dafür gibt. Es ist *mein* Recht zu sagen, wir müssen einen neuen Nationalbegriff – wir sind ja noch eine Kulturnation – entwickeln; dann wird die Wiedervereinigung überflüssig und es gibt dennoch ein Verhältnis zwischen den beiden deutschen Staaten, das tragfähig ist. Das sind verschiedene Positionen, die müssen aber alle im Schriftstellerverband geäußert werden dürfen. Engelmann ist nicht befugt, Positionen, über die man reden kann, für die er sicher auch Gründe anführen kann, zur Position des Verbandes zu erklären.

Frage: Geht der VS nicht gegenwärtig als gewerkschaftlich organisierter Verband über die Grenzen hinaus, die er sich selbst gezogen hatte, als Böll, Lattmann, Günter Grass und andere den Verband gründeten?

Grass: In jenen Zeiten war es noch möglich, als Schriftsteller, denen der Ruf anhängt, nun, ein erfolgreicher Schriftsteller zu sein, mitzumachen. Ich war von Anfang an in der Sache des Schriftstellerverbandes engagiert, wäre es auch gerne weiter geblieben. Aber ich habe dann doch ein paar Erfahrungen machen müssen, bei denen es zu regelrechten Äußerungen von Feindschaft kam. Wo auch diffuse ideologische Vorstellungen eine Rolle gespielt haben, so daß ich davon keinen Gebrauch gemacht habe. Das geht nicht nur mir so. Siegfried Lenz und auch Martin Walser werden aus vergleichbaren Erfahrungen ähnlich sprechen. Ich glaube, einmal abgesehen von dem Verschleiß dieses wichtigen Themas durch die beiden Verbände: die Schwierigkeit liegt in unserem Verband (vielleicht auch in anderen) darin, daß so ein Verband, wenn er anfängt zu arbeiten, von Leuten gemacht und organisiert wird, die offenbar die Zeit dafür haben. Das sagt nichts gegen diese Leute, sondern eher gegen die – und zu denen zähle ich nun –, die dauernd mit Manuskripten und direkter Arbeit zu tun haben, denen die Zeit und vielleicht auch die Fähigkeit abgeht, so etwas zu machen. Und so führt ein notwendig demokratischer, ein demokratisierender Vorgang – der VS war ja schon lange als Organisation überfällig – zur Demokratie im negativen

Überblick und Debatte 261

Sinne, nämlich: Macht des Mittelmaßes und der Vereinsmeierei.
Und das ist mit ein Grund, warum der *Verband* nicht in der Lage war, einem so straff organisierten Verband wie dem der DDR das Gleichgewicht zu halten und zu bestehen und auch organisatorisch etwas zu leisten. Ich komme noch mal auf Interlit zurück. Das sehe ich jetzt unabhängig von den Austritten. Interlit war ja vorher. Das finde ich viel gravierender als Engelmanns Ansichten über die Wiedervereinigung: Wenn man einen internationalen Kongreß macht und es nicht schafft, den Problemen der Dritten Welt innerhalb dieses Friedenskonzeptes Priorität zu geben, wenn ausländische Schriftsteller Mühe hatten, Aufmerksamkeit für ihre Probleme, die keine Raketenprobleme sind, zu erlangen, dann soll man die Finger von internationalen Kongressen lassen. Dann ist man Provinz.
Frage: Viele in der Bundesrepublik sehen es mit Trauer und Schrecken, daß die Gruppe von deutschen Autoren aus der DDR, die man sozusagen herbeigeschrieben hat mit Kommentaren und Leitartikeln, zu denen hier Solidarität aufgebaut worden ist, daß diese Schriftsteller jetzt innerhalb des VS in eine Ecke gedrängt werden, aus der sie nicht mehr herauskommen, denen es aber auch schwer gemacht wird, einen Weg zurück zum VS zu finden. Man muß ja gar nicht das Gespenst einer Spaltung beschwören. Aber kann die Entwicklung der Isolierung dieser Autoren einfach so hingenommen werden?
Grass: Was ich dazu sagen kann, ist dies: Meine Kollegen, von Kunze bis zu Zwerenz und Fuchs, möchte ich bitten, wieder einzutreten und eine Sondertagung des Schriftstellerverbandes zu beantragen, in der das alles zur Sprache kommt. Ich wäre auch dabei. Denn ich glaube, der Verschleiß des Schriftstellerverbandes ist nicht zu verantworten. Eine Spaltung wäre noch schlimmer. Aber ganz unerträglich ist der Gedanke, daß der westdeutsche Schriftstellerverband nicht in der Lage sein soll, Autoren, die diese Erfahrung in der DDR gemacht haben, hier bei sich aufnehmen zu können. In diesem Zusammenhang:

Wenn das stimmt, so wie ich es in der Zeitung gelesen habe –
und es sind ja wörtliche Zitate –, was Engelmann gesagt hat,
nämlich der Austritt von Autoren wird durch Neueintritte
wettgemacht, das wäre für mich Anlaß genug, ihn um seinen
Rücktritt zu bitten. Denn das ist genau die Formulierung – die
ähnliche Formulierung –, die wir in der DDR gehört haben, als
Biermann ausgewiesen wurde und als andere aus dem Schriftstellerverband drüben ausgeschlossen wurden. Wenn das gesamtdeutsch sein soll, diese Wiedervereinigung Engelmanns,
die will hinwiederum ich nicht.

Stuttgarter Zeitung. 6. 9. 1982. (Gekürzt.)

RENATE POSSARNIG / PETER HANDKE
(Interview)

»Ich möchte nicht verehrt werden«

Frage: Herr Handke, Ihr dramatisches Gedicht »Über die
Dörfer« ist bei der Uraufführung in Salzburg vom Publikum mit
großem Beifall bedacht, von den Kritikern aber fast durchweg
negativ bewertet worden. Wie erklären Sie sich das?
Handke: Ich glaube, daß sich die Kulturjournalisten durch das
Stück in ihrer Scheinexistenz angegriffen fühlen, denn es macht
ja einen ganz anderen Existenzvorschlag. Es wendet sich
aggressiv gegen den Schwindel dieser Existenz, in der die
meisten Kulturjournalisten dahinvegetieren. Und da sie sich
sozusagen geohrfeigt fühlen – es geht ja nicht, daß sie aus ihrem
Beruf ausscheiden, wie sie's eigentlich müßten –, versuchen sie,
zurückzuschlagen.
Frage: Die Kritik tut Ihnen nicht weh?
Handke: Schlimm wäre es, wenn die Reaktionen des Volkes
oder der Leser oder der Zuschauer übereinstimmen würden mit
der Abwehrhaltung der Kulturjournalisten. Das wäre arg.
Frage: Nova, die Sie im letzten Akt ein neues Zeitalter verkünden lassen, sagt, wir sollen uns nicht mehr als die »Lebensunfähigen und Furchtlosen einer End- oder Spätzeit« fühlen. Haben
Sie keine Angst vor dem dritten Weltkrieg?

Handke: Als Kind habe ich diese Kriegsangst – wahrscheinlich da ich noch ein Kleinkind war, als die Bomben entweder auf Südkärnten oder auf Berlin gefallen sind – noch lange als Trauma herumgeschleppt. Aber in den letzten Jahren hat sich diese Angst völlig gegenstandslos gemacht. Und ich finde es ganz und gar sträflich, wenn die Medien dauernd die Kriegsangst schüren und damit ihre Geschäfte machen.
Frage: Aber gewisse Schreckgespenster sind doch nicht zu leugnen: Arbeitslosigkeit, Terrorismus, Antisemitismus ...
Handke: ... das empört mich, das schmerzt mich, aber das macht mir nicht angst vor dem Ende der Welt. Das macht mir schon angst vor dem Krieg, aber nicht vor dem letzten, vor dem endgültig alles kaputtmachenden Krieg.
Frage: Ihr dramatisches Gedicht beklagt auch die Zerstörung der Umwelt und rät uns, wieder in die Natur, »Über die Dörfer« zu gehen. Daraus könnten doch die Grünen zitieren?
Handke: Die sollen die Finger von meinem Stück lassen. Wenn sie Grüne sind, dann haben sie mit mir nichts zu schaffen. Wenn sie eigene Menschen sind und unter anderem Grüne – gut. Ich kann es nicht ausstehen, wenn Menschen widerspruchslos durch die Gruppe definiert sind, zu der sie gehören. Ich bin Schriftsteller und eigentlich für keine Gruppe zu sprechen, sondern nur für Einzelne und für alle Einzelnen. Das möchte ich doch festhalten.
Frage: In der Bundesrepublik haben sich Künstler wie Beuys und Böll für die Grünen stark gemacht.
Handke: Dieser sogenannte Sammelbegriff von »grün« wird nicht rückgängig zu machen sein, denn er kommt ja aus einem kollektiven Bewußtsein heraus. Daher ist er auch zu bejahen. Aber ich würde Beuys raten, daß er nicht soviel redet, sondern seine Bilder und Aktionen macht, damit seine Sprache nicht so hurenhaft wird, wie sie es notgedrungen werden muß, wenn man öffentlich auftritt. Ich würde mir wünschen, daß er sich mehr auf seine Objekte und Aktionen verläßt, daß die etwas klarmachen und doch das Geheimnis des Menschen bewahren.
Frage: Sie sind der Lieblingsautor Bruno Kreiskys. Haben Sie einen Lieblingspolitiker?

Handke: Das ist eine grobe Frage, aber interessant. Ich habe ein paar Politiker gekannt, zwar nicht persönlich, aber sie waren mir nahe. Mit denen bin ich sozusagen im Traum zusammengekommen.
Frage: Sind das schöne Träume?
Handke: Ich habe auch schon von Hitler geträumt. Er erschien mir als einer, der ganz arm und schwermütig war und Hilfe gebraucht hat. Ich habe aber auch schönere Träume gehabt. Ich sah zum Beispiel Sadat als einen Menschen, der sich selbst übersprungen hat, indem er einen Friedensvorschlag gemacht hat, der eigentlich gar nicht populär war. Es gehört zu einem Politiker auch, so habe ich im Traum gemerkt, daß er springen kann. Daß er sich durchsetzt gegen das sogenannte Populistische oder gegen das Volkstümliche.
Frage: Haben Sie schon einmal von Helmut Schmidt oder Bruno Kreisky geträumt?
Handke: Nein. Aber ich kann sie beide ganz gut verstehen. Ich kann sie nachvollziehen.
Frage: Wenn man Ihre Bücher liest, hat man das Gefühl, Sie können jeden nachvollziehen.
Handke: Ja seltsam, das stimmt. Ich kann sogar manchmal junge rechtsradikale Burschen ganz gut verstehen. Ich kann ihre Einsamkeit begreifen, was sie zur Gewalt, zum Amoklauf bringt. Und trotzdem würde ich sofort, sowie das konkret würde, eingreifen: Ich würde nicht einmal dulden, daß das leiseste Wort aus dem faschistischen Arsenal in meiner Gegenwart gesprochen wird. Wenn ich auch nur an einem Nachbartisch in einem Restaurant irgendeine blöde Redensart höre wie: »Es geht da ja zu wie in einer Judenschule« oder so irgendwas – sage ich sofort, daß sich diese Redensart nicht gehört. Sie müssen unterscheiden zwischen so einem traumhaften Verständnis und einem Nichtduldenkönnen.
Frage: Haben Sie schon daran gedacht, aktiv in die Politik einzusteigen?
Handke: Ich kann es mir immer wieder vorstellen, aber immer nur ganz kurz. Ich bin ja nie gefordert worden. Und da ich nie gefordert wurde, hat bei mir die Vorstellung eben wieder

versagt. Ich würde es nicht ganz ausschließen. Aber am meisten, ganz und am vollsten weiß ich mich, wenn ich etwas Gutes schreibe. Das ist meine Existenz.
Frage: Wie leben Sie persönlich?
Handke: Ich brauche meine täglichen Pflichten. Es tut mir ungeheuer gut, am Morgen um halb sieben aufstehen zu müssen, um das Frühstück zuzubereiten, das Wasser aufzustellen, mit der Nahrung umzugehen – sie ein bißchen zu bearbeiten, die verschiedenen Farben der Früchte, der Butter, der Milch, des Tees, des Wassers zu sehen. Ich muß eben das machen, was zu einem Haushalt gehört – beziehungsweise zu einem Haus. Ich mache keinen Haushalt, das möchte ich betonen.
[...]
Frage: Glauben Sie an Gott?
Handke: Ich weiß nicht, ob ich an Gott glaube. Aber ich bin von der Notwendigkeit des Gottesdienstes überzeugt. Ich glaube, daß auch der Gottesdienst im Menschen Materie ist und es daher einen genauen Materialismus gar nicht geben kann. Aber ich werde schwindelig.
Frage: Wieso?
Handke: Ja wieso? Ich werde schwindelig. Punkt. Sie können nicht so pauschale Fragen stellen. Wer das beantwortet, ist eigentlich ein frecher Mensch. Außer es ist ein Priester, der die Zitate der Heiligen Schrift bereit hat. Der darf dann auch darüber reden. Ich finde es immer beleidigend, Gott aufzuführen. Ich halte es für eine Unverschämtheit, das Wort »Gott« zu verwenden.
Frage: Wie soll man denn unseren Schöpfer sonst nennen?
Handke: Nur in gewissen Fügungen fällt es mir leicht, dieses Wort zu verwenden. Obwohl ich andererseits sagen muß: Das Wort ist unverzichtbar, das Wort darf in der Sprache des Menschen nicht aufgegeben werden. Aber man soll es nicht zu oft verwenden! Das wiederhole ich, darauf bestehe ich! Und Sie müssen jetzt aufpassen, wenn Sie weitere Fragen stellen. Sie sind so ungeheuer grob!
Frage: Ihr esoterisches Wesen fordert geradezu zum Grob-Sein heraus.

Handke: Ich bin nicht esoterisch, ich bin erdverbunden. Ich habe einmal einen Spruch für mich gehabt und an jemand anderen gerichtet: Ich will dich ursprünglich und esoterisch, so wie ich mich will. Beides.
Frage: Sie haben einmal von einem Ihrer Helden geschrieben: Ich sehe mich in der Mitte der Menge gehen und gerecht sein. Sehen Sie sich selbst auch so?
Handke: Das ist für mich die Definition des Schriftstellers schlechthin. Eigentlich hat die Welt die Schriftsteller in so eine Außenseiterrolle gedrängt, obwohl ich das für mich nicht zulasse. Ich fühle mich nicht im mindesten als Außenseiter. Es geht einen schon an, daß man so unheimlich angefeindet oder auch blöd verehrt wird, obwohl man überhaupt nicht verehrt werden möchte.
Frage: Warum denn nicht? Das müßte einem doch schmeicheln?
Handke: Das ist nicht auszuhalten. Mein Spruch ist: Der Schriftsteller soll in treusorgender Ironie betrachtet werden. Das ist ja auch leicht. Aber Verehrung – das kann kein Mensch. Ich jedenfalls kann keinen Menschen verehren.
[...]
Frage: Wie ist Ihr Verhältnis zu Frauen?
Handke: Ich mag diese direkten Fragen nicht, weil ich mich im Schreiben viel besser ausdrücken kann. Die Antwort, die ich Ihnen gebe, habe ich in der »Geschichte des Bleistifts« geschrieben. Ich fasse kurz zusammen: Man braucht nur etwa eine Stunde in der belebten Straße einer Weltstadt zu gehen, und alle diese Frauengesichter kommen einem entgegen: hochmütig oder auch nur hochgemut, verlogen, durchtrieben, schlau, abweisend, verschmitzt, listig, hoheitsvoll, frech usw. Das genügt, und der Glaube an die Menschheit wird bei mir wieder lebendig, verstehen Sie?
Frage: Nein.
Handke: Wenn Sie das Interview wiedergeben, wie tun Sie das? Werden Sie dabei viel umstellen, viel schwindeln?
Frage: Wie kommen Sie darauf?

Handke: Weil ich denke, daß es schade wäre, wenn auch die Gegenfragen, die von mir kommen, wegfielen.
Frage: Sie mißtrauen wohl grundsätzlich allen Frauen?
Handke: Ja, ich bin mißtrauisch. Wahrscheinlich gibt es doch viele Frauen, die ganz große Augen für die Kunst haben und sehr schöne Sachen darüber sagen. Trotzdem denke ich, daß auch diese nicht selbstlos dabei sind, sondern nur eine Gunst erweisen. Denn wenn sie dann im Leben mit einem zu tun haben, der mit diesem Engel kämpft, der für mich die Kunst ist, wenn sie dann die Qual und die Quälerei und vor allem die absolute Ausschließlichkeit kennenlernen, die dieser Kampf von dem Ausübenden erfordert, da werden die Frauen die großen Verräter. Da sind sie ganz und gar nichtswürdig, da sind sie zu nichts zu gebrauchen. Sie sind nur auf Entfernung zu gebrauchen. Aber wenn sie den Sumpf, das zeitweilige Unwertgefühl und das tragische Bewußtsein des Künstlers miterleben, fürchten sie sich. Denn da sehen sie die Hölle. Es steht ja schon bei Aischylos: Trau keinem Ruhm, den die Frauen verkünden. Und daran halte ich mich.
Frage: Schrecklich!
Handke: Wenn ein Künstler – ich gebrauche mit Absicht das Wort – wirklich in seinem Kampf begriffen ist, kann er, auch wenn er es wollte, bei keinem menschlichen Wesen mehr Zuflucht finden. Im kritischen Moment ist er sozusagen unberührbar. Ein Werk, an dem er beschäftigt ist, ähnelt immer wieder dem Nichts, aus dem es gekommen ist, und strahlt auch das Grauen des Nichts aus. Derjenige, der sich darauf eingelassen hat, ist zwischendurch das schwächste Würmchen auf Erden. Da kann er auch mit einer Frau überhaupt nichts zu schaffen haben.
Frage: In keiner Hinsicht?
Handke: Als ich »Langsame Heimkehr« geschrieben habe, habe ich mir gedacht: Wenn ich wirklich in dieser kritischen Situation des Arbeitens bin, kann ich nur von Kindern berührt werden, also auch mit der Hand berührt werden. Oder von der Thekenstange in einem Lokal zum Beispiel . . .

Frage: ... aber auf keinen Fall von einer Frau?
Handke: Man haßt dann auch jede Frau, weil sie einen vom Problem ablenkt. Je schöner die Frau ist, desto machtloser und hilfloser kommt man sich vor. Während das mit der Natur etwas anderes ist. In die Natur kann man mit dem Problem, das man hat, gehen, ohne sich zu flüchten. Begäbe man sich aber zu einer Frau, so wäre das Flucht und wäre ein Versagen. Man könnte dann seine Sache streichen. Man würde zum Verräter an dem, was man sich vorgenommen hat.
Frage: Sie meinen, Ihr Werk würde einen anderen Sinn bekommen?
Handke: Es würde aufhören, es wäre nichts mehr. Man könnte es wegschmeißen.
Frage: Aber es gibt doch auch große Künstlerinnen, auf die alles, was Sie jetzt über Frauen gesagt haben, wohl nicht zutreffen kann.
Handke: Diese großen Künstlerinnen, die gibt es, aber die haben etwas von Männern an sich. Ich meine nicht, daß sie männlich tun, sondern sie haben etwas Undurchdringliches, etwas Unnahbares. Wie ich auch überzeugt bin, daß Männer als Künstler ein starkes weibliches Element in sich haben müssen, ohne daß sie zugleich feminin sind. Die großen Künstlerinnen haben das Unbeholfene, Eckige, Schwere und Einzelgängerische von einem Mann. Die männlichen Künstler wiederum haben etwas Zickiges und eine Art Berührungsangst wie Frauen.
Frage: Welche Schriftstellerinnen mögen Sie denn?
Handke: Ich fühle mich Schriftstellerinnen wie Katherine Mansfield oder Patricia Highsmith weitaus näher als den ausgesprochen femininen Künstlerinnen wie zum Beispiel Virginia Woolf. So eine pure Weiberkunst finde ich verächtlich. So wie ich auch diese Macho-Schreiberei zum Anspeien finde, wie sie Norman Mailer vertritt und in einem höheren Grade Ernest Hemingway.   Stern. 30. 9. 1982. (Gekürzt.)

Register der Autoren und Rezensenten

Das Register verzeichnet Gegenwartsautoren und Rezensenten. Kritische Arbeiten, Rezensionen, Interviews und Zitate aus Laudationes sind durch kursive Seitenzahlen gekennzeichnet.

Achternbusch, Herbert 23, 60, 97, 115
Adler, Walter 44
Adorno, Theodor W. 29, 177
Aichinger, Ilse 66f.
Almqvist, Paula 46
Amann, Jürg 63, 65f., 115
Améry, Jean 115f.
Anders, Günter 116
Andersch, Alfred 43, 253
Anderson, Sascha 100, 116
Arens, Birgitta 8, 15, 63, 66, 116–121, 255
Artmann, Hans Carl 186
Augustin, Ernst 121
Ausländer, Rose 121

Bacher, Ingrid 39
Bachmann, Ingeborg 64, 147
Bächler, Wolfgang 121–123
Baier, Lothar 104f.
Bartus, Jutta 37
Bauer, Wolfgang 81, 123
Beckelmann, Jürgen 47f.
Becker, Jürgen 23, 44f., 124
Becker, Jurek 21f., 56f., 94f., 124–127, 257
Becker, Rolf 64
Becker, Uli 24, 128
Bender, Hans 122f.
Berger, Uwe 39
Berkéwicz, Ulla 15f., 63, 66, 128–131
Bernhard, Thomas 8, 20, 45, 131–136, 179, 249, 254f.
Bichsel, Peter 7f., 27, 28, 94, 136
Bienek, Horst 97, 136

Biermann, Wolf 21, 100, 110, 136–141, 262
Blöcker, Günter 132–136
Böll, Heinrich 8, 61f., 98f., 112f., 142, 165–171, 252, 253, 258, 260, 263
Böni, Franz 30f.
Bohrer, Karl Heinz 116
Born, Nicolas 104, 254
Borst, Arno 101f.
Bosetzky, Horst s. -ky
Braicha, Otto 38
Brasch, Thomas 28f., 39, 60, 257
Braun, Volker 55, 257
Brinkmann, Rolf Dieter 142, 179
Bronnen, Barbara 39
Bruyn, Günter de 56f., 257f.
Buchka, Peter 91–94, 204–207
Bulla, Hans Georg 113
Burger, Hermann 19, 142–148, 182–186, 255
Buselmeier, Michael 24, 148

Celan, Paul 122, 138
Chotjewitz, Peter O. 61
Corino, Karl 88–91, 124
Cramer, Heinz von 46

Dean, Martin R. 148
Degenhardt, Franz Josef 61
Delius, Friedrich Christian 60
Demetz, Peter 137–141
Dorst, Tankred 44, 55
Drewitz, Ingeborg 35f., 148
Drozdowski, Georg 99
Duden, Anne 16f., 148

Eckardt, Emanuel 46
Eich, Günter 122, 244

Register der Autoren und Rezensenten

Einwanger, Josef 39
Eisendle, Helmut 186
Elsner, Gisela 22f., 148–154
Ende, Michael 39, 68, 154
Endres, Ria 24f., 45, 155
Engelmann, Bernt 56, 61, 81, 98, 258–260, 262
Enzensberger, Hans Magnus 13, 50, 155
Erb, Elke 155
Eue, Dieter 28, 100, 155

Fauser, Jörg 156
Federspiel, Jürg 25, 156–158
Fels, Ludwig 158, 179
Fest, Joachim C. 49
Fichte, Hubert 45f.
Fink, Adolf *124–127*
Fink, Humbert 64
Fischer, Kaspar 36
Franke, Herbert W. 26
Fried, Erich 158
Frisch, Max 8, 16, 19f., 158–164, 252, 254
Frischmuth, Barbara 164
Fröhlich, Hans J. 17f., 39, 164
Fuchs, Jürgen 97, 100, 113, 261
Fühmann, Franz 13, 97, 104, 164

Gernhardt, Robert 23, 165
Giordano, Ralph 9, 11f., 165–171
Gössmann, Wilhelm 56
Grass, Günter 8, 36, 56–58, 98, 112, 145, 147, 169, 225, 228, 250f., 252, 253, *256–262*
Gregor-Dellin, Martin 39, 64, *77–81*
Greiner, Ulrich *172–179*
Grün, Max von der 61
Grützbach, Frank 45
Grunwald, Henning 171
Gulden, Alfred 65

Hackländer, Bernd 37
Härtling, Peter 25, 56, 129, 171
Hage, Volker *7–27*
Handke, Peter 8, 14, 68–77, 105–107, 120, *172–179*, *262–268*
Harig, Ludwig 113
Hein, Christoph 25, 179f.

Heise, Hans-Jürgen *233–242*, *243–248*
Heißenbüttel, Helmut *82–88*, 180
Helbling, Hanno 64
Henke, Gebhard *198–201*
Henscheid, Eckhard 180
Hensel, Georg 60, 103
Hermlin, Stephan 56, 61, 100, 257–259
Hey, Richard 26, 108
Heym, Stefan 56, 58
Hilbig, Wolfgang 181
Hildebrandt, Dieter 181
Hildesheimer, Wolfgang 67f.
Hinck, Walter 64
Hochhuth, Rolf 110
Höllerer, Walter 98, 181
Hoffmann, Gerd E. 39
Hofmann, Gert 36, 181
Hohler, Franz 26f., 181f.
Hube, Jörg 29
Huchel, Peter 122
Hürlimann, Thomas 39f., 55, 98

Iden, Peter *73–77*
Ignée, Wolfgang *256–262*
Inglin, Meinrad 147
Innerhofer, Franz 95–97

Jakobs, Karl-Heinz 100
Jaun, Sam 108
Jenny, Urs *31–35*
Jens, Walter 38f., *102*, 170
Jentzsch, Bernd 100, 103
Johansen, Hanna 182
Johnson, Uwe 204, 249, 250f., 253
Jonke, Gert 182–186, 255
Jünger, Ernst 82–94

Kästner, Erich 174
Kahl, Günter 46
Kaiser, Joachim 67, *158–161*
Kant, Hermann 20f., 56, 58, 61f., 100, 186, 257–259
Kappacher, Walter 28
Karasek, Hellmuth *208–211*
Kathrein, Karin *68–73*
Kempff, Diana 45
Kempowski, Walter 169, 186

Register der Autoren und Rezensenten

Kersten, Paul *128–131*, 187
Keun, Irmgard 47 f.
Kipphardt, Heinar 56, 61, 108–111
Kiral, Tecer 113
Kirsch, Sarah 24, 36, 187
Kleinhardt, Werner 187
Kleßmann, Eckart *202–204*
Klier, Walter 65
Klüver, Henning *217–220*
Kluge, Alexander 98, 233
Knauss, Sibylle 108
Knowles, Alison 103
Koeppen, Wolfgang 37, 108, 249, 250 f., 253, 254, 256
Kolbe, Uwe 12 f.
Kolleritsch, Alfred 38
Krechel, Ursula 39
Kroetz, Franz Xaver 98
Krolow, Karl 122, 187, 237, 244
Krüger, Michael 67, 187, *222–224*
Kruppa, Hans 242
Kühn, August 29
Kuhlmann, Harald 55
Kunert, Günter 14, 21 f., 59, *104*, 114, 187 f., 241 f., *242–248*
Kunze, Reiner 81, 97, 259, 261
Kurzeck, Peter 188
Kusz, Fitzgerald 39
-ky (Horst Bosetzky) 26, 108

Lange, Hartmut 188
Lange, Horst 85 f.
Langrock, Ursula 45
Lattmann, Dieter 56, 260
Lenz, Siegfried 98 f., 169, 253, 260
Lindemann, Gisela *101*
Lodemann, Jürgen 188
Loest, Erich 100
Loetscher, Hugo 188
Luft, Friedrich *103*, *162–164*
Lukács, Georg 190 f.

Mantler-Bondy, Barbara 64
Marti, Kurt 59
Matt, Beatrice von *142–148*
Matthies, Frank-Wolf 97, 100
Mayer, Hans *193–197*

Mayröcker, Friederike 24, 59 f., 101, 189
Meckel, Christoph *30*, 35, 129, 189
Mehring, Walter 79 f.
Meier, Gerhard *189–192*
Meingast, Fritz 44
Mendelssohn, Peter de *77–81*
Menz, Maria 50, 56
Merkel, Inge 114
Meyer, E. Y. 192
Michaelis, Rolf *31*
Missfeldt, Jochen 192
Moldenhauer, Eva 111
Molsner, Michael 108
Mon, Franz 103 f.
Morché, Pascal 39
Mossmann, Walter 36
Müller, Heiner 39, 55
Münch, Walter *50*
Murr, Stefan 108
Muschg, Adolf *94*, *193–197*, 254 f.

Nadolny, Sten 63
Neumann, Gert 37 f.
Neutsch, Erik 257
Nossack, Hans Erich 253
Novak, Helga M. 100, 197

Östreicher, Irene *107* f.

Patsch, Sylvia 64
Pausch, Birgit 25, 198
Peterich, Werner 39
Plessen, Elisabeth 129
Possarnig, Renate *262–268*

Quack, Josef *189–192*

Rathenow, Lutz 100
Rauter, Ernst Alexander *152–154*
Rehder, Mathes *105–107*
Rehmann, Ruth 129
Reich-Ranicki, Marcel 64 f., *248–256*
Reinshagen, Gerlind 99
Renz, Peter 198
Reschke, Karin 8, 24 f., *198–201*
Richter, Hans Werner 103
Rinser, Luise 56, *100* f.
Rodrian, Irene 108

Rosei, Peter   186
Rossbacher, Karlheinz   35
Roth, Friederike   40–42, 99
Roth, Gerhard   179, 253
Rubinstein, Hilde   39
Rühle, Günther   *108–111*
Rühmkorf, Peter   98
Ruoss, Hardy   *63–66*
Rutschky, Michael   232

Sauter, Heinz von   59
Schacht, Ulrich   100
Schäble, Gunter   *116–121*
Schäfer, Hans Dieter   24, 202–204
Schirnding, Albert von   101
Schleef, Einar   21, 63, 66, 99, 100
Schleker, Martin   28
Schmid, Thomas   *228–233*
Schmidt, Arno   9f., 29f., 147
Schneider, Peter   204–207, 227, 258
Schnurre, Wolfdietrich   111f.
Schöfer, Erasmus   45
Schütte, Wolfram   *50–55*
Schütz, Helga   40–42
Schütz, Stefan   55
Schutting, Jutta   65
Schwaiger, Brigitte   129
Schwarze, Hanns-Werner   39
Schwend, Ragni Maria   39
Seeberger, Kurt   29
Seghers, Anna   91, 253
Seide, Adam   46f.
Seidel, Hans Dieter   *95–97*
Sell, Hans-Joachim   28
Seuren, Günter   208
Seyppel, Joachim   100
Siedler, Wolf Jobst   *82*, 89–91
Skasa-Weiss, Ruprecht   *211–216*
Sölle, Dorothee   56
Spengler, Tilman   *156–158*
Sperber, Manès   88
Stänner, Paul   *220–222*
Steffens, Günter   28
Steinbach, Peter   40–46
Steiner, Jörg   208
Stiegele, Valerie   44
Strauß, Botho   8, 31–35, 39, 55f.,
   74, 231, 254

Struck, Karin   227
Suchy, Viktor   59f.

Tabori, George   45
Tezuka, Tomio   59
Trüstedt, Harro   85
Tumler, Franz   99

Ueding, Gert   64
Usinger, Fritz   113f.

Vesper, Guntram   61
Vogl, Walter   63, 66
Vordtriede, Werner   208
Vormweg, Heinrich   64, *111f.*,
   149–152

Wagner, Klaus   *40–46*
Wallraff, Günter   56, 61
Walser, Johanna   65, 100f., 208
Walser, Martin   65, 98f., 110, 114,
   208–216, 249, 250, 253, 254, 260
Weinrich, Harald   *102*
Weiss, Peter   30f., 37, 50–55,
   101f., 110, 216, 250f.
Werremeier, Friedhelm   108
Widmer, Urs   18f., 216
Wiener, Oswald   38
Wiens, Paul   39
Willner, Ernst   64
Winkler, Josef   217, 255
Winterstein, Axel   108
Witter, Ben   39
Wolf, Christa   47, 56, 257
Wolf, Ror   217
Wolff, Uwe   49, 226f.
Wollschläger, Hans   9–11, 12, 29f.,
   217
Wollseiffen, Siegfried   *225–228*

Zahl, Peter Paul   36, 44, 55, 114
Zahn, Ernst   147
Zengeler, Hans   28
Zoderer, Joseph   *217–220*
Zschokke, Matthias   16f., 65,
   220–224
Zschorsch, Gerald   97, 100
Zwerenz, Gerhard   97, 100, 259,
   261